中国石窟铭文艺术

The Art Of Chinese Grotto Inscriptions

胡天正 著

中国文联出版社

图书在版编目（CIP）数据

中国石窟铭文艺术 / 胡天正著. -- 北京：中国文联出版社，2023.3
ISBN 978-7-5190-5051-1

Ⅰ. ①中… Ⅱ. ①胡… Ⅲ. ①石窟－金文－研究－中国 Ⅳ. ①K877.34

中国国家版本馆 CIP 数据核字（2023）第 038610 号

著　　者	胡天正
责任编辑	王柏松　王九玲
特邀编辑	张　莉
责任校对	胡世勋
装帧设计	杜修琴
出版发行	中国文联出版社有限公司
社　　址	北京市朝阳区农民馆南里 10 号　　邮　编　100125
电　　话	010-85923091（总编室）　　010-85923025（发行部）
经　　销	全国新华书店等
印　　刷	北京启航东方印刷有限公司
开　　本	787 毫米 ×1092 毫米　　1/16
印　　张	15
字　　数	232 千字
版　　次	2023 年 3 月第 1 版第 1 次印刷
定　　价	78.00 元

版权所有·侵权必究
如有印装质量问题，请与本社发行联系调换

序 言

◎ 李刚田

"石窟铭文"是一个较为专门的概念，知者或许不多。但如果提到"龙门二十品"或"四山摩崖刻经"，书法、金石领域的同道们都耳熟能详。佛教自汉末东传至今，将近两千年。在漫长的演化过程中，佛教逐渐与中国本土文化相互融合，并随着其繁荣发展，推动中国成为北传佛教的中心区域。中国石窟铭文伴随着佛教传播的脚步，从异域走向中原，从汉魏走到唐宋，从华堂走向世俗，在中华大地上留下了佛教中国化传播历程中的重要遗迹和物证。

人类文明的演进是一个富有有机性和整体性的伟大历程，原初并不具有森严的学科分野或壁垒。文化、历史、宗教、政治、社会等相互交融、渗透，共同构成了波澜壮阔的文明史诗。随着时代的发展，异域的学说和不同学科的方法论给予我们更多元、更广阔的研究视角，来看待和审视特定学科或研究对象。如何站在时代的研究立场，吸纳新的研究方法，进而探讨大文化、大历史背景下具体研究领域的"总体意义"和"普遍法则"，是当代艺术研究领域的学者们需要思考的时代课题。

本书的贡献主要有以下几点：一是将我们所熟知的碑版纳入"石窟铭文"研究领域，并在合理增加新材料的基础上，开展系统化、秩序化、精细化的研究；二是在相对较新的研究领域，界定了范畴、理清了概念、区分了类型、确定了分期，并在此基础上构建其学理框架和基本脉络，梳理出具有代表性的石窟范式；三是立足大文化、大历史的广阔视角，采用较为多元的研究方法，来透视中国石窟铭文艺术的发展历程，进而勾勒出作为专门领域或门类的"石窟铭文艺术"基本谱系；四是注意到新技术在传统艺术领域的应用，并在适当范围内进行了尝试和推进。整体来说，这部著作为宗教艺术以及金石学领域做出了值得肯定的贡献。

本书的作者胡天正长期从事艺术史论研究工作。他在不断思考和积累的基础上汇聚成书，付梓出版，可喜可贺，我乐于为此书作序。《问说》云："学无止境。"个人的观点和理论会随着研究的不断深入而推陈出新。相信他会继续努力，在这个研究领域中再创佳绩。

自 序

中国石窟艺术肇始自汉魏,历经半个世纪而造极于李唐之世,余绪绵延直至近世。石刻石窟铭文艺术以石窟(石刻)为物质载体,一方面与石窟雕塑艺术呈现"非绝对相关性"的"双轨并行"特征;另一方面则与同时代的书法艺术遥相呼应,呈现精神层面的"耦合"。换句话说,本书对石窟铭文的研究,既将石窟载体作为重点纵向来考察铭文艺术的时间序列及流变原因;又从横向来考量石窟铭文艺术的区域分布。通过对这一综合性艺术展现出来的时间、地域及形式、特征的考察,勾勒出其从公元5世纪初期起源至公元12世纪中期逐步消亡的宏观图谱。基于此,对中国石窟铭文艺术进行了分期与价值讨论。中国石窟铭文分为六大时期:(一)传入与容纳:中国石窟铭文早期发展中,中国本土源头与南亚次大陆的外来形式的融合;(二)发展与高峰:中国石窟铭文在中国特定历史时期和特定地点的兴旺发展;(三)承继与变迁:随着"南风北渐"与时局动荡而来的铭文艺术的审美趣味的变化;(四)转折与演变:末法时代压力下的刊经传法特殊谱系;(五)兼容与进展:隋唐时期多种艺术形式的融合与再发展;(六)绚烂与消逝:中国石窟艺术形式在巴蜀地区的最后灿烂与辉煌。

纵观中国石窟铭文从北朝至宋的发展变化,我们可以明确地意识到其中蕴含的神性成分在消解,而人性因素在逐步觉醒,呈现出日益世俗化和人间化的趋势。具体表现为信仰角度上的神性消解和在经典再诠释过程中的个人顿悟与超越。同时这也可以表述为石窟铭文关注重心的转移,逐渐从"功利"目的和愿望祈求中解脱,转换为对于义理的领悟和阐发。

同时中国石窟铭文从诞生开始就处于一个文化、历史、政治不断变化的动态系统中。其在接纳新的艺术形式的同时,也在不断地进行自我解构和重构,并最终融汇为丰富而独特的艺术体系。在这个变化过程中,如果从更广阔的视角来俯瞰石窟铭文,可以将其变化历程概括为:石窟铭文形式、载体和位置在迁移,而灵魂愈加凝聚。

石窟铭文和图像的关系可以分为两个层面来理解:其一,书法与图像——两种艺术形式内的对举;其二,文本与图像——跨越艺术领域之外的对举。我们认为,中国石窟铭文的发展过程整体有一个趋势:从最开始碑版浮雕的造像记到形式消解后的横竖尺幅结构,可以视为铭文与图像界域在形式上的初步融合。那么文本占主导地位的刻经在以大足石刻为代表的西南地区的复归，并以通俗义理与榜题的形式与图像产生有机结合。铭文与图像逐渐互动和"涵化"的过程，不仅促进了两者在章法、构图和艺术形式层面的融合，而且不断扩充单一艺术形式的边界，为未来的发展提供了新的向度。

通过将中原地区与平城地区、山东地区、巴蜀地区的石窟铭文进行比较，我们认为，中国石窟铭文的发展是一个动态的具有生命意义的历程。公元5世纪末期，早期龙门石窟的造像记来源明确，可以从确定的年代排序中展现出中国石窟铭文起源与发展成完善而独立艺术风格的整体过程，这对墓志和其他种类的铭文研究具有重要的补充和启示意义。中原地区的龙门石窟书风在承继平城的基础上，发生了较大的变化。结体仍保持隶书的体格之外，点画已经不存在明显的波磔。更有南方书风的"北渡"，横画一拓直下，改平城惯例的"平画宽结"为"斜画紧结"。虽然用笔的撇捺落笔略长而微有隶意，整体上则可以划为一种方峻雄强的新体，其雄强刚健、奇逸峥嵘的美学特点表征着石窟铭文的重要范式。

到公元5世纪中后期，石窟铭文的艺术样式有了多元的发展，而艺术风格则也呈现出"南化"的趋势。从中原地区与山东地区石窟铭文的比较中可以看出，北魏末期的龙门石窟与东西魏时期的巩县石窟以及北齐、北周时期的山东摩崖刻经相较而言，方笔较多加上刀斧气息更浓重，因此整体更加峥嵘刚健；而后二者则圆笔较多，整体上更加浑融圆通。中原地区的巩县石窟铭文更多偏向于受到南朝书风的影响，而山东地区的摩崖刻经则呈现出复古风气与抄经体的综合影响。气韵方面两者亦各有胜场，巩县石窟铭文在气魄上远不如山东摩崖刻经的浑融肃穆；而山东摩崖刻经在气韵上则不如巩县石窟铭文典雅灵动。

公元6世纪之后，中国石窟铭文绽放出最后的灿烂，并渐渐消逝在历史的长河中。当整个中国石窟都陆续停滞和没落之后，以安岳、大足为代表的巴蜀石窟奇峰崛起，延续了中国石窟铭文系统的辉煌。对比龙门石窟而言，从早期安岳卧佛院与洛阳地区的石窟铭文风格相类，到大足石刻的书体既符合石窟铭文发展的客观规律——楷行兼备，又普遍偏向世俗审美意向，综合看来，唐代巴蜀地区石窟铭文在吸纳中原铭文书风、唐代"写经体"并结合巴蜀石刻传统，形成了具有时代与地方风格的铭文样式。

经过研究，我们认为中原地区在中国石窟铭文艺术发展中具有比较重要的意义和价值。具体表现为六个方面：（一）但开风气：中原地区以"龙门二十品"为代表的北朝石窟铭文成为启迪清末碑学创生和发展的重要源头；（二）神理设教：中原地区的石窟铭文艺术不同于纯粹的书法艺术形式和其他具有世俗趣味的作品，具有浓重的宗教指向和信仰意味；（三）中和圆融：静穆与灵动的和谐统一，既是具有生命性和有机性的生命体认，更是艺术理论的有效实践和对石窟铭文艺术内在规律的阐释。

（四）破而后立：北朝时期以中原地区为中心的石窟铭文体系乃至墓志、摩崖等其他艺术形式，在"破而后立"、跨越书体鸿沟的目的上形成合力，在文字与艺术冲破传统规则的向度上获得完美的统一。（五）平正精严：中原地区的石窟铭文以一种卓然的姿态，脱胎于造像记与刻经的体统，又汲取时代楷书的精妙严整，呈现出质朴简约、含蓄平和的艺术趣味。（六）泽被后世：无论从时空关系，还是从发展变化模式上来说，中原地区既是中国石窟铭文艺术体系的关键节点，也是其不断向前发展的力量源泉。

最后，本书利用数字化手段，以期达到更好地保护、展示、利用和分享人类的共同遗产的战略目的。造像记是石窟文化遗产体系的重要组分之一，具有非常重要的艺术价值、文献价值和历史价值。而基于造像记拓本，利用数字化手段，特别是边缘识别和轮廓修复的技术运用，充分发挥拓本素材所具有的完整性、定格性、清晰性，为石窟铭文艺术的保护提供了实践空间和拓展基础。

凡 例

一、本书所提及的"石窟",更加注重传统石窟范畴中的基本内容、艺术意蕴和宗教内涵等内在性质,而放宽外在形式层面的要求。因此诸如北齐、北周时期的摩崖刻经,唐、宋时期的大足石刻都纳入我们的研究视野。

二、本书所提及的石窟铭文皆为狭义概念,即处于石窟群落范围之内,与石窟具有紧密且有机联系的各类铭文。

三、关于年代纪元,本书在纪元之后皆标注年代。公元前皆简称前某某年,公元后皆简称某某年。

四、为了行文方便,本书所有造像记名称全部用造像者简称。其间或有定名不准确、不规范情况,在不影响理解的基础上,适度变通。

五、因年代久远,部分铭文漫漶残缺,不易辨识。对于行文不清之处,笔者以"口"来进行标识。

六、称引本书章节时,一般只列举到章节序号,不详细到名称。如"第三章"。

七、第四章"中国石窟铭文的分期"每一小节结束,皆有附表,为笔者翻阅史料综合而成,包含名称、年代、供养人身份等基本信息。

八、文中所涉图片,统一见于文末"图版注释",以便读者检索。

目 录

第一章　绪论 \ 001
　　第一节　问题的提出及研究的意义 \ 002
　　第二节　国内外研究现状综述 \ 004
　　第三节　研究的目的、内容与方法 \ 010
　　第四节　创新之处与拟解决的关键问题 \ 011
　　第五节　预期目标 \ 012

第二章　石窟铭文的概念、渊源、分类及价值 \ 016
　　第一节　石窟铭文的概念 \ 017
　　第二节　石窟铭文的历史渊源表现 \ 018
　　第三节　石窟铭文的分类 \ 029
　　第四节　石窟铭文的价值 \ 033

第三章　中国石窟铭文的地域分布 \ 043
　　第一节　佛教在华传播路线及中国石窟分布 \ 044
　　第二节　中国石窟铭文的分布 \ 046

第四章　中国石窟铭文的分期 \ 051
　　第一节　传入与容纳：中国石窟铭文的初始状态
　　　　　　——以北魏云冈造像记为代表 \ 054
　　第二节　发展与高峰：北魏中原地区石窟铭文状态
　　　　　　——以北魏龙门石窟造像记为代表 \ 065
　　第三节　承继与变迁：东、西魏时期石窟铭文状态
　　　　　　——以巩县石窟造像记为代表 \ 075
　　第四节　转折与演化：北齐时期石窟铭文的伴生形态
　　　　　　——以邺城、山东摩崖刻经为代表 \ 085
　　第五节　兼容与进展：隋唐时期中原石窟铭文状态
　　　　　　——以龙门石窟刻经为代表 \ 097
　　第六节　多元与消逝：唐末至两宋时期石窟铭文状态
　　　　　　——以安岳卧佛院刻经、大足宝顶山佛偈为代表 \ 105

第五章　中国石窟铭文的特征 \ 133
　　第一节　神性的消解：铭文中人性因素的觉醒 \ 134
　　第二节　重心的转移：从祈愿转向义理的探求 \ 137
　　第三节　书风的重构：广泛吸纳而异彩纷呈 \ 141
　　第四节　精神的坚守：从形式变迁而内涵稳定 \ 143
　　第五节　文图的交融：铭文与造像的融合渗透 \ 144

第六章　中国石窟铭文艺术的比较研究 \ 151
　　第一节　博雅雄强
　　　　　　——中原地区与平城地区石窟铭文艺术比较 \ 152
　　第二节　刀意肃穆
　　　　　　——中原地区与山东地区石窟铭文艺术比较 \ 157
　　第三节　工稳朴茂
　　　　　　——中原地区与巴蜀地区石窟铭文艺术比较 \ 161

第七章　中原地区石窟铭文在中国石窟铭文艺术发展中的意义 \ 165
　　第一节　中原地区石窟铭文在中国石窟铭文发展中的意义 \ 168
　　第二节　中原地区石窟铭文在中国书法史中的意义 \ 170

第八章　中国石窟铭文的数字化应用建设 \ 173
　　第一节　研究对象、边缘检测及提取算法的原理 \ 175
　　第二节　造像记拓本边缘检测及提取算法设计 \ 176
　　第三节　仿真证明 \ 179
　　第四节　小结 \ 181

结　语 \ 183

参考文献 \ 186

图版注释 \ 198

后　记 \ 226

第一章 绪论

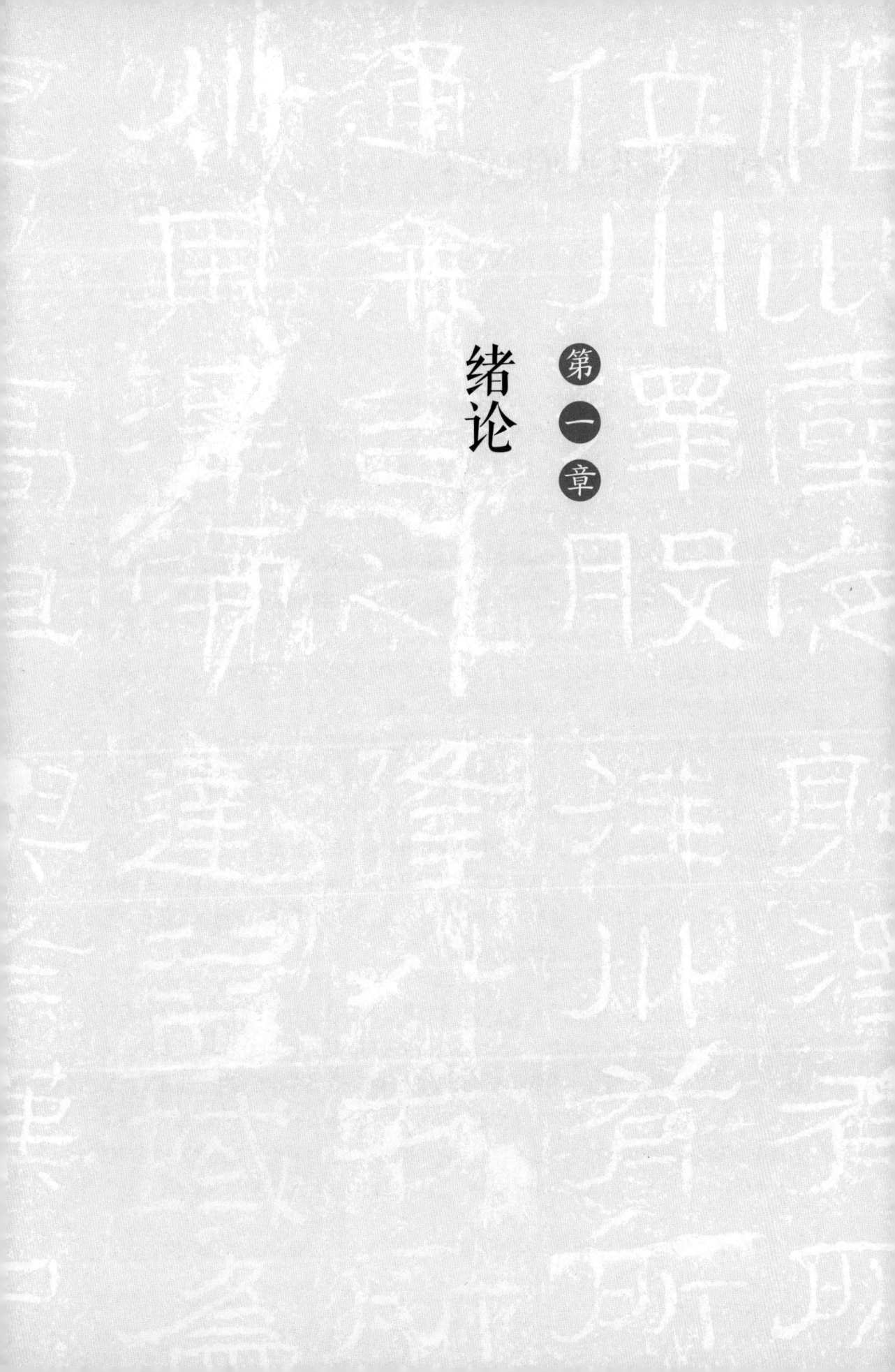

第一节
问题的提出及研究的意义

一、问题的提出

石窟铭文艺术的发展是一个多元因素共同联动的复杂过程：既有石窟与书法自身艺术发展规律这一内部因素，也有佛教发展、佛经翻译、僧团变迁以及社会文化活动、政教关系等繁复的外部因素。可以说，石窟铭文艺术正是在多元的因素共同作用下，最终形成了文化内涵丰富、人文趣味浓郁、艺术风格多样、理论生命绵长的独特风貌。

首先我们来探讨石窟铭文艺术影响因素的理论分层。从大的方面来看，可以分为宗教信仰层、艺术本体层、方法技术层三个层面。宗教信仰层提出宗教的理论及一系列宗教行为体系，为以石窟群落为中心的铭文系统提供宗教的哲学理论基础，并给民众提供社会学意义上的信仰方法与力量；而艺术本体层指向的是以石窟群落为中心的铭文系统内在蕴含的具有审美价值和艺术意义的潜在的本体意义；方法技术层包含了雕刻过程中具体的工具与方法的运用，乃至数字化过程中所采用的新方法与新技术的支撑。三者之间，有着紧密的关联与互动：（一）宗教信仰的社会意义与宗教意义，是石窟铭文的艺术本体与方法技术得以规模化和持续化发展的根本起因和重要动力；（二）艺术本体的审美趣味和美学内涵，是宗教神格升华和社会普及过程中的理想形态，也是方法技术的潜在追求；（三）方法技术的基础性和功用性，是艺术本体在方法上得以实现，宗教的理论与哲学在操作过程中得以落脚的重要保障。因此，宗教信仰层、艺术本体层和方法技术层互为基础、相互促进，同时又相互制约。

石窟铭文的创作不同于通常意义上的艺术创作，具有其自身的独特性。首先，石窟铭文的创作是以宗教信仰为动力；其次，石窟铭文的创作是紧紧围绕雕塑来开展的；最后，石窟铭文在刻凿之时往往不是以艺术追求作为旨归。在其创作过程中，上述三大影响因素的作用体现在：方法技术的功用越丰富和系统化，越有利于艺术思想的表达与宗教理念的传播；石窟铭文在艺术层面越内涵化和程式化，越有利于方法技术的规整与宗教信仰的升华；宗教理论越完备化和哲理化，越能够提供给艺术发挥的空间。

事实上，影响石窟铭文艺术发展的因素远不止上述三个层面，更多的如人文、地理、交通、经济等各方面因素其实也在无形中发挥着重要作用。但具体到艺术的视野下，宗教信仰、艺术本体、方法技术所发挥的作用是最为主要和关键的。所以笔者在具体的石窟铭文发展的关系结构分析中，将下面三个方面作为研究的重点：其一，石窟铭文与石窟演进、书法演变的内部关联；其二，石窟铭文在宗教信仰层面上与佛教发展、佛经翻译、僧团变迁及政教关系等方面的外部关联；其三，石窟铭文在艺术本体层面的书法内涵与艺术意味的解读与阐释。

二、研究的意义

（一）课题研究的学术意义

丰富了中国石窟艺术研究的成果类型，以书法视角来观照石窟艺术研究，对石窟艺术、书法体系起到了深化、拓展的意义。

具体而言，拟以石窟铭文艺术为研究对象，关注以下三方面内容：第一，因载体局限而产生的"地域分异律"；第二，时空序列之下，石窟铭文艺术与同时代书法体系的互动和涵化；第三，历史角度下，石窟铭文艺术与政治宗教的深层关系。

从以上三个主要角度出发，理清石窟铭文艺术在华发展的"生命历程"的多元演化现象，进一步探索和揭示现象背后的历史成因及其在演变过程中的界限模糊和"失焦"特征。

（二）课题研究的实用意义

基于上述理论研究的数字化是发挥现代科技优势保护、展示利用和分享人类的共同遗产。主要包含以下三方面实用意义：第一，主要是利用科技手段将书库铭文书法资源加工处理为数字形式；第二，主要是利用数据库进行数字信息的存储、管理等；第三，探索具体样本的提取和存储算法。

第二节
国内外研究现状综述

中国石窟艺术肇始自汉魏,历经半个世纪而造极于李唐之世,余绪绵延经赵宋而直达近代。石刻石窟铭文艺术以石窟(石刻)为物质载体,一方面与石窟雕塑艺术呈现"非绝对相关性"的"双轨并行"特征;另一方面则与同时代的书法艺术遥相呼应,呈现精神层面的"耦合"。换句话说,石窟铭文艺术研究既要将石窟载体作为重点来纵向考察石窟铭文艺术的时间序列及流变原因;又要从横向来考量石窟铭文艺术的区域分布,以及石窟艺术与同时代书法艺术体系的互动和"涵化"。

丹纳指出,任何形式的艺术现象都植根于其所生存的文化(环境)系统和时代序列[1],其外在和内在的变动必然表征着"文化—时代"系统的整体变迁。这也就要求我们在讨论石窟铭文艺术时要以宏观的视野,从政治、宗教、社会等多个角度予以系统观照;进而发掘艺术现象背后的深层意识形态成因和政教关系的互动和制约。

一、中国石窟铭文的地域性分布研究综述

从目前研究成果来看,对石窟铭文的分类大致有时间顺序和空间顺序两种。比如,阎文儒先生的《中国石窟艺术总论》论及中国石窟分布的十三个区域[2]基本上是以省份为单位进行陈述,因论证重点在于石窟艺术的时代流变,惜未进行具有更广泛意义的分型探讨;李裕群则出于文化层面的考虑,将石窟文化圈分为异域情调(新疆)、融汇中西(河西陇东)、皇家风范(中原)、独具风格(南方)[3];陈丽萍、王妍慧则分为西域石窟(龟兹石窟群、焉耆石窟、高昌石窟群)、甘肃石窟(河西石窟、陇中石窟、陇南石窟)、南北并立(原有石窟体系、中原石窟体系)、隋唐盛世(西域石窟、甘肃石窟、中原其他石窟、南方石窟)、宋元时期(原有石窟体系的改建、宋辽金西夏新开石窟、元代石窟)、明清之后(北方石窟、南方石窟)[4],基本上是按照佛教艺术发展的时间顺序来进行分类,但采用四种风格显然过于简略,难以涵盖更多分支类型,同时也不利于进一步阐发石窟艺术类型之间的变迁和影响;李裕群在研究这个问题时,则更进一步细化,综合采用了时间和空间两种依据,分为新疆地区、河西地区、甘宁黄河以东地区、陕西地区、晋豫及以东地区、西南川渝滇地区、江南地区、西藏地区等八大地区[5],

相对而言较为详细,但在符合石窟区域关系方面的考量还稍显不足;赵一德先生综合时空关系和佛教艺术自身发展的区域关系,比较客观地将我国的石窟,按照其地理位置分布划分为九个不同的石窟文化圈[6],基本上可以反映出石窟铭文在华发展的时段特征和地域风貌。

二、铭文书法—图像—文本内容作为一种"三元互诠"体系的研究综述

图像(雕塑)是一种时空高度浓缩的信息传输方式[7],但其概括化、复杂化、洗练化的"话语方式"也会让受众在某种程度上感到迷惑不解。因而铭文的价值,在于其不仅对进一步诠释图像(雕塑)的内涵、意境发挥着至关重要的作用,而且一定意义上对图像(雕塑)的章法和布局进行调整和补充。

长期以来,对于石窟艺术的研究,"被人为割裂成了造像和书法两个联系不大的方面,各自为阵"[8],常常单一地从造像角度出发,探讨其形制、风格、源流等;或从书法角度入手,分析其艺术特点、笔法、结体、章法、审美价值,缺乏将铭文与图像(雕塑)有机结合起来的全面审视和整体研究。

事实上,从艺术角度来观照,铭文包含文本内容和铭文书法两个部分。铭文书法在艺术学视域下的重要性自不待言。同时,文本内容所蕴含的佛经内涵、祈愿内容和文本范式对于石窟艺术研究,同样具有极为重要的意义。

当然,从铭文的文本角度来观照,进而考据出重要史实及其他发现的不乏明证。传统"三重证法"——"取地下之实物与纸上之遗文互相释证;取异族之故书与吾国之旧籍互相补证;取外来之观念与固有之材料互相参证"[9],不仅适合于考古学界,同时也是石窟艺术研究领域的经典方法。笔者根据石窟艺术研究的实际情况及其特殊性,将"三重证法"加以演化和细化,以"铭文书法—图像—文本内容三元互诠"的方法,来对中国石窟铭文艺术进行宏观而系统的考察。即以文本内容补证图像之内涵,佐证经典之记载;以图像之内容(变相)释证抽象之经文;以铭文书法探讨构图之补充和演化。

就目前来看,在这个向度上开展有意义探讨和尝试的有:山西大学贺淑华硕士论文《北魏龙门造像题记范式分析及其意义》中除综合北魏的政治、经济、文化等社会历史背景及对龙门造像题记进行图像层面的收集整理外,比较可贵地提出造像题记的内容刊刻范式、外饰范式及其书法范式的三元关系,将单纯意义上的书法拓展到"外饰"的环境层面是具有前瞻性的[10]。另外重庆大学李伟在2013-2014中国创意设计会议上的发言,在对大足石刻造像题记的文本内容进行梳理和研究基础上,推出大足石刻造像的三大设

计特色的构想[11]。上述作者从铭文内容角度对石窟造像进行观照，进行了比较有代表性和启示性的探索，为我们的研究提供了可资借鉴的宝贵经验。

三、石窟铭文艺术在石窟体系中的演变过程综述

从石窟铭文的历史分期来看，梁思成先生曾按照时间顺序把石窟演变分为五期：南北朝、隋、唐、宋辽金、元明，其中唐代部分占到整个篇幅的43.8%，其次是南北朝占24.9%，可见侧重之处[12]；阎文儒先生研究时采用了时空结合方法，在《中国石窟艺术总论》下半部研究中，将中国石窟体系分为汉至南北朝、隋至初唐、盛唐、中晚唐、五代宋初五部分[13]；荆三林则基于历史条件、地理分布和造像艺术特点，在《中国石窟雕刻艺术史》中将中国石窟体系分为北朝之前、北朝、隋唐、五代宋元以来[14]。总的来说，无论是谋篇布局，还是研究着力点等方面，学界并无太大差异。

从社会学、经济学、政治学等角度对石窟铭文艺术演变历程进行观照和系统论述，仍乏经典力作。学界普遍认可佛教艺术的"题材内容、表现手法、书法艺术既受到佛教自身发展历程的影响，又与当时的文化思想、政治背景有关"[15]的观点和论断。值得关注的是，李晓男也在2009年《龙门二十品书法艺术浅探》中关注到魏碑书法起伏跌宕的发展过程是"政治维新思想"在书法领域所发挥的巨大作用[16]；四川省社会科学院李熙的《隋唐时期佛教造像记中的文体、身份与信仰》[17]、云南师范大学乔丽丽的硕士论文《唐朝书法与唐朝社会的关系研究》[18]、李晓敏的专著《世情与佛理：隋唐佛教造像题记研究》[19]都有社会学研究的倾向。中山大学的魏永杰则在《北朝基层社会中的造像活动——以盂县地区为例》中重点关注平民、僧尼、官员等在造像活动中表现出的信仰特质，并对义邑的社会整合功能予以了重点阐述，给我们提供了不同的思路。[20]西北大学宋莉的《从造像记看五至七世纪关中地区的妇女造像》[21]、中国人民大学李林昊的《从北朝的佛教造像记看女性的造像活动和社会地位》[22]、许昌学院罗操的《论北朝时期的民间组织与地方自治——以造像记为中心》[23]则更进一步聚焦特定地区的特定群体进行探讨。广东技术师范大学赵浩民的《北朝时期泰山地区佛教石刻研究》在沿用传统研究方法的基础上，融入了宗教史学理念，并进行了较有价值的探讨。[24]吉林大学邵正坤的《造像记所见北朝民众的佛教信仰与拟血缘群体》聚焦北朝政教关系、僧团制度、民间传播等问题，展现出宗教学、社会学、哲学等领域多元视野的光芒[25]。但在具体对象和领域的研究中，虽说对社会历史背景予以适当关注是石窟艺术乃至学界研究的基本常态，同时也是立论、考察的必要前提，但将社会因素作为研究的关键立足点、聚焦点、着力点，关注整个时空演变历程的系统性考察和深度研究，是罕有的，仍待后来者阐发。

四、铭文艺术研究综述

历来对石窟铭文艺术的研究，大多在延续晚清碑学余脉、围绕传统论研究范畴和基础上展开。比如，刘景龙的《龙门石窟的造像艺术与题记书法》基本上都是延续以康有为《广艺舟双楫》为代表的碑学思潮[26]。李晓敏在《世情与佛理：隋唐佛教造像题记研究》中从群体分析、组织形式和地域分布谈起，对造像题材进行了详细的分类和统计，并探讨了发愿的内容和指向，为我们提供了研究基础。[27] 同样，马健中在其著作《巩县石窟北朝造像题记及其书法研究》中通览巩县石窟造像题记，对其形制和分类进行了详细探讨，并进一步在文字构成、书法构成及其价值角度进行了申发。[28] 郑炳林、吴荭《敦煌与丝绸之路石窟艺术丛书 北周石窟造像研究》则在龛窟分型的基础上，着眼于北周时期石窟寺的比较研究和相互之间的关系分析，展示了传统石窟艺术研究的另一条路径[29]。杨雄等的《大足石窟与敦煌石窟的比较》亦是如此。[30]

在这个研究角度上，有3篇文章值得特别关注：苏州大学的逄成华硕士在《北朝造像记书法研究》中，在综合考量北朝的宗教信仰状况、民众文化素质、经济政治制度等因素基础上，从分布、书刻、艺术面貌入手进行分析，确定了北朝造像记的历史地位[31]。山东师范大学的郑文君硕士在《北魏书法艺术风格研究——以龙门造像题记为例》中进行了梳理和研究，基本理清了北魏时期的书法发展脉络和艺术风格、审美特点等基本问题[32]。中央美术学院的张羽翔博士在《龙门北魏造像题记书法研究》第四章中基于传统"碑学"研究基础上进行了分类和探讨[33]。以上成果为我们进一步研究提供了参考。

但整体来看，上述研究基本上还是从传统学术方法和研究思路延展而来，多聚焦在常规命题，虽在各自着眼的领域和角度各有新见，但在思想的创建性和学理的弹性方面或许还可以有更高期待。重庆大学龙红的《北魏龙门石窟造像和书迹艺术研究》提出了书法和造像结合研究的问题[34]；沙武田在《榆林窟第25窟：敦煌图像中的唐蕃关系》中提及了题记所在位置与文字内容、性质的问题[35]，为我们解读石窟铭文艺术和造像的关系提出了新的思路，同时也给传统的石窟艺术研究思路注入了新的理念与方法。

此外，还有河北师范大学郭晨燕的《涉县北齐刻经笔形系统研究》有意识地采取了汉字构性学、汉字字体学的基础理论[36]，河北大学郭琦的《河北地区佛教刻经书法研究》则采用比较学的方法论，着眼时间维度、空间维度下的纵横比较，尝试探讨"经派书法"的文字演进和发展[37]，中国艺术研究院张彪的《北齐篆隶复古现象刍议》则着眼北朝时期违背常理的书法存在情况，尝试探究北齐书法诸体杂糅的特殊艺术风格成因[38]，都有一定的启示意义。

五、石窟铭文艺术的数字化研究现状

（一）基于二值化技术去噪和图像分割

南昌大学桂恒在其论文《书法碑帖字的数字化复原研究》中探讨了碑帖作品在进行图像采集之后的斑点和噪声问题，针对经过二值处理的图像，通过两种样式的封闭曲线模板，可以去除原始图像里面的斑点和噪声。之后基于前人的研究，提取了碑帖中的字和笔画，在此基础上尝试数字化修复[39]。基于同样的原理，西安电子科技大学的李沛也采用阴文碑刻图像的去噪、图像分割等技术探讨了碑文图像提取文字的问题[40]。重庆大学的李雅梅在论文《南宋川南墓葬石刻艺术与计算机图像识别应用的研究》中同样采用了二值化的方法进行了数据提取和标准样本库的建立。值得重视的是，其提出的相似度比较和识别匹配的算法和技术昭示出某些智能化应用的趋势[41]。天津大学孙进的《碑帖图像文字切割方法研究》则结合数字图像分割技术和数学形态学运算技术，在二值化投影的基础上进行图像行列切割，提升了传统算法的效率和实用性。[42]浙江大学李著文论证了一种基于汉画像拓片进行三维浮雕效果推演和恢复的算法：先用snake算法检测区域，再用偏微分属性产生网格，并在高度图基础上产生低频高度图，经细节贴合完善高频细节[43]。赵梦提则提出了一种提取画像石拓片线描图的算法：先利用选择性孔洞填充算法去除颗粒噪声，再应用弧线逼近法和MATLAB进行处理。本质上仍属于人工辅助算法的范畴，距离人工智能和批量化处理还有较远的道路。[44]

（二）基于算法层面的拟态实现

浙大张俊松曾运用计算机图像处理和模式识别，对古代的碑帖图像在进行去噪处理、轮廓拟合（碑帖汉字轮廓参数化），以及纹理建模等层面上，进行了算法分析和研究[45]。苏州大学的潘振赣在硕士论文中还提到模糊聚类方法能很好地反映碑文拓片图像的不确定性和模糊性，针对"标准模糊C-均值"（Fuzzy-C Means，FCM）的图像分割算法抗噪能力差、运算时间长等缺点，提出了一种改进的快速"FCM"的碑文拓片图像分割算法，用来消除和抑制噪声，提高分割率和分割速度[46]。中国国家博物馆和天津恒达文博公司联合推进的基于Mask R-CNN的甲骨文拓片的自动检测与识别研究算法，将深度学习理论应用于甲骨文拓片的检测及识别。[47]王旖旎则在2018年度重庆市社会科学规划项目中提出了一种基于极值检测算法在甲骨拓片图像双边滤波方法，尝试解决图片边缘噪点和细节的常见问题。[48]刘梦婷则基于深度卷积神经网络技术，提出了一个名为OBI-CNN的网络模型，旨在同时兼顾甲骨文字识别速度和识别精度。[49]

（三）基于数据存储的应用性研究

胡春涛针对自然和人为因素所造成的碑刻损坏现象，提出通过数字化手段将碑刻资料进行著录，并建立完备、翔实的图文信息数据库的思路[50]。2013年教育部哲学社会科学研究重大项目"商周金文集成数据库"，探索建立了以"金文著录库、金文辞例库、铭文汇释库、铭文注释库"为四大基本点的综合型数据库。[51]武汉大学梁金星与敦煌研究院孙志军等共同协作，从学理层面探讨了一种敦煌壁画颜料颜色数据库的构建方法。[52]敦煌研究院的王宝义团队则探索了一种基于Access数据库的档案数据系统，并以莫高窟003窟、045窟、098窟、285窟等为例予以实现，为石窟保护档案工作的现代化推进提供了参考。[53]南京邮电大学团队则从新媒体发展的角度出发，提出了构建南朝石刻数字虚拟仿真博物馆的构想。[54]以上成果多集中在科研院所和高等院校，成果停留在研究阶段，还未大面积运用。从民用数据库角度来看，比较值得关注的有中华书局旗下古联公司的《宋代墓志铭数据库》[55]，在专业学者团队收集、整理的前提下，运用数字化手段提供对照查阅、分段识别、全文检索等功能。在此基础上，延伸出"三晋石刻大全数据库""汉魏六朝碑刻数据库""唐代墓志铭数据库"，并在2019年联合上线，定名为"中华石刻数据库"。另外还有一个是国家图书馆，在《北京地区石刻拓片书目数据库》的基础上，推进为《墓志拓片书目数据库》《中文拓片数据库》，数据量得到了极大扩充[56]。从资料的角度来讲，两家数据库具有权威性和丰富性，甚至独有性。但就技术手段而言，从现有资料难以看出其所采用的技术和算法的详细解析。

综上，将石窟艺术与书法有机结合的研究在目前学界仅有些许散论，尚未形成系统而专门的研究，特别是关注二者与政教之间关系的阐发缺乏有重量有深度的成果。此外，从新科技角度对石窟铭文的保护、传播等研究尚属起步阶段，也颇有研究空间。

第三节
研究的目的、内容与方法

一、研究的目的

从中国大历史的视角下对石窟铭文艺术的"三元互诠"现象及方法进行系统的关注；从社会学角度考察石窟铭文艺术与政教关系的互动；从石窟铭文艺术演变过程透析出其中的"失范"及内在理路与发展趋势；从技术范畴探讨石窟铭文艺术的数字化应用。

二、研究的主要内容

（1）通过对石窟铭文艺术的地域分布、流变规律的分析，进而在石窟艺术语境下，探讨铭文书法、图像与文本内容构成"三元互诠"系统之中，铭文书法的定位、权重及相互的关联。

（2）通过对石窟铭文艺术在时空坐标中的变迁，探讨下面三方面关系：其一，石窟铭文艺术与石窟雕塑艺术的"双轨并行"关系；其二，石窟铭文艺术与同时代的书法艺术在精神层面的"耦合"关系；其三，石窟铭文艺术与政治宗教的互动关系。

（3）探讨石刻石窟铭文艺术在演变过程中的"失焦"与"失范"现象——中心移位、界限模糊与特征淡化所表征的内在发展理路和历史趋势。

（4）基于图像分割、算法分析、模型建构和数据存储技术基础上的石窟铭文艺术的数字化研究。

三、本书的研究方法

（1）首先基于历史科学的研究方法，特别是历史学方面的资料，以便在相对科学的认知上展开更深层次的研究。

（2）本书借鉴各学科的研究成果，通过综合研究和分析不同社会发展阶段的背景、机制、特点，综合考量石窟铭文的历史地位和艺术价值。

（3）研究方法：采用文献研究法、个案研究法并结合历史研究法开展综合研究。

第四节
创新之处与拟解决的关键问题

一、创新之处

以往的学术成果大多着眼于单纯意义上的石窟艺术或碑刻文献，缺乏有宏阔视野和有机结合的相关研究。笔者尝试从这个思路入手，厘清石窟铭文艺术在华发展的生命历程：以历史背景和政教关系为起点，以书法艺术为视角，以时空结构为切入点，理论与技术共举，铭文与图像并重，对石窟铭文艺术进行系统研究，尝试阐述和重构石窟铭文在宏阔历史观之上的大艺术与政治、宗教等意识形态的关系谱系。

二、拟解决的关键问题

（1）基于信实的考古报告等材料，运用综合思维，梳理中国石窟铭文艺术的分布和特点，并形成特定的理论视野。

（2）基于丰赡的史料，在不同的诠释思路、逻辑思想的指导下，探索石窟铭文艺术的演化脉络和各个阶段的生存状态，剖析其各阶段发展过程中与时代政治宗教等意识形态的微妙关系。

（3）基于科技手段介入石窟铭文研究，发掘图像分割、算法分析、模型建构和数据存储等技术的实际应用空间。

（4）基于已有学术成果从不同学科视角、立论基点、诠释向度等方面着手，进行后续研究。

第五节
预期目标

目标一：对石窟铭文艺术的开放性研究。首先，阐述中国石窟铭文艺术的整体特征；其次，以具体石窟为例，探讨石窟中铭文书法与造像、经文内容之间的自洽性；再次，比较中原地区石窟铭文与平城地区、山东地区、巴蜀地区石窟铭文之间的区别与相互关系。

目标二：以艺术学为主要视角，交叉运用文化学、历史学、政治学、宗教学、社会学等相关学科研究方法，对中国石窟铭文艺术的诠释话语做以归纳、综述与演绎，并发掘艺术现象背后的关系及深层原因。

目标三：基于上述研究，运用科技工具对石窟铭文艺术进行图像分割、算法分析、模型建构和数据存储探索。

注　释

1　〔法〕丹纳（Hippolyte Adolphe Taine）著，傅雷译：《艺术哲学》，江苏凤凰文艺出版社 2017 年版，第 6 页。
2　阎文儒：《中国石窟艺术总论》，天津古籍出版社 1987 年版，第 15~20 页。
3　李裕群：《山野佛光：中国石窟寺艺术》，四川人民出版社 2004 年版，目录页。
4　陈丽萍、王妍慧：《中国石窟艺术》，时代文艺出版社 2007 年版，目录页。
5　李裕群：《古代石窟》，文物出版社 2003 年版，目录页。
6　赵一德在《云冈石窟文化》中将中国石窟艺术划分为九大文化圈：古代西域，以克孜尔为代表的龟兹石窟文化圈；河西四郡，以莫高窟为代表的敦煌石窟文化圈；关陇地区，以麦积山为代表的关陇石窟文化圈；河东地区，以云冈为代表的云冈石窟文化圈；黄河中游，以龙门为代表的龙门石窟文化圈；邺城故地，以响堂山为代表的冀湘石窟文化圈；岭南巴蜀，以大足为代表的西南石窟文化圈；长江下游，以南京栖霞为代表的东南石窟文化圈；辽西漠南，以万佛堂为代表的东北石窟文化圈。（参见赵一德：《云冈石窟文化》，北岳文艺出版社 1998 年版，第 6 页）
7　孙永在《消费语境下广告的图像叙事与审美》中系统陈述了图像和文本的关系："语词是一种时间性媒介，图像则是一种空间性媒介，但由语词构成的文本却总想突破自身的限制，欲达到某种空间化的效果（这种情况在现代作品中尤为明显）。而图像呢？也总想在空间中去表现时间和运动，欲在画幅中达到叙事的目的。在一些特殊的情况下，图像与文本间有时还存在着某种复杂的'互文性'关系。"（参见孙永：《消费语境下广告的图像叙事与审美》，中国书籍出版社 2018 年版，第 47 页）
8　龙红：《冷月孤舟——中国书画艺术专题研究》，安徽美术出版社 2008 年版，第 67 页。
9　刘桂生、张步洲：《陈寅恪学术文化随笔》，中国青年出版社 1996 年版，第 5 页。
10　贺淑华：《北魏龙门造像题记范式分析及其意义》，硕士学位论文，山西大学，2015 年。
11　李伟：《从大足石刻铭文看大足石刻的造像设计》。（参见佚名：《中国创意设计年鉴论文集 2013》2014 年版，第 102~106 页）
12　值得关注的是梁思成《佛像的历史》中对各个时期的注释。对南北朝注曰："自南北而佛教始盛，中国文化，自有史以来，未如此时变动之甚者也"；对隋朝注曰："杨隋帝业虽只二代，匆匆数十年，然实为我国宗教雕刻之黄金时代。其时环境最宜于佛教造像之发展，而其技艺上亦已完善，可以随心所欲以达其意"；对唐朝注曰："佛像之表现仍以像为主，然其造像之笔意及取材，殆不似前期之高洁。日常生活情形，殆已渐渐侵入宗教观念之中，于是美术，其先完全受宗教之驱使者，亦与俗世发生较密之接触"；对宋辽金注曰："宋代雕塑最突出之点是脸部浑圆，额头比以前宽，短鼻，眉毛弧形不显，眼上皮更宽，嘴唇较厚，口小，笑容几乎消失，颈部处理自然，自胸部伸出，支持头颅，与头胸之间没有分明的界线"；对元明注曰："元代，喇嘛教西藏传入中原，该教派的雕塑匠人也来了。明、清两代是中国雕塑史上可悲的时期。这个时期的雕像，一没有汉代的粗犷；二没有六朝的古典妩媚；三没有唐代的成熟自信；四没有宋代的洛可可式优雅。雕塑者的技艺蜕变为没有灵气的手工劳动"。（参见梁思成：《佛像的历史》，中国青

年出版社 2010 年版，目录页）

13　阎文儒在《中国石窟艺术总论》中阐述道：汉至南北朝的佛教艺术，隋、初唐的石窟艺术，盛唐的石窟艺术，中晚唐的石窟艺术，五代、宋初的石窟艺术。（参见阎文儒：《中国石窟艺术总论》，广西师范大学出版社 2003 年版，目录页）

14　荆三林在《中国石窟雕刻艺术史》中将中国石窟艺术的发展概括为："石窟艺术的兴起及其传入中国""北朝（公元 420-589 年）石窟寺院的创建与发展""隋唐（公元 581-907 年）开窟造像的发展""五代宋元以来（公元 908 年以后）石窟造像由衰退到荒废"几个部分。（参见荆三林：《中国石窟雕刻艺术史》，人民美术出版社 1988 年版，目录页）

15　刘莉莉：《河洛地区北朝佛教造像碑研究》，硕士学位论文，郑州大学，2004 年。

16　李晓男：《龙门二十品书法艺术浅探》，《洛阳理工学院学报（社会科学版）》2009 年第 24 卷第 4 期。

17　李熙：《隋唐时期佛教造像记中的文体、身份与信仰》，《学术研究》2021 年第 6 期。

18　乔丽丽：《唐朝书法与唐朝社会的关系研究》，硕士学位论文，云南师范大学，2014 年。

19　李晓敏在《世情与佛理：隋唐佛教造像题记研究》中以隋唐时期佛像题记为核心史料，探讨了隋唐时期民众进行佛教造像活动的基本情况以及由此而反映出的一些社会问题。（参见李晓敏：《世情与佛理：隋唐佛教造像题记研究》，人民出版社 2018 年版，前言）

20　魏永杰：《北朝基层社会中的造像活动——以盂县地区为例》，《华夏考古》2021 年第 2 期。

21　宋莉：《从造像记看五至七世纪关中地区的妇女造像》，《西北美术》2019 年第 4 期。

22　李林昊：《从北朝的佛教造像记看女性的造像活动和社会地位》，《殷都学刊》2019 年第 40 卷第 1 期。

23　罗操：《论北朝时期的民间组织与地方自治——以造像记为中心》，《郑州大学学报（哲学社会科学版）》2019 年第 3 期。

24　赵浩民：《北朝时期泰山地区佛教石刻研究》，硕士学位论文，广东技术师范大学，2019 年。

25　邵正坤：《造像记所见北朝民众的佛教信仰与拟血缘群体》，《学习与探索》2010 年第 1 期。

26　刘景龙：《龙门石窟的造像艺术与题记书法》，《中国书法》，2012 年第 3 期。

27　李晓敏：《世情与佛理：隋唐佛教造像题记研究》，人民出版社 2018 年版，第 38、50 页。

28　马健中：《巩县石窟北朝造像题记及其书法研究》，硕士学位论文，河南大学，2012 年。

29　郑炳林等在《敦煌与丝绸之路石窟艺术丛书北周石窟造像研究》中对各石窟寺北周洞窟进行了比较。（参见郑炳林、吴红：《北周石窟造像研究》，甘肃教育出版社 2017 年版，第 111~199 页）

30　杨雄等在《大足石窟与敦煌石窟的比较》一书中比较向度较多：采用了大足石窟与敦煌石窟佛教显教内容的比较、大足石窟与敦煌石窟佛教显密内容的比较、大足石窟佛教川密与敦煌石窟藏密内容的比较、大足石窟与敦煌石窟道教内容的比较、大足石窟的儒教内容、大足石窟与敦煌石窟民俗内容的比较、大足石窟与敦煌石窟形式的比较七大比较基点。（参见杨雄、胡良学、童登金：《大足石窟与敦煌石窟的比较》，巴蜀书社 2008 年版，目录页）

31　逢成华：《北朝造像记书法研究》，硕士学位论文，苏州大学，2002 年。

32　郑文君：《北魏书法艺术风格研究——以龙门造像题记为例》，山东师范大学，2012 年。

33　张羽翔：《龙门北魏造像题记书法研究》，博士学位论文，中央美术学院，2010 年。

34 龙红:《北魏龙门石窟造像和书迹艺术研究》,《东南大学学报(哲学社会科学版)》2006年第5期。

35 沙武田在《榆林窟第25窟:敦煌图像中的唐蕃关系》序言中指出了一种学术观点:"作为壁画榜书框一般不会书写与壁画内容无关的文字。"(参见沙武田:《榆林窟第25窟:敦煌图像中的唐蕃关系》,商务印书馆2016年版,序言第4页)

36 郭晨燕:《涉县北齐刻经笔形系统研究》,硕士学位论文,河北师范大学,2020年。

37 郭琦:《河北地区佛教刻经书法研究》,硕士学位论文,河北大学,2020年。

38 张彪:《北齐篆隶复古现象刍议》,硕士学位论文,中国艺术研究院,2018年。

39 桂恒:《书法碑帖字的数字化复原研究》,硕士学位论文,南昌大学,2013年。

40 李沛:《基于图像技术的古代碑文处理及展示研究》,硕士学位论文,西安电子科技大学,2012年。

41 李雅梅:《南宋川南墓葬石刻艺术与计算机图像识别应用的研究》,博士学位论文,重庆大学,2008年。

42 孙进:《碑帖图像文字切割方法研究》,硕士学位论文,天津大学,2019年。

43 参见李著文:《基于汉画像拓片恢复三维浮雕效果》,硕士论文,浙江大学,2010年。

44 赵梦提:《画像石拓片线描图提取算法研究与实现》,硕士学位论文,河南大学,2018年。

45 张俊松:《书法碑帖图像去噪、轮廓拟合及纹理建模研究》,博士学位论文,浙江大学,2007年。

46 潘振赣:《基于模糊聚类的碑文拓片图像分割算法研究》,硕士学位论文,苏州大学,2010年。

47 刘芳、李华飙、马晋、闫升、金沛然:《基于Mask R-CNN的甲骨文拓片的自动检测与识别研究》,《数据分析与知识发现》,2021年第5卷第12期。

48 王旖旎:《基于极值检测算法在甲骨拓片图像双边滤波方法的应用》,《菏泽学院学报》2019年第41卷第5期。

49 刘梦婷:《基于深度卷积神经网络的甲骨文字识别研究》,硕士学位论文,郑州大学,2020年,第27页。

50 胡春涛:《山西石刻艺术的数字化建设——以造像碑为例》,《史志学刊》2015年第2期。

51 李永杰:《建设可靠、完备、实用的商周金文集成数据库》,《中国社会科学报》2013年11月1日。

52 梁金星、万晓霞、孙志军、李婵、李俊锋:《敦煌壁画颜料颜色数据库构建方法》,《敦煌研究》2017年第1期。

53 王宝义、侯文芳:《莫高窟保护档案数据库系统》,《敦煌研究》1996年第2期。

54 杨祥民、刁朦:《南朝石刻艺术数字化建设与展示研究》,《南京邮电大学学报(社会科学版)》2019年第21卷第4期。

55 中华书局项目组:《宋代墓志铭数据库》,《中国出版》2018年第17期。

56 袁玉红:《国家图书馆石刻拓片的数字化》,《图书馆理论与实践》2014年第5期。

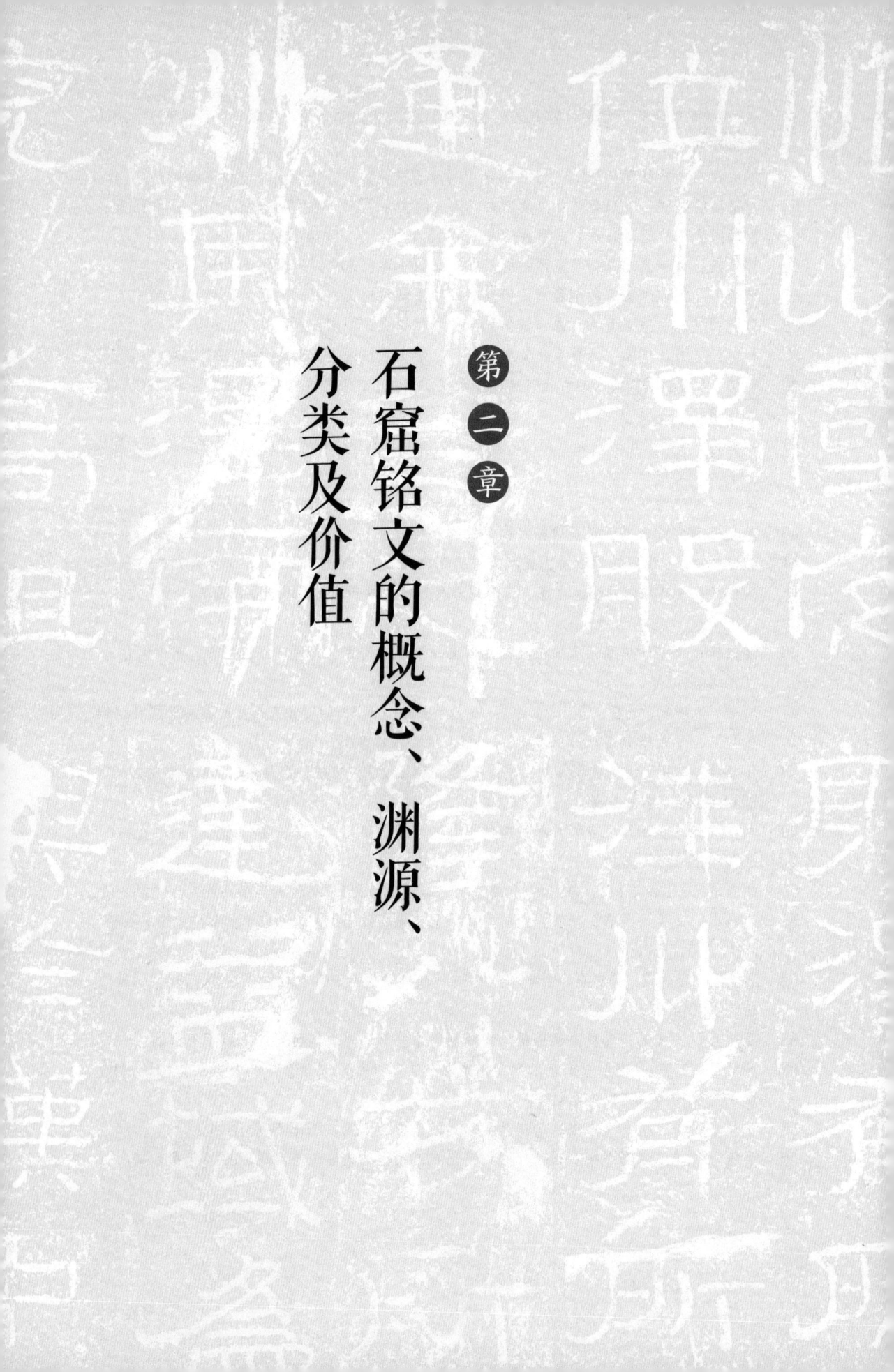

第二章 石窟铭文的概念、渊源、分类及价值

第一节
石窟铭文的概念

铭文一词大致有三种含义:一是作为其基本含义,铭刻用以记载的文字[1];二是可以引申为泛指所有承载信息、传递感情、表达思想的刻写型文体[2];三是在文字学或金石学的范畴内,表示以金属为载体指向其记述和警诫功能。除了上述三种主要的含义之外,在特定的文化语境中,铭文一词还会拥有不同的内涵,其所承载的寓意与关系以及由此而衍生的结构特征也会有所差异。

具体到石窟艺术领域,我们认为,铭文可以定义为:以石质材料为载体,与石窟群落拥有紧密的有机联系,通过刻写和雕镂等手段,进行信息承载、感情传递和思想表达等功能的文字、符号等文化信息的总和。

为进一步方便研究,我们将石窟艺术领域的石刻铭文内容界定为广义和狭义两种。广义的铭文是指,"石窟、石塔(均含其保护范围内的古建筑)范围内的刻、写、铸在不同质地上的各类、各种铭文"[3];狭义的铭文内容是指,处于石窟群落范围之内,与石窟具有紧密且有机联系的各类铭文。

值得注意的是,研究对象在书法与宗教双重视野之下必须具有鲜明的代表性和延续性,其分布、比例、权重在所处范围内处于相对意义上的优势地位,同时呈现出一定的聚集效应和比较明确的发展规律。符合这三个条件才具有研究的意义和价值。在综合考虑上述因素的基础上,我们选定狭义的铭文作为研究对象的基本范畴[4]。

需要补充的是,我们上面关于石窟铭文的概念界定,建立在"石窟"这一基本范畴之上。传统意义上的石窟一般有两种定义:一种是从地质学角度认为,"是指沿水平方向切入陡坡、陡壁或洞壁的单个浅洞"[5];一种是从考古学角度认为,"是指于整体山崖上凿刻出近似正方体洞窟"[6]。实质上,两者的定义大同小异,具体到我们要研究的石窟铭文领域,需要对"石窟"的定位进行适度的扩大,以便将更多有价值的研究材料容纳进来[7]。因而,本书所说的石窟,更加注重传统石窟范畴中的基本内容、艺术意蕴和宗教内涵等内在性质,而放宽形式上的要求。因此诸如北齐北周时期的摩崖刻经、唐宋时期的大足石刻都将纳入我们的研究视野。

第二节
石窟铭文的历史渊源表现

在中国现存的大多数石窟铭文多以石质为载体。这在某种意义上征示着,早期石窟的源头与石质载体存在着一定的原生关联。

虽然学界对此也存在一些争论,比如,王欣从佛教初兴时期,佛寺多为木质结构入手,认为"最早的石窟建造都是仿木构形制的"[8]。当然这一论断亦有其立论基础。但仅就中国石窟铭文艺术而言,一方面随着石窟刊刻艺术自身的演化和发展,在传入中土的历程中,其"仿木形制"的渊薮已经不再明显,更多意义上呈现出对中土本来相应文化现象的借鉴和模仿;另一方面就目前已经发现的出土史迹而言,尚缺乏直接的证据来说明,中国石窟在载体上与木质有着必然的关联。因此,笔者将更多的注意力放在石窟与石质载体的关系之上。

石窟与石质载体的渊源是多方面的:在地域层面上,在佛教传播的历程中不断地吸收沿途各国家、各民族宗教、文化、传统对石质载体的理解和应用等;在时间层面上,从其诞生之日起直至当代,石窟艺术与石质载体的相互作用是持续不断的,甚至在同一地域的不同时间范畴下,对石窟艺术的理解和对石质载体的应用产生了迥异的"现象"[9]。

笔者在综合考虑到佛教艺术自身的规律、特征的基础上,兼顾佛教传入中国之前,中土对石质载体的理解和应用,从中国本土和南亚次大陆两个角度来分别阐述中国早期石窟源头与石质载体之间的原生关联。

一、中国本土石刻铭文溯源

石窟铭文在中国的古代根源可谓源远流长,滥觞于先秦时期的"物勒工名",历经秦汉石经的"规经矩典"及"地天相通"的封禅文化,而后与南亚次大陆佛教的仪式及文化耦合,产生出遍布中国的石窟铭文艺术。

(一)物勒工名——古代石刻中工官署名

殷商甲骨、金文大量史料中多有"工官"一词。《史记·绛侯周勃世家》曰:"工官尚方甲楯"[10]，《索隐》曰："工官即尚方之工，所作物属尚方，古云工官尚方"[11]。因而工官应为国家统一选用和管理的，负责器物督造、制冶等手工技术管理应用的职官和工匠的统称。

工官署名现象虽然在汉代之前也曾零星出现过，比如，战国时期的楚王盘铭："记楚王酓忎战获兵铜。正月吉日，煎铸炒盘，以共岁尝，冶工师绍圣[12]佐陈共为之"；甚至郭沫若先生从"习刻"的现象入手，推断出虽未留名但存在专业从事铭刻的工人群体存在，将工官署名可能性前推到殷商时期[13]。工官署名的起源认定固然有着非常重要的学术意义，也会随着出土文物的出现而不断更新，但本书的关注焦点在于：其一，工官署名的现象在该时期有没有形成一种整体趋势；其二，是否在同时代的典籍中存在可靠的理论根源和现实依据。

就目前出土的文物资料而言，从夏商周到秦时，虽偶有工官署名的情况，但并未形成整体趋势，最晚到了汉代才普遍有了工官署名的情形。马衡在《刻有工官之汉代铜钟铜镫等器表》中用列表的方式，初步整理了器具及工官姓名[14]；如果考察石刻文物，叶奕苞《金石录补》第二十七卷可谓明证：

"汉碑书撰人姓名多不著，而造碑之人时附碑末，如《石经论语》石工陈兴，《三公山碑》石师刘元存，《无极山碑》石师（阙），《白石神君碑》石师王明，《孔耽碑》治石师同县朱适、朱祖，《武氏石阙》石工孟季弟卯，《绥民校尉熊君碑》碑师春陵程福，《巴郡太守樊敏碑》石工刘盛息慓书，《李翕郙阁颂》石师南（阙）字成民。盖汉人立碑，刻镂精工，有费至十五万者。《（武）梁碑》后云：'孝子孝孙，躬修子道，竭家所有，选择名石，南山之阳，擢取妙好，色无斑黄。良匠卫改，雕文刻画，罗列成行，摅骋伎巧，委蛇有章。'可见当时郑重，故石师必欲自炫其技而贻名于后也。"[15]

除叶奕苞上述碑刻之外，尚有《元氏封龙山碑》石师□□造，《王孝渊碑》工人张伯严，《西岳华山庙碑》刻者颍川邯郸公脩，□张，工郭君□，包括我们熟知的历史名碑《张迁碑》石师孙兴，也都在碑末署明了工官之名。

为何汉代工官在石质材料为载体的制作署名呈现一种规模化迸发的现象？我们考察了同时期的文献资料《礼记·月令》："物勒工名，以考其诚，功有不当，必行其罪，以穷其情"[16]，从正面说明了汉代工官署名的技艺考量、绩效奖惩与相关的追责制度。同时叶奕苞"书撰人姓名多不著，而造碑之人时附碑末……可见当时郑重，故石师必欲自炫其技而贻名于后"[17]的论述，也从另外一个侧面论述了这个问题。

在此需要辨明《礼记》成书年代的问题。普遍来说，认为"由汉代学者汇集孔子及儒家论述先秦礼制的文集"[18]已成公论。抛开"今文经学"和"古文经学"的争议，《礼记》所载文本或有差异，但总体的学术思想和经典理念还是比较稳定的。基于此，我们可以退一步认为，"物勒工名"的表述可能是汉代说法，但作为制度的内核和思想应该从先秦时期已经形成和定型。这一点吴晓懿在《战国书法研究》中已从工官的家族袭承角度做详细论述[19]，我们就不再展开。同时，春秋战国时期青铜鼎、尊等器物上留存的铭文中存在工匠署名现象，也就有了合理的解释。

反观叶奕苞的论述，"书撰人姓名多不著，而造碑之人时附碑末"以及"可见当时郑重"的陈述尚属客观、公允，但"石师必欲自炫其技而贻名于后"的论断，或拘囿于所处时代，有揣测臆想之嫌。

因此我们认为，古代石刻中工官署名更多意义上是出于"物勒工名，以考其诚"的因素。当然，从夏商周的工官题名的偶见到汉代大规模的"物勒工名"，我们可以看到社会对于技艺态度的变化，更标志着工官范畴、地位、社会接受程度的起伏变迁。这一点是学界普遍公认的。

（二）规经矩典——儒家石经的形式启示

将儒家经典镌刻石经的传统，历来不绝于史。比如，汉代《熹平石经》、魏国《正始石经》、唐代《开成石经》、后蜀《蜀石经》《北宋石经》《南宋石经》《清石经》。这种将经典（以儒家经典为主）镌刻铭石的官方行为，更多意义上在于"经典规矩"。

表 2-1 中国历代石经统计简表

时间	名称	主持人	书体
西汉元始元年（1）	王莽石经	王莽	不详
东汉熹平四年（175）	熹平石经	蔡邕	隶书
魏国正始年间（240—249）	正始石经	曹芳	古文、篆、隶
唐开成二年（837）	开成石经	唐文宗	楷书
后蜀广政七年（938）	蜀石经	毋昭裔	楷书
宋嘉祐六年（1061）	北宋石经	不详	篆、隶
南宋绍兴五年（1135）	南宋石经	宋高宗	楷书
清乾隆五十六年（1791）	清石经	蒋衡	楷书

马衡先生论及《熹平石经》来由时，意味深长地表示：

> 书籍之版本，莫先于汉之《熹平石经》。缘其时经籍皆辗转传写，文字沿讹，弊端日出。甚至有私行金货，定兰台漆书经字，以合其私文者。当时蔡邕等为挽救此弊，奏求正定六经文字。经灵帝之特许，刻石立于太学门外，以为经籍之定本。后儒晚学，咸取正焉。[20]

通常刻写石经是一项浩大的工程[21]，非斥巨资难以为继，因此多由官方发起和主导。其目的也非常纯粹，困于"辗转传写，文字沿讹，弊端日出"，因而"正定"六经。当然弊端日出的局面并非一日之功，班固曾言"自武帝立五经博士，开弟子员，设科射策，劝以官禄，讫于元始，百有余年，传业者浸盛，支叶蕃滋，一经说至百余万言，大师众至千余人，盖禄利之路然也"[22]。同样樊准、尚敏也表示同样的担忧："今学者盖少，远方尤甚，博士倚席不讲，儒者竞论浮丽"[23]，"自顷以来，五经颇废，后进之士，趣于文俗，宿儒旧学，无与传业"[24]。可见，士人消极怠业、儒学经典衰颓的局面早有预流。

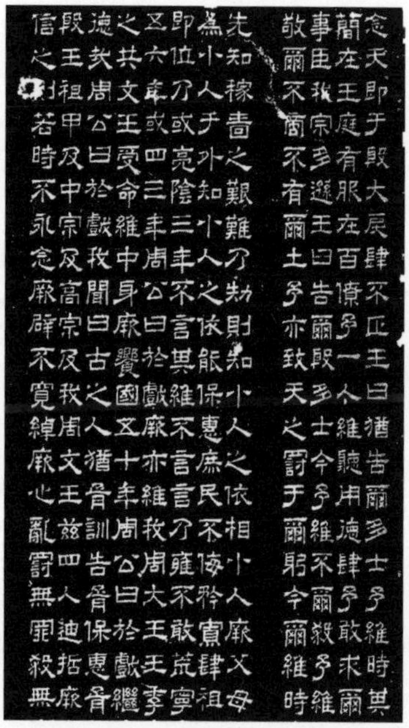

图 2-1　熹平石经（局部）

需要说明的是，儒家经典在汉魏之世，并非简单限于一家之学说或一方之学派，而是安邦定国的大计，是整个社会的意识形态，所以儒家经典的存在状态往往与政治局势互为表里。因此，历代帝王热衷于将儒家经典镌刻石经，以勒定世间传抄文献之谬误，规矩经典为表；以挽回政治文化颓废之势，正定世道人心为里。

但整体而言，将儒家经典镌刻石经，传之后世，确实对儒家经典的权威和严整发挥了重要的作用；同时也极大地丰富了中国石刻体系的类型和内容。

（三）地天相通——礼仪中的信仰基因

中华文明的初期如同世界上其他文明的起源一样，经历了神灵崇拜和祖先崇拜的"敬天法祖"时期，在帝王行使"地天相通"权力的时候，也留下了非常丰富的镌石铭文艺术。其中比较重要的一类就是封禅书，它所使用的文体格式与礼仪范式背后，本质上是浓厚的信仰基因。正是因为这种信仰基因的存在，使得"地天相通"的礼仪范畴之内,封禅的成分逐渐迁移和演化为后来宗教的"发愿"成分。

历史上镌石铭文的封禅书最著名的是《文心雕龙》推崇的"秦皇铭岱"的秦封禅与"光武巡封"的汉封禅:

> 秦皇铭岱,文自李斯。法家辞气,体乏弘润,然疏而能壮,亦彼时之绝采也。铺观两汉隆盛,孝武禅号于肃然,光武巡封于梁父,诵德铭勋,乃鸿笔耳。[25]

李斯《泰山刻石》[26]综合来看,有三个层次:(1)记载文治武功——"作制明法,臣下修饬""初并天下,罔不宾服";(2)歌颂皇帝功德——"祗诵功德""远近毕理,咸承圣志";(3)祈愿国家福泽——"化及无穷""永承重戒"。

而司马相如《封禅书》文末记载的汉武帝封禅颂词[27],其大略也有三层意思:(1)列述传承之正统——"表权舆,序皇王";(2)记载文治武功——"计武功,述文德";(3)歌颂君王之贤明——"歌之以祯瑞,赞之以介丘"。

若抛开政治、礼仪层面的因素,从宗教学的角度来审视其对天(超验的神灵)的虔诚心理和态度,我们会发现:在封禅,这种原始的礼仪制度所表达的对超验神灵的敬畏之中,显然蕴藏着某种宗教的意味。沿着这个角度分析,虽然帝王封禅与后世的宗教(特别是佛教)愿文由于所处阶层和地位的差异和局限,在文本表述中,帝王侧重文治武功,而平民侧重行善积德;在祈求目标上,帝王侧重于王朝延续,而平民侧重于功德主的现世或来世福报。但从宏观来看,两者至少有三个方面的相似之处:一是两者在人神相通

图2-2 李斯 泰山刻石(局部)

图2-3 李斯 琅琊台刻石(局部)

的对象设定上耦合；二是两者在虔诚心理或信仰上同归；三是两者在表功而以此获取超验神灵的赐福上趋同。

封禅文与宗教愿文在多个层面上的相似，究其原因，一方面在于封禅文"表功颂德——倾诉虔诚——祈愿回报"的内在逻辑，为后世宗教祈愿文的传播奠定了思想基础；另一方面构成了统治者在不同信仰体系之下，进行"形式迁移"的客观条件。更重要的是，为世俗信众提供了一种"封禅——愿文"这一可供参考的宗教逻辑范式。

在东汉佛教传入中国不断本土化的过程中，石窟铭文的意义也在发生着改变。铭文中极为重要的一类——造像记，比较大量地出现是在北魏统治时期的云冈与龙门。剖析其铭文格式，绝大多数由造像时间、造像者、功德主、尊名、发愿文、题名这六部分构成，存在明显的祈祷、祭祀特征，具有较为典型的封禅文体内在逻辑和思维风格。我们有理由认定，造像记行文和结构与封禅文是存在客观意义上的对照关系的，同时，两者之间也是客观存在时空角度的延续和承继关系的。

当然，石窟铭文与中国本土石刻铭文之间的对照、承继关系并非生硬而简单的，而是辩证和深层的。比如，秦汉封禅文化中的"灾异"说所伴生的恐惧感和敬畏感，在某种意义上有所内化，在佛教的宗教文化背景下转化为造像记的"悼亡＋祈福"模式。同样，以石窟为代表的中国佛教艺术也在历史的发展中，进行着不断的拓展和演化，于是指代神灵的造像与诠释祈愿的铭文构成了相互依存的、宗教意味明确的有机关系体。正是通过这种"像文互诠"的祈愿模式：雕像承载着造像者的祈愿，传达到佛陀所在的世界——雕塑与铭文在宗教的意味下获得统一。

二、南亚次大陆的对应源头

反观南亚次大陆，石窟铭文——这种以佛教石窟为中心的艺术样式，一直与宗教信仰和宗教传统相合相生。不论从导善倡法的阿育王法敕、以文补图的巴尔胡特佛本生系列铭文、桑奇塔上的发愿供养，还是迦腻色迦的政教相辅，都可以看出南亚次大陆文化、政治背后佛教的身影。整体看来，石窟铭文艺术在南亚次大陆的起源与发展过程，始终孕育、熏陶在以佛教为主体的宗教氛围中。

（一）导善倡法——阿育王法敕

将佛教典籍刻写在石质载体（石窟、崖壁、石柱）上，可以追溯到南亚次大陆孔雀王朝的阿育王时期（约前303—前232）。阿育王晚年皈依佛教后，广建寺塔，慷慨布施，佛教典籍称之为"转轮王"的世间护法王[28]。为了佛法的推广，阿育王颁布一系列法敕，广泛分布在印度河遗迹沙巴兹加希、曼塞拉、吉纳尔；尼泊尔西部的卡尔西；东海岸道利和乔加达；孟买以北的索帕拉；以及巴布拉、卢普纳特、西达普拉、拜拉特、沙哈斯拉姆等地[29]。法敕由刻在洞窟、石柱及其他石质载体上的三十三品碑文组成，涉及七大佛经《种经》《当来经》《牟尼经》《舍利弗经》《那罗迦经》《说初转法轮四谛经》《教诫罗睺罗庵婆蘖林经》。法敕的内容张曼涛在《印度佛教史论》中进行了详细的记述[30]。因有实物与典籍记载为证，文本内容本身不存在太多的争议。围绕其刻凿的目的和旨趣，学界有不同的见解：罗米拉·塔帕认为"通过弘扬社会道德来改变社会"[31]，阿玛蒂亚·森认为法敕旨在"鼓励宗教包容与个人信仰自由……既是国策，也是人与人之间相处的准则"[32]。学者们提出理论的角度、关注的焦点以及描述的方式虽有差异，但整体而言有两点共识：一是法敕铭文反映了阿育王时期政治、社会与宗教高度结合的历史事实，政治从宗教中汲取了某种无须论证的超然性与政权存在的合理性[33]；宗教从王权庇护中获得了某些领域的绝对话语权，并借助王权排除异端教派，把握传播权威性与主动性[34]。两者在诉求一致的前提下进行了深度合作。二是法敕铭文反映了王权借助宗教的渠道和信众基础，在倡导佛法基础上，广泛运用劝导行善等宣传手段，进行社会传播，进一步巩固和加强了王权、宗教在社会民心的基础。

且不论两者合作的深层考量还是所采用的手段，仅就阿育王时期王权与宗教在"导善倡法"方面所做的贡献而言，历史上普遍予以认可与赞赏。

值得注意的是，阿育王法敕除了对"佛法官员"、普通平民等阶层进行劝导、戒令外，在《第八章》描述了与中国封禅类似的宗教活动："天佑仁慈王，于灌顶十一年得到了菩提道，朝拜了圣地。从此以后，开始了佛法的巡行。在这个巡行的时候，访问了沙门和婆罗门，实行了布施，拜访了耆宿，赠给了财帛，会见了百姓，说明了佛法敕令，并且询问了有关敕令的佛法意义。"叙述的逻辑与封禅文有着极为相似的内核，无外乎列述文治武功、歌颂王权功德。但同时阿育王法敕也存在自身的独特性：一是阿育王法敕的文本叙述更多偏向于"史"的成分，而非封禅文的"赞"和"颂"，因此显得更加平实、可靠；二是阿育王法敕落脚点在于政令推广，不同于封禅文祈愿"国家福泽"，更多价值和意义在于，某种层面上具有了先进行政管理经验的征示[35]。

当然出现上述差异的原因是多样的，既有社会、文化氛围的因素，也有文体本身的差异，但重要的一点是面向的对象不同：封禅文面向的对象是"天"——超验的存在，而阿育王法敕面向的对象是人——普通的民众。因此，阿育王法敕的文本逻辑和思想落点就有了顺理成章的解释。

（二）以文补图——巴尔胡特佛本生铭文

图像与文本内容是石窟艺术中具有紧密且有机联系的基本范畴，对于我们理解和诠释刻凿者的意愿和旨趣具有十分重要的作用。现存巴尔胡特的雕刻上共有209条铭文[36]，为婆罗迷俗语[37、38]，刻有捐献资金修筑栏杆的信众姓名。

同时比较值得注意的是，巴尔胡特铭文在记录信众姓名的时候，详细记述了其身份和阶层。其中较为常见的有"持藏者""通五尼柯耶者"比丘及比丘尼、"讽诵者"等。其中"持藏者"又名"圣者伽陀"，是出家修行者的一种；"五尼柯耶"指的是佛教依照巴利文将经藏分为长部、中部、相应部、增支部、小部五大部派或门类；而"讽诵者"指的是讽诵经文的修行者。巴尔胡特铭文中有记载的共有6位"讽诵者"，分别有"圣者"称号1人，"大德"称号3人，未出家无称号2人。当然国外学者也有认为这些信众的阶层并非全是僧尼等宗教人士，而是"商人、工匠行会、军官和小农，也包括妇女和僧尼"[39]。

行业身份与宗教身份，两者之间并不存在必然的矛盾，应当区分来对待。一方面佛教教规、教义对出家受戒，客观上确实存在身份层面的区分，比如，出家修行的比丘、比丘尼，有其自身的职责和要求，理论上是不会从事士农工商的专门事务的[40]；另一方面，除开教义的严格要求，普通信众的身份往往是多层面的：既具有其自身的社会身份，比如，士农工商之别；也可以有一定的宗教意义上的身份，比如，上文所述的"善男子""善女子"以及上述"未出家称号"之类。

这种传统在石窟艺术传入中国后也得到了保留，首先广泛存在"比丘""比丘僧""比丘尼""沙门""沙门统""沙弥""邑师"等与"持藏者""通五尼柯耶者"对等的僧尼类称呼。同时，也有世俗身份与宗教身份并存的现象：比如，"佛弟子""优婆塞""优婆夷""清信士""清信女"等具有鲜明宗教意味的称号，同时也有"北海王""辅国将军""功曹""邑主"等世俗官职称谓。

同时，佛陀佩饰、手印、法器等具有辨识性的佛教仪轨是在不断发展和演变的。在具体时期的特定石窟营造过程中，设计者和雕刻者们对于经典教义的理解、取法范本的选择以及技术手段的限制等，往往使得佛陀造像呈现出"千佛一面"的趋同现象。另一个重要的原因是，在佛教传播早期，佛陀的形象是缺席的，常以莲花、菩提树、法轮予以指代。

在这种情况下佛陀形象的表述和识别，以及宗教寓意和内涵的有效传达，很大程度上有赖于铭文的"点睛"之功。比如,巴尔胡特遗址出土的佛塔门柱上的《降魔成道图》上方屋檐刻有"世尊释迦牟尼的菩提道场"[41],佛塔围栏浮雕《帝释窟说法图》上方也用铭文注解"帝释窟"[42],《伊罗钵多罗龙王礼佛图》也鲜明地刻着"伊罗钵多罗龙王礼佛图"[43]。

在巴尔胡特佛教遗迹中,带有诠释性质铭文,常常以榜题的形式出现。事实上,这种榜题形式来凸显主题,不仅见于南亚次大陆,在我国石窟中也大量存在,比如,莫高窟第454窟经变图就有"第四会佛在夜摩天""善财童子□□处求其善友""善财童子第三处求善友宝贤""南无不空羂菩萨"等榜题[44]。

"以文补图"是中外石窟艺术中普遍存在的重要客观现象,为我们识别佛陀形象,解读宗教寓意和内涵提供了重要参考;同时从石窟艺术发展源流上看,也是我国石窟艺术中,造像与铭文(包括榜题)伴生出现的重要渊薮。

(三)铭石供养——桑奇塔上的发愿文

桑奇大塔的建造分两个重要时期,大塔主体部分的建造主要在巽伽王朝时期;而外围建筑(包括四方塔门等)则属于前1世纪末至1世纪初的安达罗王朝[45]。铭文主要在桑奇大塔的二期工程,四方牌坊样式的塔门之上。据王镛先生统计共有680多个布施信众的名字[46]。比如,南门第1道横梁背后的铭文内容为萨塔卡尔王的工匠首领阿南达捐赠;而南门西侧正面柱子的长方形区域"鹿野苑的法轮柱"浮雕附近的铭文则记载着维迪沙地区的象牙雕刻匠师行会捐赠。

桑奇大塔的铭文大多仅为捐赠者的名字,而无愿文[47],这些捐赠者(或通常意义上所说的供养人),通常分为三种:(1)僧侣阶层,冠以或缀以"比丘"或"比丘尼",比如,"瓦利瓦哈那人雅奇比丘尼捐赠";(2)世俗信众,有些冠以"优婆塞""优婆夷",但更多只有名字;(3)以公会、僧团、村镇等为单位进行集体捐赠,比如,"家长"为代表

图2-4　桑奇大塔

的家族式捐赠、"公会长"为代表的公会式捐赠、以"僧团"为名义的僧团式捐赠、以"村"为名义的邑社捐赠。

这些参与的主体与捐赠形式在我国的造像记中得以体现,仅北魏时期的"龙门二十品"中,既有僧侣阶层的《比丘法生造像记》,也有世俗信众的《高太妃为亡孙保造像记》,也有集体筹造的《孙秋生、刘起祖二百人等造像记》。桑奇大塔上简约的铭文,随着时间的发展和文化的滋养,在我国石窟艺术系统中逐渐形成了较为规范的程式化文本表达[48]。

(四)政教相辅——迦腻色迦立像

玛尔特神庙出土的迦腻色迦立像身上的"大王、王中之王、天子迦腻色迦"铭文,则表明秣菟罗的贵霜王朝同时沿袭了波斯王中之王和中国天子称号[49]。与之相仿,还有印度中部Kosambi出土的"大王迦腻色迦二年"纪年铭文的佛陀密多罗(buddhamitra)菩萨像[50];Ghosita-arama出土的"迦腻色迦三年"的菩萨像。

在佛陀造像上[51]铭刻王族之名,无论是出于对佛陀的虔诚祈愿,还是通过神化王权获得民众的支持和膜拜,我们可以肯定的是,王权与宗教在这一历史时期确实发生了紧密的关联。

从政权和教权的关系角度出发,大致可以分为两种情况:一种是教权主导下的王权统治;另一种是王权主导下的宗教信仰。两种情形下其实差异是相对的,无非是谁处于支配地位,谁拥有更加强大的话语权。而政权和教权的合作在两种情形下是整体的、客观的存在:政权为宗教提供了经济保障、社会地位、政治权力;而宗教也同样协助政权起到了安抚教化民众、维护社会关系及发挥社会救济的作用。因此,从两者对社会发展的促进作用而言,两种类型的本质是趋同的,都可以称之为"政教相辅"。

其实在人类社会早期,政权和教权普遍意义上就具有统一的倾向和特征[52]。世俗群体中的政权拥有者,同时也把握着与神灵沟通的特权。换言之,统治者就是神灵的代言人,并借助神权的加持,进一步巩固和稳定了政权。这一逻辑在后世的政教关系中同样适用,无非是根据具体情况有所分化和发展。

因此,贵霜王朝迦腻色迦时期的政教关系,已经从孔雀王朝阿育王时期的王权服从于教权(或神权)的模式中走出,已经不仅停留在神权的赐予(或封赏)关系,而是尝试借助教权对自身进行神化,对其统治的合理性进行强化和巩固,进一步扩大了王权的话语权,从某种意义上成为神权在世俗的代言人[53]。实质上,迦腻色迦时期已经呈现出比较典型的"政教相辅"的第二种类型。

宏观考察中外政教关系，在王权占据主导地位的情况下，为了寻求意识形态领域更大的合法性、控制力和话语权，帝王的世俗权力扩张到宗教领域，产生了"神王合一"的现象。而通常来说，"帝王对权力极为敏感"[54]，总是不断寻求更加广阔的权力空间，贵霜王朝迦腻色迦时期的政教关系并非个例。

可以这么说，迦腻色迦时期为后世王权从宗教谋求统治合法性，抢夺意识形态领域主动权开辟了先河。"神王合一"的政教模式，影响力不仅局限在南亚次大陆，甚至在佛教遍布之处，都或多或少产生过相似的历史现象。从这个视角来解读，无论是我国北魏平城时期云冈石窟一期的"令如帝身"[55]，还是武周时期龙门奉先寺的毗卢舍那神似武后，都可以看作"政教相辅"第二种类型的延伸。

第三节
石窟铭文的分类

石窟铭文是一个相对较新的研究领域。因为其新,所以拥有比较广阔的研究空间。同样因为其新,所以缺乏前人的研究成果可资借鉴。笔者试借鉴金石学领域的研究成果,立足本领域的基本范畴、基本内涵和实际情况,对石窟铭文进行分类探讨。

一、石刻铭文分类

中国石刻作为金石学的研究重点,关注者历来不乏其人。就研究的不断深入和发展来看,大致可以分为三个阶段:

第一阶段是清朴学家的分类方法,其中以叶昌炽最具有代表性。叶氏根据形制和文体将石刻分为12种:碑、碣、志、莂、石阙、浮图、幢、柱、摩崖、造像、井阑、柱础等。并细分为41类:"石经、字书小学、封禅、书札、诏敕、符牒、格论、典章、谱系、界至、浮图、诗文、经幢、刻经、塔铭、墓志、造像、画像、桥柱、井阑、地图、摩崖、石阙、题名、柱础、买地莂、投龙纪、神位题字、食堂题字、吉语、医方、书目、诅盟、符箓、玺押、题榜、楹联、石人题字、石狮子题字、石香炉题字、石盆题字。"[56] 叶昌炽所采用的两级"纲目式"分类方法,能够比较清晰而直观地表示出各类别之间的区别和从属关系,是比较系统和科学的分类结构,为后来金石领域的石刻研究提供了范式。但作为一种方法论,也存在客观意义上的不足:一是对于纲名的概括和归纳,有笼统之嫌;二是目的订立,限于研究对象庞大芜杂的特征,而难以穷举。

第二阶段是现代学者的分类方法。学者大多沿用了清代的分类方法,以陆和九、朱剑心、马衡为代表。陆和九在《中国金石学讲义》中将石刻分为碑碣、志铭、石画、刻经四大纲,若干目;[57] 朱剑心在《金石学》中将石刻分为刻石、碑碣、墓志、塔铭、浮屠、经幢、造像、石阙、摩崖、地莂、杂类十一纲,若干目[58]。值得注意的是,马衡先生立足前人的研究基础,根据形制和文体将石刻分九类:"刻石、摩崖石刻、碑、碣、画像、造像、经典刻石(太学石经、释道石经、医方、格言、数目5类)、纪事刻石(表彰、文书、墓志、谱系、题咏题名、地图界至6种)、建筑附属石刻。"[59] 其中固然有着前学的基础和时代的优势,更重要的是马衡先生自身精深的金石造诣,使得他能够精准地进行类目的筛选和关系的确定。

第三阶段是新世纪以后。大多数学者仍然沿用传统的分类方法，其中以毛远明、黄永年等为代表。毛远明在《碑刻文献学通论》中，将碑刻按形制分为碑碣、石阙、摩崖、墓志、经幢、石柱铭刻、造像题记、石刻画像题字8类；又按内容分为记事赞颂碑刻、哀诔纪念碑刻、祠庙寺观碑刻、诗歌散文碑刻、图文碑刻、应用文碑刻、石经、题名题记、特殊碑刻9类[60]。从方法的角度来看，采用内容和性质两个角度，对碑刻进行系统整理和分类，是比较科学、客观的。

黄永年在分类方面有所创获，其在《碑刻学》中的论述更加精彩：

> 前人或本石刻形制，或视文字性质，互有得失，迄无定式。窃以为形制与文字性质实不能分离，某种文字必用某种形制之石刻。其中惟造像、题名本多摩崖，而碑、石经亦间有改用摩崖形式者，故前人所列摩崖一类似可省却，以免抵牾重复，然后区分为八大类。[61]

黄氏"摩崖一类似可省却"自有其立论基础，亦有可商榷之处。但"形制与文字性质实不能分离"确为的论，同时也可视为毛氏分类方法的注解和补充。

除了沿用传统的一脉之外，学界当今值得关注的是，一部分学者打破石刻类别之间固有的关系，根据不同的研究侧重、区域差异、对象特点，不断拓展研究领域，纳入新的研究材料。比如，唐晓军在研究甘肃古代石刻艺术的时候，就删繁就简地列举五类：碑志、刻经、阁帖、宗教造像及其记文、摩崖石刻。[62] 其分类方法是否科学、分类内容是否详尽都是可以留待学界讨论，但其结合地域特色将"阁帖"单列并将"宗教造像及其记文"在有限篇目中保留和展现，显然是出于对研究对象、地域特点的综合考量，是符合其研究需要的"合理选项"。

二、石窟铭文分类

为使分类更加具有针对性和有效性，我们有必要重申一下基本观点和理论立场。我们上文对石窟铭文的概念界定中，已经比较明确地阐述了研究对象的基本内涵和范围。其中比较重要的有三点：（1）分布范围需处于石窟群落之内；（2）目标载体需为石质；（3）关系层面必须与石窟具有紧密而有机的联系。

另外，如前所述，现存形态各异的诸种石刻只是研究对象在不同功用之下所表现出的对应形式，因此我们赞同黄永年先生关于"形制与文字性质实不能分离"的重要论断，认为形式与内容密切相关、互为表里。

从上述诸项基础约定出发，笔者对学界关于石窟铭文分类的研究进行了系统的梳理。

将石窟铭文作为单独的研究对象，是近几年才逐渐发展起来的新的趋势，从规范和严谨的学术角度来审视还不够成熟和完善，在学界还需要一定时间来形成关于范畴、方法、体系等方面的共识。就目前现阶段与石窟铭文分类的相关研究成果来看，概括起来大概有两类：

（一）纲目列举式

这种分类显然是基于或借鉴传统金石学研究领域的成熟方法体系。比较有代表性的是1999年重庆市大足石刻艺术博物馆的《大足石刻铭文录》，其将石窟铭文分为："造像龛刻经文、经目、偈语、颂词等；祈佛人造像镌记、题刻和石刻匠师题名等；石刻培修、装绚碑刻、题记等；历代碑碣、题刻、诗词、游记等四大类十四条。"[63] 2011年被肖宇窗在其论著《神话在人间：大足石窟艺术及其文化阐释》中进一步演化，概括为新四类：造像龛刻经偈颂文，石窟纪年造像镌记，石窟培修装绚碑刻，历代诗词题刻碑碣。[64] 事实上，两者的分法并无本质不同，只不过是语言表述方面的差异。

（二）简明扼要式

事实上石窟铭文因为朝代和区域的不同，在研究对象特点、样本容量和整体特征等方面存在比较明显的差异（或特色）。因此，大多数石窟铭文研究者都采用这种分类方法。一方面在于其较为洗练，能够比较灵活地根据区域特征和研究对象范围做出变化和调整；另一方面则可能是行文过程中或局限于篇幅[65]，或为突出研究优势[66]，或随着新材料的发现而及时回应和补充等诸多缘由。

比如，龙门石窟研究所将龙门石窟铭文分为题记、铭刻、药方、石经、施资修路五类，而宫大中先生的《龙门石窟艺术》因为其学术取向和研究视野的不同，将其删繁就简地表述为造像题记、刊经、药方和游题。两者在分类方法上各有考量：龙门石窟研究所和宫大中先生都注意到了药方的独特存在，不同之处在于宫大中先生一方面将龙门石窟研究所表述的具有造像记和刻经题记双重指向的"题记"，落实到了"造像题记"；另一方面则将偏重工程性质的"施资修路"替换为"游题"。虽然两者都是唐宋以后较为重要的石窟铭文形式，但就"志文"和"艺术"的要求来看，两者的取舍都算得上有据可依。龙门石窟铭文的分类方式是比较具有代表性的，其后研究其他石窟的学者们，比如，张林堂的《响堂山石窟碑刻题记总录》、员小中的《云冈石窟铭文楹联》，都与龙门石窟铭文的分类方式，整体呈现出高度的一致。

基于上述的探讨，我们将传统意义上碑碣、石阙、摩崖、墓志、经幢石柱铭刻、造像题记、石刻画像题字的分类解离，并围绕研究对象进行重构。在横向考察中国石窟艺术的具体情况，纵向分析石窟铭文的书法性和书法艺术自身发展规律的基础上，我们基于研究对象的特殊性，充分借鉴金石学领域的成熟研究成果，综合考虑石窟铭文与所在区位组织化程度、石窟与铭文的联系程度及铭文在书法艺术方面的权重等多方面因素，将石窟铭文主要分为造像题记、刻经、其他铭文三类。

在进一步探讨之前，有必要对这些基本范畴进行约定[67]：

第一类，造像题记。在这里指的是记录造像始末的石窟铭文，以发愿文为主，包含少数碑刻题铭等。

第二类，刻经。指的是承载时代信仰的石窟铭文，以石经为主，理论上包含少许经幢和经塔等[68]。

第三类，其他铭文。指的是与石窟具有客观上的关联，或与石窟文化具有内生性关系的其他类型石窟铭文，包含碑刻、药方、游记等。

第四节
石窟铭文的价值

作为宗教艺术的重要组分，这些凿刻在石窟范围内的铭文所蕴含的内容本身，拥有着沉甸甸的分量。换句话说佛教艺术、思想、理念，乃至整个时代的审美趣味和艺术取向等，都凝聚在这些铭文之上，因而具有重要的史学、文章学、大艺术、书法学价值。

一、石窟铭文的史学价值

石窟铭文作为文物留存，天然具有王观堂"三重证据法"所赋予的"相互补充""彼此印证"之重要史学作用。但其毕竟从属于宗教艺术这一特殊的学术领域。因此，更多意义上是对宗教研究资料和体系进行一定的补充，研究价值也不必过于泛化[69]。

关于石窟铭文的史学价值，韩有成的陈述非常有见地：

> 为研究洞窟的开凿年代提供了可供参考的依据，为研究石窟的名称沿革提供了资料，为研究宋夏关系提供了资料，为考察唐以后石窟寺的发展提供了可供参考的线索，为研究本地区历史地理及佛教的发展提供了资料。[70]

韩氏的论述核心意涵，大概可以分三个层次：一是就石窟本身而言，明确的纪年和记载，对石窟开凿时间确定、分期断代、名称沿革、人物个案确实具有比较重要的参考价值；二是从地域角度和宗教角度来讲，属于相对专门的研究，能够发挥有限的作用；三是从大史学的角度出发，对社会、军事、文化关系研究具有重要意义，甚而能补正史之缺。

事实上，就石窟铭文而言，无论祈愿文、经文、碑文还是其他文本内容，都蕴含着丰富的史料信息。值得肯定的是，这些文本往往不见于正史和其他"纸上材料"。通过系统的整理和合乎具体学科与研究对象的分析推进，其对于某一专门领域乃至大史学的研究都颇有裨益。

但需要补充的是，石窟铭文在史料学角度下所发挥的三个层次作用，不是看研究领域宽窄和称谓大小[71]，在具体的研究中，石窟铭文更多的是在石窟研究、宗教研究、地域研究等领域发挥作用。甚至，从某种意义上来讲，石窟铭文发挥作用的权重，与领域宽窄和称谓大小，常常呈现出客观的倒置关系。

这种倒置或"错配"现象的存在，其实也不难解释。因为石窟铭文自身的特色和规律使然，其所发挥作用的权重大小，与各范畴和石窟铭文的相关性成正比。为直观表达，我们可以用圈层的概念来进行大致划分[72]：

第一圈层是与石窟铭文联系最为紧密的表层内容：石窟自身的属性（断代分期、建筑、艺术等）、铭文的附属属性（文章学、文字学等）；

第二圈层是与石窟联系相对紧密的"次近层"内容：某一时段、地域、学科、人物生平的个别考察或研究（宗教学、艺术学等）；

第三圈层是与石窟联系相对较远的深层内容：基于大历史观或跨学科的考察。

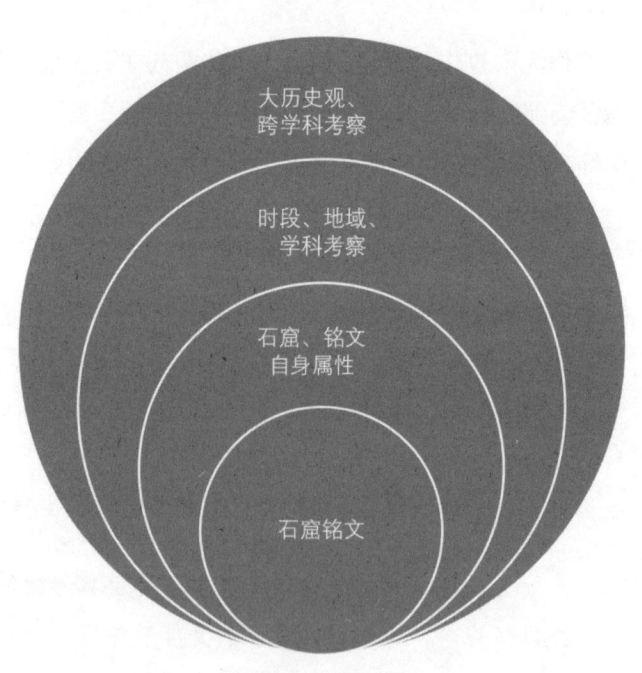

图 2-5　石窟铭文相关范畴关系简图

值得说明的是，史料所陈述和记载的文本内容毕竟有限，其所传递和表达的意涵也相对专门。但以大历史观和学者自身的远见卓识，对石窟铭文进行观照，从史料中发掘出更深刻的论断，则属于学者的素养和能力。比如，张方在《略论关中地区道教造像碑的史料价值》中就不局限于"北朝楼观道情况的记述、对道教在民间传播情况的记述"，更进一步发掘出"早期道教与氐羌民族的关系"这个层面[73]，这是需要比较开阔的学术视野和跨学科研究的能力的。其实在相关研究中，史料只是研究的基础，史学界所讲的"史观"和"史识"尤为重要。

二、石窟铭文的文章学价值

学界普遍认为，文章学是从属于语文学的分支学科，是专门研究文章性质、功能、构造及读写规律和方法的科学。[74]从这个定义出发，石窟铭文艺术中的碑文、经文、造像记、游记、散题都具有相应的文体、文法结构,及文字特点(包括字体简化等),无疑属于文章学研究的范畴。

深究起来,不同类型的文章学意义和价值,差异较大,不一而足,无法一概而论。我们沿读上章三大分类为切入点,来逐个分析其文章学的价值。

本质上而言,造像记、祈愿文等属于民间应用型文体,也是石窟铭文中数量众多的一大类。其语言较为平实,结构相对自由。虽然在赞颂、祈愿的行文中透露出对深奥佛法的理解和阐释,也随着时间发展过程沉淀出一些相应的规律[75],但整体而言,尚未构成严格的文体结构和话语系统。

反观经文一类的文章学价值比较突出,遣词造句也颇为雅驯,名篇鸿著迭出。但同时也必须注意到,石窟中刊刻的经文所具有文章学价值应当归功于其创作者(佛陀及其弟子)以及著名的译经高僧(鸠摩罗什、玄奘等)。他们有一些共同的特征或素质要求:从事翻译的高僧其佛学修为之高自在情理之中,重要的是综合文化修养。事实上,综览佛经翻译史,无论是本土的高僧还是外来僧人,对中华文化都可称得上修养深湛。

至于其他碑刻、药方、游记等就表现参差不齐。既有由皇家营造、书文并绝的《伊阙佛龛碑》;也有药方等这些世俗应用文字;还有文人墨客与文化修养较浅游客并存的散题诗文。这些铭文与筹建阶层、书写人学养关系极大。因其阶层分布较宽,内容既有精品佳作,也有芜杂简陋之作,不一而足。此处不展开,留待下一章节详细讨论。

但整体而言,石窟铭文在发展过程中,确实初步形成了自身的文体、文法结构,也衍生出较为合乎发展规律的标准和法则,因而具有独特的文章学价值。

三、石窟铭文的书法学价值

从书法角度来看,石窟铭文的创作来源、艺术层次和美学趣味是多元的,不能简单地将其归为"实为唐宋之所无有"或"穷乡儿女造像"[76],需要一分为二来看待。

一方面石窟铭文大多个性鲜明、各具特色、大朴不雕、雅俗并存,是书法艺术的宝库;另一方面既有雅逸与刚健并存,工稳与险绝同在,具有较高艺术价值的作品,但也客观存在"甜""媚""拙""稚"等审美趣味不高[77]的俗书,艺术水准良莠不齐,有待进一步发掘、重构,是需要我们审慎对待的。

其实,石窟铭文的书法学价值可以分为:书法史方面的价值和书法艺术方面的价值。

虽然两者之间存在密切的关联，甚至很多情况下是不太容易细分彼此的。但为了研究的条理性、系统性，笔者将尽可能地划分边界、明晰异同，在比较中说明石窟铭文的书法学价值。

沿着这个思路，首先看书法史方面的价值。学界基本形成共同意见：作为魏碑重要组分的造像记、摩崖刻经不仅处于"隶楷之变"的关键环节，而且极大地丰富和完善了清代碑学的理论、实践体系。这无疑是对北朝石窟铭文的很高评价。

再从书法艺术的角度来看，造像记的美学意义已经在清代碑学理论体系中阐述得极为完善，甚至有溢美之嫌："龙门造像自为一体，意象相近，皆雄俊伟茂，极意发宕，方笔之极轨也。"[78]用语虽有所偏颇，但"雄俊伟茂，极意发宕"8字概括，还是基本上贴合大部分北魏造像题记的。

值得说明的是，限于资料和时代因素，石窟铭文领域的经典理论体系多聚焦于北朝。而实质上，唐宋石窟铭文也颇为精彩。对造像记、摩崖刻经的再认识和再发掘，以及对散题在书法层面的聚焦和关注，理应是书法界永恒的主题，或许书法铭文也将因此而迎来新的发展机遇亦未可期。

四、石窟铭文的大艺术价值

大艺术似乎是一个宽泛的概念，却因为有了石窟铭文这一落脚点，而变得较为明确和清晰。具体而言，石窟铭文的大艺术价值主要体现在：装饰价值、情感价值以及某种东方美学特有的布局价值。

首先，值得我们关注的是石窟铭文的装饰价值。美国学者乔迅（Jonathan Hay）在《魅惑的表面：明清的玩好之物》中有个比较有代表性的论断："中国文字体系的象征意义（imagistic character）让文字在装饰层面分饰多重角色。"[79]并进一步指出文字的位置、边界和字体都构成了装饰的范畴。同样在中国石窟艺术领域，这种"多重装饰意义"普遍存在：

当我们将视角放在龙门石窟、安岳石窟、大足石刻等具有代表性的窟龛的崖壁、窟顶、券门、壁龛上，铭文的装饰意义是直观且广泛的：比如，通过撇捺的舒展开张彰显出雄浑遒劲的装饰美感；而笔法的露锋取势与刀刻效果相互融合，在内含方硬的笔势中展现出极为立体的装饰意味。另外，通常意义下图像是石窟艺术的重点，铭文往往是处于从属地位；但在某些特定的场景下，铭文因各种因素的作用下被凸显，甚至具有了装饰意义下的"母题"的范畴[80]。这些装饰意义对我们的铭文研究意义深远。

其次，我们从艺术接受理论和艺术心理学的角度来探讨其情感价值。同样我们注意到乔迅（Jonathan Hay）在论述铭文的艺术接受层面的含义时，进行的这么一段阐述："它同时在装饰的表面引入了听觉的维度，因为中国的读者通常会吟诵这些文字，对那些诗歌铭文而言尤其如此"[81]，乔迅的论证很有趣味，也很有新意。他从一个旁观者的角度，阐述了同语言文化背景下的观众，对静态艺术品的"通感"。事实上，从艺术接受理论的角度上来看，石窟铭文如同其他艺术品一样，正是因为"接受主体的审美接受活动，才能真正体现它的社会意义和审美价值，才能真正形成艺术的生命力"[82]。当然，我们换个角度，从艺术心理学角度出发，如何相对真实而完整地还原祈愿人的心理诉求，探索艺术家或工匠在创作时的构思和心理，往往需要借助铭文的文本内容来进行发掘和解读。无疑，石窟铭文在艺术接受和艺术心理角度，为我们的研究提供了重要的视窗。

最后，我们对石窟铭文的布局价值进行探讨。如同恩斯特·贡布里希（Ernst Gombrich）所述，装饰有三大功用："构成物品的基本框架、填补画面的空白、整合不同元素。"[83]事实上，布局价值仍然属于装饰的范畴，但在中国的人文艺术环境中，又不能简单地将两者等同起来。当然，"书中有画，画中有书"[84]为表征的"书画一律"东方审美趣味下，石窟铭文在丰富画面层次和构图方面的补充作用，已被学者广泛接受。需要补充的是，在某些本生群雕等图像中，铭文能够支撑起叙事结构和所想表达的经文旨趣，一定程度上有着超越时空和"图像"的意涵。

上文，我们大致探讨了石窟铭文的装饰价值、情感价值以及某种东方美学特有的布局价值。它们共同营造出大艺术概念下，石窟美学的"韵律感、平衡感和秩序感"[85]。

根据上述分析，我们可以形成基本的观点：正是因为铭文的参与，中国石窟在文化、宗教、哲学、政治、社会等方面的综合价值得到了较大提升。实质上，石窟铭文的价值是丰富而多样的，具有但并不仅限于上述几种。宏阔的千年宗教史和苍古高远的佛学传播之路，都在中华广袤的大地上留下深刻的痕迹，凝聚为熠熠生辉的佛教艺术宝库，形成了传承有序、跨度广阔、层次丰富的石窟艺术体系，留待后世学者不断地思考和探索。

注 释

1 汉代许慎在《说文解字》中谈道:"铭,记也。"(参见〔汉〕许慎撰、〔清〕段玉裁注:《说文解字注》,上海古籍出版社1981年版,卷十四:金部)

2 《新编中国文史词典》将"铭"解释为文体名。初为商周时代刻在钟鼎器物上的文字,用来记功颂德,故称钟鼎铭文。后以石代金,刻于碑版,故称碑铭,性质仍为记事颂功。也有题于器物上自我警诫劝勉性质的铭文。文句简约,一般用四言韵语。(参见孟庆远主编:《新编中国文史词典》,中国青年出版社1989年版,第841页)

3 重庆大足石刻艺术博物馆、重庆市社会科学院大足石刻艺术研究所编:《大足石刻铭文录》,重庆出版社1999年版,概述第1页。

4 在没有做出特别说明的情形下,本书所使用的"铭文"概念,均指代狭义的石刻铭文。

5 姜晨光主编:《土木工程专门地质学》,国防工业出版社2016年版,第135页。

6 邓星亮:《安岳卧佛院石窟刻经研究》,硕士学位论文,四川大学,2012年,第28页。

7 诸如山东摩崖刻经、大足石刻都是佛教铭文艺术中十分重要的内容,除了没有全部以洞窟的形式出现之外,与传统石窟的基本内涵殊途同归。

8 王欣编著:《中国古代石窟》,中国商业出版社2015年版,第31~36页。

9 以佛教诞生地印度为例,在原始佛教时期、部派时期、大乘时期、密宗时期,对于石窟刊刻的态度,神灵的选择、排序,以及对于载体的选择,都有着较为明显的差异。

10 〔汉〕司马迁:《史记(中)》,团结出版社2002年版,第771页。

11 〔汉〕司马迁:《史汉文统·史记统》,商务印书馆2019年版,第86页。

12 因时间流逝,铭文漫漶不易辨识,学界对于此器作者存在一定分歧。除了上述观点之外,有部分学者认为是"师绍圣"所为。

13 《郭沫若评传》载:"关于甲骨文的刻写,他在《缺刻横划二例》中指出,先竖后横。是信手刻上去的,不赞成董作宾'先书后刻'的说法。他还注意了'习刻甲骨'的问题,发现初学者留下不少的练字骨。"(参见秦川:《秦川文集1 郭沫若评传》,中国文联出版社2016年版,第213页)

14 马衡《刻有工官之汉代铜钟铜镫等器表》。(参见马衡:《凡将斋金石丛稿》,中华书局1977年版,第380~383页)

15 清代叶奕苞《金石录补》卷二十七载:"汉碑书撰人姓名多不著,而造碑之人时附碑末,如《石经论语》石工陈兴,《三公山碑》石师刘元存,《无极山碑》石师(阙),《白石神君碑》石师王明,《孔耽碑》治石师同县朱适、朱祖,《武氏石阙》石工孟季弟卯,《绥民校尉熊君碑》碑师春陵程福,《巴郡太守樊敏碑》石工刘盛息惧书,《李翕郙阁颂》石师南(阙)字成民。盖汉人立碑,刻镂精工,有费至十五万者。《(武)梁碑》后云:'孝子孝孙,躬修子道,竭家所有,选择名石,南山之阳,擢取妙好,色无斑黄。良匠卫改,雕文刻画,罗列成行,摛骋伎巧,委蛇有章。'可见当时郑重,故石师必欲自炫其技而贻名于后也。"(参见《续修四库全书》编纂委员会:《续修四库全书901 史部·金石类》,上海古籍出版社1996年版,第127页)

16 其后有疏云:"每物之上,刻勒所造工匠之名于后,以考其信与不,若其用材精美而器不坚固,则功有不当,必行其罪罚,以穷其诈伪之情。"(参见李修生、朱安群主编:《四

书五经辞典》，中国文联出版公司1998年版，第350页）

17　清代叶奕苞《金石录补》。（参见新文丰出版公司编辑部：《石刻史料新编第一辑第12册》，新文丰出版股份有限公司1982年版，第9134页）

18　司马朝军、赵争主编：《文献辨伪学引论》，武汉大学出版社2020年版，第188页。

19　吴晓懿：《战国书法研究》，山东教育出版社2018年版，第145页。

20　马衡编著：《马衡讲金石学》，凤凰出版社2010年版，第155页。

21　以《熹平石经》为例，其刊刻，起于熹平四年，讫于光和六年，历时9年方才竣工。（参见《国宝档案》栏目组：《国宝档案·叁·书法碑刻石刻案》，中国民主法制出版社2009年版，第132页）

22　班固《汉书·儒林传》。（参见〔汉〕班固：《汉书》，中华书局2007年版，第3620页）

23　《后汉书·樊准传》。（参见门岿主编：《二十六史精粹今译》，人民日报出版社1991年版，第368页）

24　汉代尚敏《陈兴广学校疏》。（参见严可均：《全上古三代秦汉三国六朝文第二册·后汉》，中华书局1958年版，第473页）

25　〔南朝梁〕刘勰：《文心雕龙导读》，安徽师范大学出版社2018年版，第106页。

26　全文详见曾国藩《经史百家杂钞·上册》。（参见曾国藩：《经史百家杂钞·上册》，世界书局1935年版，第261页）

27　全文详见曾国藩《经史百家杂钞·上册》。（参见曾国藩：《经史百家杂钞·上册》，世界书局1935年版，第132页）

28　李建欣：《佛教传说中的转轮圣王阿育王对隋文帝的影响》，《宝鸡文理学院学报（社会科学版）》2017年第37卷第5期。

29　国家文物局教育处编：《佛教石窟考古概要》，文物出版社1993年版，第180页。

30　法敕的刻文内容和释文详见张曼涛《印度佛教史论》。（参见张曼涛主编：《现代佛教学术丛刊93·印度佛教史论印度佛教专集之二》，北京图书馆出版社2005年版，第207页）

31　〔英〕文森特·亚瑟·史密斯著，高迎慧译：《阿育王：一部孔雀王国史》，华文出版社2019年版，第229页。

32　〔英〕文森特·亚瑟·史密斯著，高迎慧译：《阿育王：一部孔雀王国史》，华文出版社2019年版，第229页。

33　蒲林塞普在阿育王碑的婆罗米文中发现，其被佛教以及广大信众推为锡兰的天爱帝须王。（参见〔英〕文森特·亚瑟·史密斯著，高迎慧译：《阿育王：一部孔雀王国史》，华文出版社2019年版，第229页）

34　《阿育王传》记载：一名异教徒因不敬释迦牟尼佛，引发阿育王对所有"邪命外道"教徒的悬赏追捕，共18000名教徒因此丧命。（参见〔英〕文森特·亚瑟·史密斯著，高迎慧译：《阿育王：一部孔雀王国史》，华文出版社2019年版，第228页）

35　比如，法敕推广前的政策说明会，以及拜访权威、问计于民，在当今社会仍然具有相当意义的参考价值。（参见〔日〕宇井伯寿著，汪兆玉译：《阿育王法敕刻文》，现代佛教学会1951年版，第11页）

36　白文：《从缘起到广布：古印度佛教艺术》，陕西师范大学出版总社有限公司2010年版，第72页。

37　朱旧雄主编:《世界美术史·第四卷·古代中国与印度的美术》,山东美术出版社1990年版,第441页。

38　也有翻译为婆罗米语或婆罗蜜语,译有差别,所指皆同。(参见白文:《从缘起到广布:古印度佛教艺术》,陕西师范大学出版总社有限公司2010年版,第45页)

39　〔德〕赫尔曼、许理和编著,于红、卞克文等译:《人类文明史第3卷:公元前7世纪至公元7世纪》(History of Humanity: Vol.3 From the Seventh Century BC to the Seventh Century AD),译林出版社2015年版,第43页。

40　即便有从事人员,那么他的僧侣属性也是第一性的,比如,知客僧以及从事劳作和经营的僧人。

41　罗世平、如常《世界佛教美术图说大典·雕塑卷》载:"印度中央邦阿拉哈巴德瑟德纳县(Satna, Allahabad, Madhya Pradesh)巴尔胡特(Bharhut)遗址出土。原为佛塔入口隅柱上的浮雕装饰。此浮雕明显区分为三段画面,上段为释迦牟尼佛于菩提树下悟道的事迹。菩提树上装饰伞盖和花环,代表树的特殊和神圣。树梢两侧各有人头鸟身、手持花环与供品的迦陵频伽,面带欢喜前来供养,其下各立一药叉。下方的屋檐上刻有铭文,意为世尊释迦牟尼的善提道场,说明此建筑物为菩提伽耶的大精舍。"(参见罗世平、如常主编:《世界佛教美术图说大典·雕塑卷》,湖南美术出版社2017年版,第287页)

42　罗世平、如常《世界佛教美术图说大典·雕塑卷》载:"印度中央邦阿拉哈巴德瑟德纳县(Satna, Allahabad, Madhya Pradesh)巴尔胡特(Bharhut)遗址出土。原为佛塔围栏柱石浮雕装饰,表现佛陀于帝释窟为帝释天说法的情景。浮雕左右两侧残损。画面中央刻有一个拱形的洞窟,洞窟内的空台座与伞盖象征佛陀的存在。帝释天背向外,坐于台座前,周围有八名聆听佛陀说法的弟子,洞穴外上方的树与岩石间刻正在嬉戏及窥视洞穴的猴子。图左方残存画面可见竖琴,当为表现洞外乾闼婆乐神奏乐。浮雕上方的铭文注明'帝释窟',一般认为该浮雕为现存表现帝释窟主题的最早作品。"(参见罗世平、如常主编:《世界佛教美术图说大典·雕塑卷1》,湖南美术出版社2017年版,第288页)

43　罗世平、如常《世界佛教美术图说大典·雕塑卷》载:"印度中央邦阿拉哈巴德瑟德纳县(Satna, Allahabad, Madhya Pradesh)巴尔胡特(Bharhut)遗址出土。原为佛塔石柱上的装饰浮雕,内容表现:《佛本行集经》,及《四分律》等经典中所载故事,伊罗钵多罗龙王前世为比丘,居住于伊罗树林中,因犯损伊罗树叶及非时乞食二戒,致受龙王之身。龙王五头上生伊罗树,身体因脓血交流,受蛆虫啮食而痛苦不堪,遂化为人身,向佛陀请法。画面采用一图数景的连续构图方式,表现不同时间和地点的数个情节。画面上方为龙王前世的比丘身;中央是因过失而堕为五头龙身的伊罗钵多罗龙王,在恒河中等待佛陀出现;右下方是龙王化为人形,与妻眷们合掌在河中行进;最后在画面的左侧,龙王躬身跪拜在象征佛陀的菩提树台座前。画面中央的空白处,刻有铭文,意为'伊罗钵多罗龙王礼佛'。"(参见罗世平、如常主编:《世界佛教美术图说大典·雕塑卷1》,湖南美术出版社2017年版,第281页)

44　郑炳林主编,郭俊叶著:《敦煌莫高窟第454窟研究》,甘肃教育出版社2016年版,第77页。

45　〔法〕勒内·格鲁塞著,常任侠、袁音译:《东方的文明》上,商务印书馆2017年版,第259页。

46　参见王镛:《印度美术史话》,人民美术出版社1999年版,第46页。而白文在《从缘起到广布：古印度佛教艺术》重新统计后，认为有904条。（参见白文：《从缘起到广布：古印度佛教艺术》，陕西师范大学出版总社有限公司2010年版，第86页）

47　白文：《从缘起到广布：古印度佛教艺术》，陕西师范大学出版总社有限公司2010年版，第45~48页。

48　后文会有详细研究，此处不论。

49　〔巴基斯坦〕穆罕默德·瓦利乌拉·汗：《犍陀罗：来自巴基斯坦的佛教文明》，五洲传播出版社2009年版，第299页。

50　现藏阿拉哈巴德博物馆，贮藏号：AC2948：69。

51　学界对于立像的认定存在争议，或认为是佛陀造像，或认为是在位王族雕像。但两者相互融合的现象是客观存在的。（参见孙英刚、何平：《犍陀罗文明史》，生活·读书·新知三联书店2018年版，第172页）

52　政教合一是早期人类社会普遍存在的社会现实，《金枝》中不乏记载。[参见王铭铭：《人类学讲义稿》，世界图书出版公司北京公司2011年版，第185页（转引弗雷泽：《金枝（上册）》）]

53　而这一直以来是由僧侣阶层担任的。

54　郭绍林：《隋唐历史文化》，中国文史出版社2005年版，第294页。

55　《魏书·释老志》记载：孝文帝曾"诏有司为石像，令如帝身。既成，额上足下，各有黑石，冥同帝体上下黑子。"（参见〔北齐〕魏收：《魏书》，吉林人民出版社1995年版，第1760页）

56　《续修四库全书》编纂委员会：《续修四库全书·史部·金石类》，上海古籍出版社2002年版，第262~265页。收录清代叶昌炽：《语石》，卷三。

57　陆和九：《中国金石学讲义·上》，北京图书馆出版社2003年版，第84~94页。

58　朱剑心：《金石学》，文物出版社1940年版，第182页。

59　马衡：《凡将斋金石丛稿》，中华书局1977年版，卷二。

60　毛远明：《碑刻文献学通论》，中华书局2009年版，第7页。

61　黄永年《碑刻学》，原载《新美术》1999年第3期，其出版论文集亦有收录。（参见黄永年：《古文献学讲义》，中西书局2014年版，第192页）

62　唐晓军：《甘肃古代石刻艺术》，民族出版社2007年版，第32~35页。

63　重庆大足石刻艺术博物馆、重庆市社会科学院大足石刻艺术研究所编：《大足石刻铭文录》，重庆出版社1999年版，目录页。

64　肖宇窗：《神话在人间：大足石窟艺术及其文化阐释》，中国戏剧出版社2011年版，第238页。

65　在官大中《龙门石窟艺术》中，石窟铭文只是作为其局部章节。（参见官大中：《龙门石窟艺术》，人民美术出版社2002年版，第408~529页）

66　比如，龙门石窟的施资修路和药方以及云冈石窟的匾额。

67　这里所提到的概念并非其本义，而是笔者在综合考虑研究对象特征和自身发展规律等基础上所赋予的新的含义。

68　需要说明的是，为了研究的整体性和针对性，我们排除了一些与石窟关联度不高的佛造像铭文、造像碑和造像（经）幢的干扰。

69　当然也有学者以大视野、大毅力从跨学科的视野予以观照，或作为其他论题论证过程中的部分必要研究，自然具有十分重要的价值和作用。但个别特例，不应包含在此范畴之内。

70　韩有成：《须弥山石窟碑刻题记的史料价值》，《固原师专学报》2000年第5期。

71　并不因其"能补正史之缺"而影响石窟铭文史料学价值。

72　虽未必完全科学合理，但能直观表达多元关系。

73　张方：《略论关中地区道教造像碑的史料价值》，《中国道教》2009年第3期。

74　当然，也有学者将其定义为："研究文章写作规律的一门科学。它不但要研究文章本身构成的法则，而且还要研究文章写作的方法和技巧。"（参见王凯符：《古代文章学概论》，武汉大学出版社1983年版，第1页）侧重于揭示出文章读、写之间的内部联系和规律，与我们所谈论的石窟铭文价值而言距离较大，本书所指文章学，主要侧重其自身规律方法研究，不将焦点放在写作上。

75　比如，侯旭东《五、六世纪北方民众佛教信仰》中提到的造像题记"三段七要素"范式中，可以直观地看出其文体、文法结构及文字特点等文学层面的具体体现。（参见侯旭东《五、六世纪北方民众佛教信仰》，中国社会科学出版社1998年版，第88页）

76　康有为在《广艺舟双楫·十六宗》中已经对这种观点进行过反驳："魏碑无不佳者，虽穷乡儿女造像，而骨血峻宕，拙厚中皆有异态，构字亦紧密非常，岂与晋世皆当书之会耶？"当然，笔者对康氏"无不佳"的论断持保留态度。（参见〔清〕康有为著，李廷华辨析：《〈广艺舟双楫〉辨析》，上海书画出版社2017年版，第135页）

77　笔者指的是几种审美趣味的萌芽阶段或野蛮生长阶段，并不否认这四种审美观念。这两者必须做严格的概念区分，不可混为一谈。艺术上的"甜""媚""拙""稚"是几种不同的审美趣味和审美追求，与这里谈到的情况存在客观意义上的分野。

78　〔清〕康有为：《广艺舟双楫》。（参见杨素芳、后东生：《中国书法理论经典》，河北人民出版社1998年版，第606页）

79　〔美〕乔迅：《魅惑的表面：明清的玩好之物》，中央编译出版社2017年版，第201~211页。

80　比如，摩崖刻经中就存在围绕佛名或经文名称，开展文本或图片内容的刻凿。当铭文成为阐释和叙述的重心，实质上，铭文在某种意义上已经拥有了"母题"的意味。

81　〔美〕乔迅：《魅惑的表面：明清的玩好之物》，中央编译出版社2017年版，第205页。

82　谢委主编：《艺术概论》，西南交通大学出版社2017年版，第197页。

83　张宝洲、范白丁选编：《图像与题铭》，中国美术学院出版社2011年版，第58~60页。

84　这是书论中常规的命题，比较著名的有清代周星莲《临池管见》："字画本自同工，字贵写，画亦贵写。以书法透入于画，而画无不妙。以画法参入于书，而书无不神。故曰：善书者必善画，善画者必善书。自来书画兼擅者，有若米襄阳（米芾）、有若倪云林（倪瓒）、有若赵松雪（赵孟頫）、有若沈石田、有若文衡山（文徵明）、有若董思白（董其昌），其书其画类能运用一心，贯串道理：书中有画，画中有书。"（参见陶小军、王菡薇主编：《中国书画鉴藏文献辑录》，南京师范大学出版社2017年版，第208~210页）更早的有明代张岱《琅嬛文集·跋徐青藤小品画》："唐太宗曰：人言魏征倔强，朕视之更觉妩媚耳。倔强之与妩媚，天壤不同，太宗合而言之，余蓄疑颇久。今见青藤诸画，离奇超脱，苍劲中姿媚跃出，与其书法奇崛略同。太宗之言，为不妄矣！故昔人谓摩诘之诗，诗中有画；摩诘之画，画中有诗。余亦谓青藤之书，书中有画；青藤之画，画中有书。"亦是异曲同工之论。（参见〔明〕张岱著，云告点校：《琅嬛文集》，岳麓书社2016年版，第169页）

85　张宝洲、范白丁选编：《图像与题铭》，中国美术学院出版社2011年版，第58~60页。

第三章 中国石窟铭文的地域分布

中国石窟铭文作为与石窟密不可分的重要组成部分，其地域分布与石窟艺术存在相当程度的相关性。具体来说，石窟艺术的地域分布是中国石窟铭文地域分布的必要不充分条件，我们必须辩证地来看待：一方面，石窟铭文依托于石窟而存在，根据我们上文基本范畴的约定，客观情况下其必然分布在石窟范围之内。换句话说，存在石窟铭文的地域一定有石窟艺术的分布。反之却未必。另一方面，事实上在许多石窟艺术中，因为规模较小、不宜凿刻，以及其他方方面面的原因，客观上存在仅有雕塑，而无铭文的现象。

石窟铭文艺术的地域分布，是从属于石窟分布的。因此，在探究具体的铭文分布之前，我们有必要先系统梳理宗教传播路线及石窟艺术的分布情况。

第一节
佛教在华传播路线及中国石窟分布

学界普遍认为，中国石窟艺术的分布，遵从着历史发展规律，与佛教在华传播路线是密不可分的。

一、早期佛教传播路线

早期佛教传播路线因资料相对缺乏，历来争议较多。传统认为是沿着丝绸之路传播的，因为有着较为可靠的史料、史实作为支撑，学界对此基本能够达成共识。存在争议的地方在于，是否还有其他传播路线。随着近现代出土文物的不断涌现，有学者认为还存在佛教南传的路线，持此论中较为著名的有宿白[1]、霍巍[2]、吴焯[3]、温玉成[4]、龙红[5]、何志国[6]等。这种观点有新的证据作为支撑，也应采信。不同之处在于究竟由青海道还是身毒道等传入四川，论者各抒己见。

在此基础上，韩国李正晓先生做了系统梳理，认为早期佛教的传播路线共有三条：其一，罽宾（犍陀罗）——青海道；其二，丝绸之路；其三，蜀身毒道和河南道[7]。这种分类基本综合了学界目前的各种观点和论述，并系统地阐明了理论存在的可能性和不确定性，笔者对此表示认同。

反观中国石窟的客观分布情况，如克孜尔石窟、敦煌莫高窟、天梯山石窟、云冈石窟、麦积山石窟等基本分布在丝绸之路沿线，龙门石窟、巩县石窟等亦与其存在紧密关联。需要说明的是，虽然理论上可能存在多条早期佛教南传的道路，但以目前安岳石窟、巴中石窟、大足石窟等西南地区的主要石窟群落而言，其传播路线还是隋唐以后，由中原地区传入为主[8]，与早期佛教南传路线缺乏直接和强烈的关联。

因此，在综合考量中国石窟的客观分布情况和其他相关因素的基础上，可以基本认定：伴随着早期佛教的发展和传播[9]，中国石窟的传播路线大体以北传路线为主，围绕丝绸之路进行展开。

二、丝绸之路与中国石窟分布

需要说明的是，本书所论及的"丝绸之路"是狭义的丝绸之路："东起长安，西行陇坂，经河西四郡——威武、张掖、酒泉、敦煌，出阳关或玉门关"，直到楼兰分为南北两道。北路继续向西，"沿着孔雀河经渠犁、乌垒、轮台，西行经龟兹（新疆库车）、姑墨（新疆阿克苏），直达疏勒（新疆喀什）"。南路则取道鄯善，由西南沿着车尔臣河，"经过且末、扞弥、于阗（新疆和田）、皮山、莎车，抵达疏勒"[10、11]。

这条两汉时期就已经奠定的丝绸之路（包含南北两路）[12]，历代一直沿用，并逐渐发展成商业贸易、政治往来、宗教交流的要道。随着佛教的传播，丝绸之路沿途，随之开辟了克孜尔石窟、敦煌石窟、天梯山石窟、麦积山石窟、云冈石窟、龙门石窟等重要的石窟群落。

目前学术界对于石窟艺术的分布，基本上能够形成共识。早在1996年，宿白在《中国石窟寺研究》中就根据洞窟形制和主要造像的差异，将石窟艺术分布概括为"新疆地区、中原北方地区、南方地区、西藏地区"。同年，李素明在其专著《中国石窟：建筑艺术欣赏》[13]中也从同样的切入点出发，大致采用这种分类方法，分为新疆地区、中原北方地区、黄河流域以北、南方地区。不同之处在于，因为研究对象的差异，宿白将西藏地区纳入研究范畴，而李素明则关注到中原北方地区（新疆以东、黄河流域以北，以迄长城内外的广大地区）。其实，两者在论述中还存在一个差异：宿白先生在进一步分类时，又进行了细分。比如，新疆地区，又细分为古龟兹区、古焉耆区、古高昌区等[14]。而李素明则仅仅对分类进行了概念性的阐述，同样新疆地区，描述为自喀什向东的塔里木盆地北沿路线[15]。其后的学者虽根据研究对象和新材料，各自有所偏重和突破，但大致上仍然遵循前代学人的经典论断，将分类的潜在依据和更多的注意力，围绕着丝绸之路及其传播的范畴进行开展。比如，郑炳林的"重在西北论"[16]即为此类研究中颇具代表性的成果。

丝绸之路与中国石窟分布之间的关系，邹荣已经定性为"（石窟）是佛教在丝绸之路上传播变化的遗迹"[17]。郭勤华同样在《丝绸之路与海原》中明确阐述为："石窟造像和石窟壁画承载着内涵丰富的丝绸之路文化。"[18]事实上，学术界普遍认可丝绸之路与中国石窟，特别是早期、中期阶段的分布，存在着重要的联系。上述理论成果为我们进一步探讨石窟铭文分布奠定了基础。

第二节
中国石窟铭文的分布

如上一章所论,中国石窟铭文属于石窟艺术的有机组成部分,其与石窟的整体艺术意义与整体价值密不可分。所以,从某种意义上来说,石窟铭文艺术需要参照中国石窟的"模式化"表达。

一、中国石窟铭文的"模式化"表达

中国石窟模式,是历来学者努力归纳的较为稳定的"范式",是对石窟艺术模式的高度概括以及石窟研究的精练表达。整体来讲,我们可以综合考虑其历史演进、地域特征及其自身发展规律,将中国石窟发展过程概括为"四大区域——八大模式":西域地区的龟兹模式、凉州模式、敦煌模式;中原地区及其周边的平城模式、龙门模式、长安模式;山东地区的邺城模式;西南地区的巴蜀模式。

我们上文曾探讨过,因为规模较小、不宜凿刻及其他原因所形成的"有像无铭"等情况不纳入石窟铭文的视野。因而在参考中国石窟"模式化"表达的基础上,尊重铭文自身的分布特点和演化规律,我们认为,中国石窟铭文的艺术形式可以概括为:以北魏云冈石窟铭文为代表的平城模式;以北魏龙门石窟为代表的龙门模式;以东、西魏巩县石窟为代表的巩县模式以及以安岳大足为代表的巴蜀模式。当然,这些模式目的在于研究需要,因而虽有缺憾,但其意义远大于此,所以具有立论价值和意义。

表3-1 中国石窟"模式"简表

石窟的范式表达——艺术模式					
名称	位置	阶段	高峰时代	代表样式	出处
龟兹模式	克孜尔石窟	中国化	南北朝	造像	《敦煌学国际研讨会文集:石窟艺术编》[19]
凉州模式	天梯山石窟	中国化	南北朝	造像	《中国石窟寺研究》[20]
平城模式	云冈石窟	中国化	南北朝	造像碑	《中国石窟寺研究》[21]

续表

名称	位置	阶段	高峰时代	代表样式	出处
龙门模式	龙门石窟	中国化世俗化	南北朝、唐朝	造像记	《中国石窟与文化艺术》[22]
邺城模式	响堂山石窟	世俗化	南北朝	刻经	《考古》2014年5月[23]
长安模式	麦积山石窟	世俗化	唐朝	造像碑	《慈善寺与麟溪桥：佛教造像窟龛调查研究报告》[24]
敦煌模式	敦煌莫高窟	世俗化	唐朝	写经和题记	《敦煌石窟寺研究》[25]
巴蜀模式	安岳大足	世俗化	宋朝	刻经	《中国七大古都名胜与文化》[26]

二、北方地区在中国石窟铭文体系中的地位

上文，我们曾经提到了郑炳林的重要论断："中国石窟主要分布在西北——古代西域、河西四郡、黄河流域，以及长江流域的上游；而长江中下游地区，则寥寥无几。"[27] 同样，也论述了陆上丝绸之路在中国石窟早期、中期分布中所起到的重要作用。事实上，仅从宿白先生的《中国石窟寺分布图》上也能直观地看出，中国石窟主要沿着陆上丝绸之路和黄河流域沿线，这些典型的北方地区分布。

需要指出的是，中国石窟铭文沿着丝绸之路分布的因素我们已经进行了充分的探讨，但偏重"黄河流域"或者"秦岭淮河以北"的情形仍然需要进一步补充说明。

在说明这个问题之前，我们必须辨析的是：中国早期佛教石窟艺术的发展是一个从社会或者政治的"边缘"走向"中心"的过程。这里所指的"边缘"和"中心"实质上有两层含义：

一个是地理意义上从边疆传入并随着发展抵达当时的政治中心长安（或洛阳），这个比较直观；另外一重含义则属于社会接受学意义上的，指的是佛教及佛教文化（艺术）从人民走向皇族，获得统治者的接纳和认可的过程[28]。

事实上，在历史长河中，民间信仰和皇族真正的信仰[29]许多情况下是不一致的。作为皇权执掌者的帝王往往对宗教抱着"提防的使用"之态度，始终保持着一定的距离。因而我们不能简单从一两次对宗教活动或僧人的尊崇，来断定皇族的真实信仰，而应当予以综合考量。

从这个角度出发，我们没有充分证据来说明东汉末期直到晋代的佛教石窟营造与皇族有着必然的关联。而实质上，这个时期的石窟零星营建，更多应当归于民间信仰的层面。真正皇族大规模介入石窟营造，应当是在北魏拓跋氏时期。大量的造像记可以说明，这个阶段，佛教真正走入了皇族及其统治范围内贵族阶层的心里。而此时，正经历着长时间的南北对峙，并因此造成宗教艺术传播的障碍[30]，恰恰是这段时间，北凉、北魏、东魏、西魏、北齐、北周，大量地进行石窟造像和摩崖刻经的营造。当然，军事对峙与宗教艺术的"逆风"发展会在下一章详细讨论。

某种程度上，我们可以认为，北魏之前中国石窟艺术"偏北发展"的因素是地理层面的原因，那么北魏直到唐代的"偏北发展"则应当归因于接受学层面的因素。

事实上，中国石窟铭文艺术呈现出偏重北方的地域性分布因素是多方面的，是政治、经济、宗教、文化综合作用的结果。但作为一种现象，特定历史时期，刻经、摩崖、造像记以及碑碣等大量涌现，呈现出偏重"黄河流域"或者"秦岭淮河以北"的石窟铭文艺术系统，是值得我们深入思考和研究的。

整个北方石窟体系历经晋代及以前、北魏、东魏、西魏、北齐、北周、隋唐，余绪一直绵延至近现代。在此系统内，北凉、北魏、东魏、西魏、北齐的书法基础不尽相同，此后的演进路径也不完全一致，可是整体趋势和发展理路呈现出一定的继承性、相关性，总体上统属于北方的石窟铭文体系。

另外，值得重点关注的是，在中国石窟铭文艺术体系中还存在西南地区以安岳石窟、大足石刻等为代表的重要一支：属于晚期石窟营造的特殊范式。一方面，西南区域的石窟营造从很大程度上是僧侣阶层、民间阶层和一部分士族阶层广泛参与的社会性活动，存在其独特的个体因素。因没有可靠的史料来说明皇权在此过程中直接或间接地参与。另一方面，学界对于其经文、仪轨以及"川密"的来源和传播路线还存在一定的争议。[31]因此，不能简单用"边缘"与"中心"理论来说明。而应当将其视为与北方铭文体系具有一定承继关系，又相对独立发展的"亚型"或"别脉"。

从传承时序和具体理论的角度上来讲，整个石窟铭文的重心和中心在北方，有其历史源流和理论依据，同时也是符合实际情况的。

注 释

1. 宿白：《四川钱树和长江中下游部分器物上的佛像——中国南方发现的早期佛像札记》，《文物》2004年第10期。
2. 霍巍：《中国西南地区钱树佛像的考古发现与考察》，《考古》2007年第3期。
3. 吴焯：《四川早期佛教遗物及其年代与传播途径的考察》，《文物》1992年第11期。
4. 温玉成：《用"仙佛模式"论说钱树老君》，《新疆师范大学学报（哲学社会科学版）》，2006年第27卷第1期。
5. 龙红：《中国早期佛教传播路线与摇钱树佛像——大足石刻艺术的历史成因探析》，《青海社会科学》，2008年第3期。
6. 何志国：《安县与城固摇钱树佛像的比较研究》，《敦煌研究》，2004年第4期。（何志国：《摇钱树佛像身份探微——与温玉成先生商榷》，《江苏大学学报（社会科学版）》，2007年第4期）何志国：《摇钱树佛像与印度初期佛像的关系》，《美术研究》，2005年第2期。
7. 〔韩〕李正晓：《中国早期佛教造像研究》，文物出版社2005年版，第157~163页。
8. 下文详细探讨，兹不赘述。
9. 传播一词很关键，区分开了早期佛教路线和后续的发展路线。
10. 〔韩〕李正晓：《中国早期佛教造像研究》，文物出版社2005年版，第157页。
11. 徐苹芳《丝绸之路考古论集》对中国境内的丝绸之路有较为详尽的描述。（参见徐苹芳：《丝绸之路考古论集》，上海古籍出版社2017年版，第3、8页）
12. 《汉书》第二十八卷"地理志·粤地条"载："自日南障塞、徐闻、合浦，船行可五月，有都元国，又船行可四月，有邑卢没国，又船行可二十余日，有谌离国，步行可十余日，有夫甘都卢国。自夫甘都卢国，船行可二月余，有黄支国。……自武帝以来，皆献见。有译长，属黄门，与应募者俱入海，市明珠、璧流离、奇石异物，赍黄金杂缯而往，所至国皆廪食为耦，蛮夷贾船，转送致之，亦利交易，剽杀人，又苦逢风波溺死，不者，数年来还。……自黄支船行可八月到皮宗，船行可二月，到日南象林界云。黄支之南，有已程不国，汉之译使，自此还矣。"就已经有通往东南亚"黄支国"和"已程不国"的海路记载。（参见周群华、叶冲编著：《古代海上丝绸之路》，大连海事大学出版社2020年版，第118页）
13. 李素明编著：《中国石窟：建筑艺术欣赏》，大连出版社1996年版，第16页。
14. 同样，将中原北方地区细分为：河西区、甘宁黄河以东区、陕西区、晋豫及其以东区。南方地区未进行细分，统一概述为淮河以南地区。西藏地区则表述为"多不具造像的禅窟和僧房窟"。（参见宿白：《中国石窟寺研究》，生活·读书·新知三联书店2019年版，第3页）
15. 李素明则从洞窟的形制和主要造型的差异出发，将石窟领域分为新疆地区（主要分布在自喀什向东的塔里木盆地北沿路线）、中原北方地区（新疆以东、黄河流域以北，以迄长城内外的广大地区）、南方地区（长江流域及其以南地区）。（参见李素明编著：《中国石窟：建筑艺术欣赏》，大连出版社1996年版，第16页）
16. 郑炳林：《敦煌与丝绸之路石窟艺术丛书·敦煌石窟彩塑艺术概论》，有这样一个论断："中国石窟主要分布在西北——古代西域、河西四郡、黄河流域,以及长江流域的上游;而长江中下游地区,则寥寥无几。"(参见郑炳林、张景峰:《敦煌石窟彩塑艺术概论》,甘肃教育出版社2016年版,第17页)

17　邹荣主编,马建军副主编:《"一带一路"倡议下宁夏区域文化研究第2辑》,阳光出版社2018年版,第1页。

18　郭勤华《丝绸之路与海原》。(参见魏瑾主编:《丝绸之路暨秦汉时期固原区域文化国际学术研讨会论文集》,宁夏人民出版社2016年版,第172页)

19　段文杰编:《敦煌学国际研讨会文集:石窟艺术编》,辽宁美术出版社1995年版,第263页。

20　宿白:《中国石窟寺研究》,文物出版社1996年版,第39页。

21　宿白:《中国石窟寺研究》,文物出版社1996年版,第114页。

22　温玉成:《中国石窟与文化艺术》,上海人民美术出版社1993年版,第458页。

23　何利群:《从北吴庄佛像埋藏坑论邺城造像的发展阶段与"邺城模式"》,《考古》2014年第5期。

24　西北大学考古专业、日本赴陕西佛教遗迹考察团、麟游县博物馆编著:《慈善寺与麟溪桥:佛教造像窟龛调查研究报告》,科学出版社2002年版,第142页。

25　宁强:《敦煌石窟寺研究》,甘肃人民美术出版社2012年版,第139页。

26　吴晓亮:《中国七大古都名胜与文化》,云南大学出版社2000年版,第155页。

27　郑炳林、张景峰:《敦煌与丝绸之路石窟艺术丛书·敦煌石窟彩塑艺术概论》,甘肃教育出版社2016年版,第17页。

28　事实上,这个问题是多元而复杂的。同一王朝的宗教信仰,往往也随着皇位的更替而发生巨大的改变。比如,汉代就曾经发生过不同统治时期,儒教(而非学术意义上的儒家)、道教、佛教地位的变迁。因此我们很难简单地判定佛教从初传到走入中心的路程一定是直线发展的。事实上,应当是曲折迂回的。

29　这里需要排除的是,出于政治考量,仅将宗教运用于统治手段,而非真实信仰的情形。

30　事实上,谈玄论道的东晋南渡士族阶层,也不可能发自内心地皈依佛教;更多地是参考和研究其中的义理,并获得某种趣味。

31　下文详细论述。

第四章 中国石窟铭文的分期

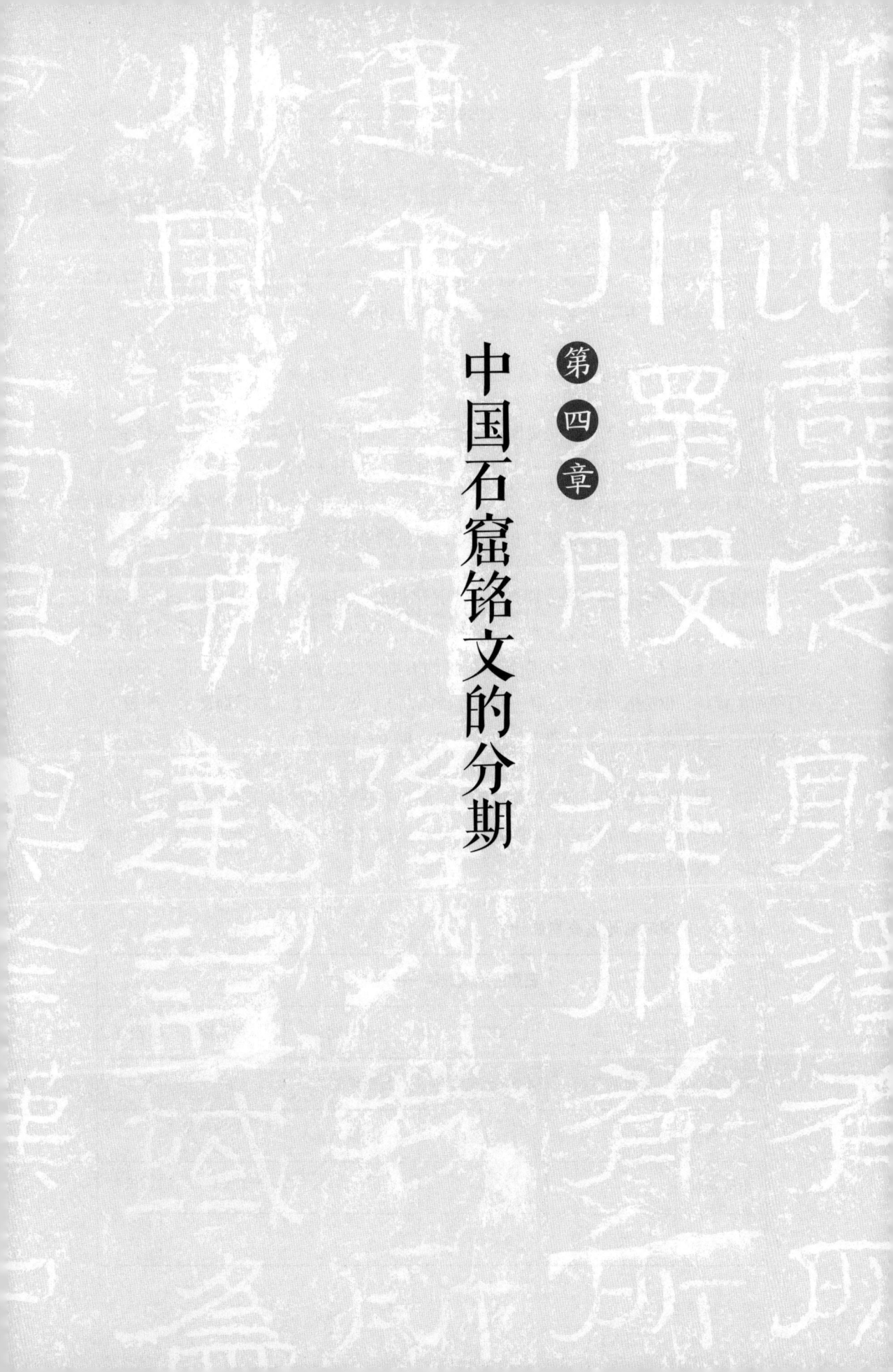

中国石窟铭文伴随着佛教初传一直绵延到近现代的宏阔历史过程，几乎遍布全国各地。但就地域而言，可以从南北之别区分来看：

整个北方石窟铭文历经先魏（东汉至北魏）、北魏、东魏、西魏、北齐、北周、隋唐，唐后开创性的开凿锐减，佛教为内容的铭文也大量减少。与之对应的是，南方的石窟铭文以安岳卧佛院与大足石窟为代表，起于隋唐，盛于宋代。明清以降，南北方石窟中修葺碑刻与游记、榜题大量涌现，余绪绵延直至近现代。

根据惯例，我们先考察中国石窟艺术的分期。中外学者大致有下面几种看法：

国外比较有代表性的一个是奥斯瓦德·西尔（Osvald Siren）认为分三期：古典时期（约400—500）、转变时期（约550—618）、成熟时期（约618—700）[1]；另一个是威廉·威利特（William Willetts），他与奥斯瓦德·西尔（Osvald Siren）的分期方法与时段大同小异，只是其不认同存在线性意义上的升降，只是简单地分为三期[2]。

国内相对比较有影响力的分期有：一种是梁思成[3]三期的分法：幼稚期（以云冈石窟为代表）、过渡期（以天龙山北齐石窟及部分北周作品为代表）、成熟期（以晋陕境内隋代造像为代表）；另外一种则是荆三林的五期分法，如同William Willetts没有进行概念的提炼，仅分五个时期：第一期（北魏前期）、第二期（北魏后期及东、西魏）、第三期（北齐、北周）、第四期（隋唐）、第五期（五代以后）[4]。

还有一种值得注意的是宿白先生的论述，其没有进行明确意义上的分期，但其论述带有一定的指向：一个是在进行地区划分的同时进行的分期。为清晰起见，我们将地域因素排除，仅将分期单列：

表4-1 中国石窟地域分期统计表

地区	石窟的范式表达——艺术模式				备注
	第一期	第二期	第三期	第四期	
新疆地区	3世纪开始	4—5世纪盛期	8世纪最晚	—	
中原地区	5—6世纪盛期	7—8世纪	9—10世纪衰落	11世纪以后愈来愈少	
南方地区	—	—	—	—	注[5]
西藏地区	10世纪以后				注[6]

另外一个则是,将石窟之间相互影响关系阐述为：5世纪60年代新疆影响、5世纪晚期南方影响中原（及北方）、6世纪中期以后中原影响四川、7-8世纪中原影响四川及新疆、11世纪中原（及北方）与江南交相影响、13-14世纪藏传佛教影响中原北方及南方。

综合上述成果,结合石窟铭文的实际分布、存在状况、演变规律,我们认为中国石窟铭文艺术大致可以分为下面六个阶段：

（一）传入与容纳：中国石窟铭文的初始状态

（二）发展与高峰：北魏中原地区石窟铭文状态

（三）承继与变迁：东、西魏时期石窟铭文状态

（四）转折与演化：北齐时期石窟铭文的伴生形态

（五）兼容与进展：隋唐时期中原石窟铭文状态

（六）多元与消逝：唐末至两宋时期中国石窟铭文状态

需要说明的是,中国石窟铭文体系中,铭文数量较多且形制复杂,良莠不齐,甚至有庞芜之嫌。因此有必要引入"标准器"或"代表性"的意识,对中国石窟铭文进行基础的厘定和系统的划分。

第一节

传入与容纳：中国石窟铭文的初始状态
——以北魏云冈造像记为代表

具体到中国石窟铭文视域下，北魏以前的早期佛教铭文在丝绸之路沿线的分布是零散的，普遍属于随手刻写，艺术含量有限；并且许多以单尊造像铭刻的形式出现，与石窟艺术关系有一定距离。石窟铭文真正大规模出现是在云冈石窟，因此，我们"截断众流"，从云冈的平城模式说起。

一、北魏云冈石窟主要铭文统计

（一）北魏云冈石窟主要铭文的时间分布

根据员小中先生的《云冈石窟铭文楹联》统计[7]：存在确切纪年的云冈石窟铭文483年1品、489年2品、495年3品、496年2品、500年1品、503年1品、507年1品、514年1品、515年2品、520年3品。

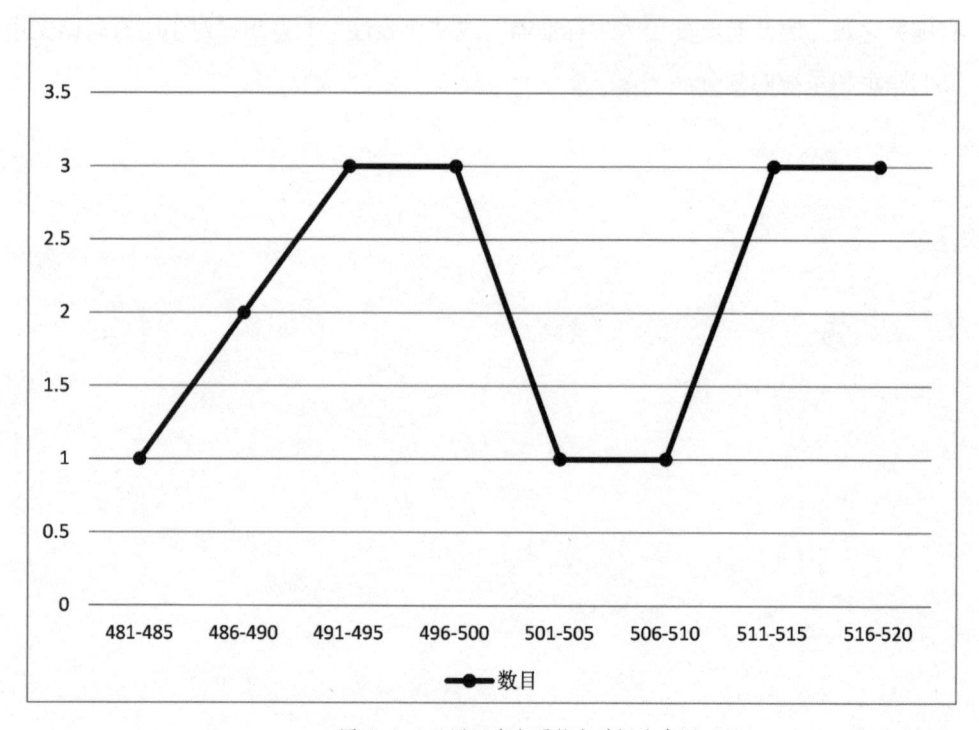

图 4-1　云冈石窟主要铭文时间分布图

（二）北魏云冈石窟主要铭文的身份统计

如果从造像者（祈愿人）的身份出发，来进行数据统计，其中宗室1人、官宦4人、僧侣6人、邑民11人。因云冈石窟岩质较软，随着岁月侵蚀，漫漶风化情况严重。加之尚处于石窟草创阶段，体例不一，或限于政令，或个体意识不明显，因而功德主和工匠题名都较为少见。所以说，就云冈石窟而言，造像者（祈愿人）身份的统计意义并不突出，仅供辅助参考。

二、平城时期石窟铭文相关问题的探讨

（一）平城时期云冈石窟开凿过程中皇族参与程度的问题

学界普遍认为，云冈石窟中年代较早的"昙曜五窟"，以及中期的第1、2、5、6、7、8、9、11、12、13诸窟，皇家的态度是积极的，且有相当的参与度。谢凝高在《人类的财富与骄傲：中国瑰宝》中有这么一段描述：

> 进一步通过崇信和宣传佛教来加强其皇权统治，在其兴盛期开凿石窟。但在政治愈加依赖宗教之时，不同宗教间的矛盾冲突就愈大，最终导致公元446年北魏太武帝的灭佛事件……矫枉过正，北魏王朝在太武帝之后反而愈加崇尚佛教，文成帝一上台就恢复佛法，大兴佛寺，奉著名沙门（和尚）昙曜为师，并授意昙曜开窟造像。[8]

这段叙述值得留意，为我们提示了文成帝等北魏皇族的参与可能性。事实上《魏书·释老志》[9]仅记载："和平初（460左右）……昙曜白帝，于京城西武州塞，凿山石壁，开窟五所，镌建佛像各一，高者七十尺，次六十尺，雕饰奇伟，冠于一世。"并未直接载明皇族的参与。但与《魏书》中记载的兴安二年（453），昙曜"自中山被命赴京……奉以师礼"，与"是年（452），诏有司为石像，令如帝身"相印证，不难说明皇族确实参与了云冈石窟的规划和指导。谢氏所论，可谓有本可依。

那么按道理，皇族在大规模营造雕塑的时候，应该有大量铭文遗存。令人意外的是，在平城作为北魏国都长达96年的时间里，"仅存的有明确纪年的北魏造像铭记屈指可数，且均是民间造像所为"[10]。历史向来不乏貌似吊诡，实则事出有因之处，留待新材料的发现和后来者探索。

（二）北魏之前别朝皇族对待佛教雕刻[11]的态度

北魏之前的石窟铭文艺术并不集中，多在其他石窟中零星呈现。比如，樊锦诗就在《中国石窟·敦煌莫高窟》中确认了一批北凉时期的石窟遗存[12]；新疆吐鲁番出土的北凉沮

渠安周造像碑[13]以及美国富兰克林艺术博物馆所藏敦煌北凉石塔[14]分别刻有碑记和《佛说十二因缘经》。需要说明的是，莫高窟的北凉遗存是依据造像形制进行的论断，而沮渠安周造像碑、北凉石塔则已被盗移或毁损，已无明显证据说明与石窟存在直接关系，只有部分学者的推断作为佐证[15]。因而在"截断众流"的前提下，只能作为中国石窟铭文的早期预流。

事实上，除了美国富兰克林艺术博物馆所藏石塔之外，北凉时期有大量的石塔出土[16、17]。以高善穆石塔为例，在《增一阿含经·结禁品》经文之外，有题记一则：

承玄元年（428）岁在戊辰四月十四日辛亥丙申时，休息县摩尚襄高宝合家妻息，共成此塔，各为十种父母报恩欢喜、五义。

清晰地表明，其民间造像的属性。事实上，现存北凉石塔大量是由民间筹资雕凿的，下列北凉石塔铭文内容即可佐证。

表 4-2 北凉石塔铭文及内容例表

名称	铭文内容
田弘石塔	承玄二年，岁在戊辰二月廿八日丙寅，田弘为父母君王报恩，立此塔。
马德惠石塔	承阳二年，马德惠于酒泉西城立为父母报恩。
白双□石塔	题记较长，大意是白双□于大沮渠缘禾三年，为国主、师僧、七世父母兄弟宗亲等造此石塔。
索阿后石塔	索阿后等于凉皇大沮渠缘禾四年，为父母师长君王国主及一切众生共立此塔。
程段儿石塔	凉太缘二年岁在六月中旬……自竭为父母合家立此石塔形像。

虽然，石塔大多数是民间雕刻，但铭文内容大多是为君王祈愿的内容，可以说明北凉时期的佛教传播应该是皇族所倡导的。更直接的证据来自沮渠安周造像碑，堪称北凉沮渠氏皇族尊崇佛教的明证。北朝早期的佛教铭刻为其后的石窟铭文营造提供了艺术基础。

（三）鲜卑族的文化基础及其治下汉族民众的地位

北魏平城时期处于孝文帝改制之前，鲜卑民族自身的固有文化基础并不高。《魏书》卷四十四《伊馛传》有这么一段记载：

伊馛为鲜卑侍从，太武帝将讨北凉，鲜卑贵族奚斤等数十人反对，唯崔浩坚主必胜，伊馛支持浩议。既平北凉，太武大会群臣曰：崔公智计有余，吾亦不复奇之。吾正奇馛弓马之士，而所见能与崔同，此深自可奇。浩曰：何必读书，然后为学。卫青、霍去病亦不读书，而能大建勋名，致位公辅。太武笑曰：诚如公言。[18]

可见，北魏前期贵族的文化水平一般都不高[19]，而且整体社会意识对文化所抱有的是一种漠视的态度。

在其治下"汉人地位低下和备受歧视"[20]：不仅有"头钱价汉"之史实，甚至"禁令苛刻，动加诛辗"[21]。实质上，不仅普通百姓受到歧视，为鲜卑贵族统治服务的汉族官员地位同样不高。

《魏书》卷一百一十三《官氏志》记载：天兴四年（401）上书"曹置代人令史一人，译令史一人，书令史一人"[22]。将懂鲜卑语言的"代人令史"排在从事翻译的"译令史"和从事实际事务的"书令史"之上，可见其旨。

根据史料记载，可见北魏时期从普通官吏到普罗大众，汉族地位普遍不高。

（四）平城时期南方政权对待书法的态度

自永嘉之乱后，东晋衣冠南渡，开始了偏安一隅的消极统治。淝水之战后不久，司马道子的"以征役既久，宜置戍而还"[23]，使北伐功败垂成。不同于北魏政权在平城逐渐鼎盛的时期，南方爆发了"孙卢之乱""恒玄之乱"等连番兵燹之祸，人民在诸般势力相互攻伐间陷入水深火热。

需要注意的是士族首重门阀，据记载：

《宋书·恩幸传》载："魏晋以来，以贵役贱，士庶之科，较然有辨。"[24]

《宋书·王弘传》载："至于士庶之际，实自天隔。"[25]

《晋书·周处传》载："时中国亡官失守之士避乱来者多居显位，驾驭吴人，吴人颇怨。"[26]

虽然东晋士族依靠门阀观念排斥南方大族，奴役流亡民众，紊乱行政系统，加深人民穷困[27]；但对南渡政权来说，是强化内部团结，便于集中力量、安定秩序的有力政策。

在东晋后期虽战乱频仍，但士族的生活依然优渥和相对稳定。先从书家的角度来看，羊欣《采古来能书人名》中列述了王羲之、谢安等一众东晋时期书法家，可见文化艺术的鼎盛[28]。再从作品的角度来看，因晋人尺牍作品多无明确的纪年，但历代书论及《阁帖》等图书中不乏此时的经典之作。东晋士族对于艺术的积极态度由此可见一斑。

另外来讲，我们可以将艺术从宏观上按照时代来分析，但书法家的艺术生命是连续的，有各自发展规律，并不适合生硬地按照历史事件进行切割。因此，我们认可这一时段南朝的政治、社会关注的焦点和中心在军事方面，但是文化发展有传承性和延续性，南渡士族又普遍注重个人的文化素养和文化在代际之间的传承，门阀制度在其中发挥着比较积极的作用[29]。换句话说，门阀制度相当程度上推动了此时书法艺术的发展。

三、平城时期石窟铭文艺术的特点

北魏拓跋氏，祖籍大兴安岭北部，东汉时南迁入内蒙古呼伦贝尔大草原。公元310年，拓跋氏应西晋并州刺史刘琨平乱之邀，挥师南下进驻山西雁北附近，参与了中原征战。公元386年拓跋珪乘苻坚淝水之战败北，北方地区混乱之际，在塞上建国北魏，随后定都平城（今山西大同东北地区）。

拓跋氏素居北方蛮荒之地，受自然人文因素影响，书法中自然蕴含彪悍雄浑之风。这种风气在云冈得到延续和发展。我们可以概括地说，平城时期的北魏石窟铭文艺术有三个特点：处于世俗参与向统治阶层参与的转换期；处于承继前代与独创出新的探索期；处于朴拙天真向雄强峭拔发展的过渡期。

（一）北魏平城地区的石窟铭文艺术处于世俗参与向统治阶层参与的转换期

从上文所统计的造像记图表中可以看出，僧侣与邑民有较高参与度，甚至有学者认为"均是民间造像所为"。学界有两种都比较可靠的解释。一种以王恒为代表的"剥蚀说"，认为："当初的文字不是以雕刻的形式来体现的，而是以墨或者其他颜料书写的形式来表现的。随着岁月的流逝，这些文字也被流逝掉了。"同时也认为存在"雕刻文字较浅而早已被风化剥蚀"的因素[30]。另一种是以殷宪先生为代表的"盗刻说"：认为云冈石窟作为皇家工程，"不可能在壁间凿刻题记"，而应当刊诸碑石，以示郑重。而民间题刻多为"悄无声息的"盗刻[31]。事实上，"剥蚀说"和"盗刻说"从学理逻辑上都能站得住脚，员小中的统计就佐证了这一点："云冈造像题记多集中在中部和西部窟群中，也就是石窟营造的中期和晚期。"除了上述可能的原因之外，拓跋氏及鲜卑贵族对于汉人及其文化的漠视，也应当是造成云冈石窟铭文"均是民间造像所为"不可忽视的重要因素之一。

但是我们也不能据此就断言,皇族在石窟中的参与度较低。事实上,根据上述讨论,拓跋皇族直接参与了云冈石窟早期工程的设计和指导。另外从北凉时期沮渠氏皇族直接参与和引导石塔等佛教建筑的营造来看,拓跋氏皇族也有充分的信仰基础和前朝旧制介入期间。

但仅就云冈石窟现存铭文来看,确实是由僧侣和民间群体占据主流。虽说铭文数量的多少,只能反映出客观意义上的存在现状,并不能反映整个石窟工程的参与度,但我们有充分的理由相信,拓跋氏皇族虽然参与了石窟的营造,可惜并未重视铭文的刊刻工作。

从这个立场出发,中国石窟铭文艺术从世俗参与,转向统治阶层的大规模地介入,正是在孝文帝迁都和改制之后。换句话说,北魏龙门古阳洞造像记的大量出现,可以视为平城时期的延续,同时也可以理解为压力释放后的一种反弹[32]。

(二)北魏平城地区的石窟铭文艺术处于承继前代与独创出新的探索期

平城时期的石窟铭文艺术承继的则是北凉、西凉地区的"北凉体"[33]。无论上窄下宽的结体特征,还是主笔伸长、横画两端上翘、竖笔外拓开张的用笔特点,甚至其"犀利如刀,强劲如弓"[34]的气势特征都直接影响了平城时期石窟铭文的发展轨迹。在北凉灭亡时,随着大批书家、工匠东迁,佛教译场的转移[35],铭石书和写经体为代表的"北凉体"转入平城地区,并在石窟铭文艺术体系中取得了新的进展。

事实上,这种描述仍显得不够精准。"北凉体"定义者施安昌赋予其四大种类:"写经、佛塔、造佛寺碑和墓表"[36]。同为石窟领域研究专家的殷宪则将"平城体"从形式上分为"记事碑、墓志铭、发愿文、墓砖和瓦当文字、瓦刻文字、漆画墨题等"[37]。确切来说,平城时期的石窟铭文承继的,应该是北凉体中的佛塔、造像寺碑,甚至是墓表等铭石书之类。

从整体来看,北魏时期云冈石窟的铭文苍劲爽利、形貌古拙,不乏《玄律凝寂造像记》《比丘尼昙媚碑》《邑师法宗等五十四人造像题记》这样,承继痕迹清晰、美学意味较高的艺术作品。

图4-2 《玄律凝寂造像记》,北魏景明年间公元500年第12-1窟口下方,宽44厘米,高40厘米

同时,云冈石窟晚期铭文,多

集中在北魏迁都洛阳之后。此时石窟营造的重点也随之转移到龙门,云冈石窟只有零星的小规模开凿,且多为民间发愿刊刻,存在相当数目书法水准欠佳的作品,良莠不齐。

从严格意义上来说,这些零星的刻凿,虽然仍属于云冈石窟铭文系统,却已经不再能代表"平城模式"。

值得注意的是,这批处于云冈石窟中后期的造像题记,虽然限于多方面原因,文化艺术水准相对有限,但也有其积极意义。相对于云冈前期及与其同时期的龙门,统治和管控力度都有所削弱,而这种削弱使得其更为多元化和自由化,为石窟铭文体系的发展提供了多种不同的可能性;从某种程度上来看,也为魏碑书风在中原地区走上独立发展道路提供了必要条件和选择。

(三)北魏平城地区的石窟铭文艺术处于朴拙天真向雄强峭拔发展的过渡期

按照殷宪先生关于北魏平城书法的分期,和平初年始凿的云冈石窟应属于中期分型。此时北魏国祚鼎盛,魏碑也处于"定型阶段"[38]。云冈石窟铭文中的楷书,无论数量上还是质量上都占有比较明显的优势,所以在我们讨论平城时期的石窟铭文艺术时候,应当聚焦于楷书。北魏平城时期的石窟铭文楷书,可以分为下列三种类型:

第一,朴拙天真型楷书。大多单刀直接冲刻而成,线条没有太多的粗细变化,结体偏于"宽结"型,比如,太和十三年(489)《比丘尼惠定造像记》《为吴天恩造像记》等。

事实上,"朴拙天真"的艺术取向比较多元而宽泛。刻于献文帝天安元年(466)的《叱干渴侯墓砖铭》,与《比丘尼惠定造像记》几乎同时期。但结构扁方,字形重心偏上;线条如长枪大戟,大开大合;刀斧之间,隐约有石门铭的意味。

反观《宋绍祖墓砖铭》《屈突隆业墓砖铭》,同样开合有致,几乎完全褪去隶书面貌。

图4-3　《比丘尼惠定造像记》,489年(北魏太和十三年)第17窟明窗东壁,宽60厘米,高27厘米

图 4-4 《宋绍祖墓砖铭》　　　图 4-5 《屈突隆业墓砖铭》　　　图 4-6 《叱干渴侯墓砖铭》

图 4-7　太和十九年《妻周氏为亡夫造像记》

从结构来讲，天真烂漫，行刀自由，展现出个体的性情和面貌，但行距宽窄、字体大小均无定法，在严整的角度上来看，明显不同于《比丘尼惠定造像记》与《叱干渴侯墓砖铭》。但从运笔角度来看，这两方墓砖铭运笔如篆籀，转折处圆笔暗转，与《叱干渴侯墓砖铭》相左，形体上比较近似于云冈的《比丘尼惠定造像记》。

第二，带隶书意味的方笔楷书。用笔在楷隶之间，点画方锐，撇捺折钩时有隶样翻挑，结体虽有倾斜，可整体已呈现楷书正方形态。以《玄律凝寂造像记》最为典型，太和十九年（495）《妻周氏为亡夫造像记》也可归于此类。

《妻周氏为亡夫造像记》起手的太和十九年，是魏文帝迁都洛阳的第二年，因而从时间层面上展示了平城书风向洛阳书风过渡的特征。

就造像记本身而言，整体布局疏朗，行距稳定而字距错落；起落顿收干净利索，行笔刚硬平直。欹正变换之间，互为顾盼，自有天真烂漫的趣味。值得注意的是"羼杂渗透"情况[39]，事实上，本作的横画、撇画还有一定的隶书遗意。尤其是捺画，运刀较重且尾部或有收勒痕迹。另外，在最后几行半包型结构的横折和竖折的转折处，多圆转暗过、力走侧锋，因而线条粗重却有遒劲之美，带有章草的趣味[40]。

虽然仅凭一两则铭文难以说明当时书风的整体面貌，但以之为代表，从中可以窥见张同印所谓由隶转楷的"晋隶风度"[41]，在某种程度上是可以的。

第三，典型魏碑。字体浑穆，结构已经表现出明显的"斜画紧结"的特征，平城后期的楷书多属此类，如《比丘尼昙媚碑》《延昌四年常主匠造弥勒七佛菩萨记》等。

《比丘尼昙媚造像记》宽舒峻整、雄健劲挺、结体开张、浑穆峭拔，其结体中心靠上，斜画紧结的魏碑特征已经基本定型并趋于明朗。结构用笔皆称精彩，学界虽对作者有所争议[42]，但从其艺术含量来看，其出自名家之手的事实几乎是可以肯定的。云冈石窟晚期的铭文遗存不多，但艺术水准普遍较高。

上文所述，北魏平城地区的石窟铭文艺术处于世俗参与向统治阶层参与的转换期、承继前代与独创出新的探索期以及朴拙天真向雄强峭拔发展的过渡期。事实上，这些都是相对比较直观的论断，更深层次的是政治、文化和社会方面的因素。可以说，北魏平城地区石窟铭文艺术特色的形成与皇族对待佛教石窟等雕刻营建的积极性、参与度，对

图 4-8 《比丘尼昙媚碑》　　　　　　　　图 4-9 《为吴天恩造像记》

待汉文化的态度以及南北朝的对峙和交流存在密不可分的关系。

值得肯定的是，北魏平城前期的战略重点在于军事征战和政治安抚，统治阶层对于文艺、宗教的漠视倾向一定程度上阻碍了书法的发展；加之民众与统治阶层经济文化水平远低于东晋南渡士族，造成云冈石窟铭文以孝文帝改制前后为界线，客观上呈现出截然悬殊的艺术差异。

但这也并不意味着，对平城前期和中期的石窟铭文价值就要全盘否定。艺术水准的高下与其在书法史上的意义应当是分开来看待的。在上文我们已经做过探讨，恰恰是因为平城前期的尝试和多元、自由的发展，为魏碑的成熟提供了丰富的资源和相对多元的独特路径。

表 4-3 北朝云冈石窟造像记及刻经一览表

名称	年代	供养人身份	书体	位置	宽(cm)	高(cm)
邑义信士女等五十四人造像	太和七年（483）八月卅日	民间结社	楷	第11窟东壁上层	78	37
太和十三年造像记	太和十三年（489）	—	楷	第11—14窟外东侧壁	50	15
比丘尼惠定造像记	太和十三年（489）	僧尼	楷	第17窟明窗东壁	60	27
妻周氏为亡夫造像记	太和十九年（495）	官宦	楷	第11窟明窗东壁	31	18
七月二十一日造像记	太和十九年（495）七月二十一日	—	楷	第11窟	—	—
为吴天恩造像记	太和十九年（495）	官宦	楷	第38窟门口上方	105	65
清信女造释迦像记	—	民间信众		第11窟南壁下层左龛旁塔右上角	10	10
候后云造像记	—	—	楷	第11窟东壁下层	30	7
佛弟子造像记（6条）	—	民间信众		第11窟西壁七立佛之间		
七月造像记	太和二十年（496）七月	—	楷	第11窟西壁下部	3	10
穆镇造像记	—	—	楷	第11窟西壁	2.5	5
太和七月造像记	太和二十年（496）七月	—	楷	第11窟东壁下部	10	5
为亡女觉□造像记	—	—	楷	第12窟前室西壁龛内	20	20
玄律凝寂造像记	景明元年（500）	僧尼	楷	第12—1窟口下方	44	40

续表

名称	年代	供养人身份	书体	位置	宽(cm)	高(cm)
比丘尼昙媚造像记	景明四年（503）	僧尼	楷	第20窟附近	28	30
邑子等残字（6条）	—	民间信众	楷	第13窟东壁	—	—
□僧造像记等（7条）	—	僧尼	楷	第13—4窟门口西侧、南壁	—	—
佛弟子造像记（2条）	—	民间信众	楷	第20窟西壁立佛背光上方	15	20
尼道法□造像记（2条）	—	僧尼	楷	第22窟东壁	20	20
老李自愿造像记	—	—	楷	第28窟北壁龛楣上	48	50
佛弟子惠奴造像记	正始四年（507）	民间	楷	第28-2窟东壁	30	16
造释迦像记	延昌三年（514）	—	楷	第28-2窟西壁	30	20.5
为亡母造像记	—	民间信众	楷	第31窟前室北壁门口上沿	5	20
清信士造像记	延昌四年（515）	民间信众	楷	第19—2窟正壁佛座左侧壁	39	15.5
常主匠造弥勒七佛菩萨记	延昌四年（515）	官宦	楷	第35窟窟门东壁	40	15
佛弟子王乙造像记	—	民间信众	楷	第35窟窟门东壁	5	30
法玉供养记	—	僧尼	楷	第39窟	—	—
佛弟子侍父及母造像记	—	民间信众	楷	第5—1窟南壁西侧佛龛龛楣、龛柱上	2	15
□神龙等造像记	正光元年（520）	民间结社	楷	第5—40窟北壁龛下	46	20
大茹茹可敦造像记	520—524	柔然可汗	楷	第18窟窟门西壁	54	25
为亡夫侍中造像记	520—524	官宦	楷	第4窟南壁	40	70
道昭铭记	—	—	楷	第6窟后室南壁门拱右侧补刻龛下	2.5	5
一儿铭记	—	—	楷	第19—2窟明窗北壁龛右侧供养人队列下	10	2
王三、周师儿铭记	—	民间信众	楷	第12—4窟下方	15	15

第二节

发展与高峰：北魏中原地区石窟铭文状态
——以北魏龙门石窟造像记为代表

龙门石窟的兴起，与孝文帝主导的鲜卑举族迁徙密不可分。至于迁都动机，陈寅恪先生有这么一个论断："（拓跋氏）之所以要迁都洛阳，光宅中原，是因为崤函为帝宅，河洛为王里，是文治之地。要汉化，便须离开平城用武之地，把朝廷搬到洛阳去"[43]，与《资治通鉴》孝文帝对拓跋澄所言"但国家兴自朔土，徙居平城。此乃用武之地，非可文治"[44]的记载，两相印证，可谓的论。

在孝文帝迁都和改制之后得以快速地推进，极大地推动了胡汉文化的融合。而北魏的文化艺术兴起则与孝文帝推动的崇尚儒学和移风易俗等一系列的汉化政策密不可分[45]。

龙门石窟北魏时期的造像记，大体从太和十二年（488）到北魏结束（534），处于孝文帝推动改制，实行汉化以后。位置集中在古阳洞，形制大多以造像记的面貌出现。

一、北魏龙门主要石窟铭文统计

经过历代书法理论家的鉴别和评价[46]，北魏龙门造像记被依照个人的审美趣味等因素评定为"四品""二十品""三十品""五十品""百品"，而后依据纳入个人理论体系。需要指出的是，这种以"品"论定的方法[47]，很大程度上取决于个体的艺术修养和学术主张，同时受"碑学"思潮的影响，带有一定的时代局限性[48]。但抛开"碑学"体系下的鉴别和评价标准，从统计的角度出发，无疑给我们提供了相对可操作的基础性研究路径。

下面将按流传相对较广的"二十品"做出分类统计[49]。

（一）"龙门二十品"时间分布

根据宫大中先生的《龙门石窟艺术》所统计"龙门二十品"的分布情况，除了纪年不详之外，发现495年1品、496年1品、498年2品、501年1品、502年4品、503年3品、507年1品、517年1品、520年1品。具体如上图4-10所示。

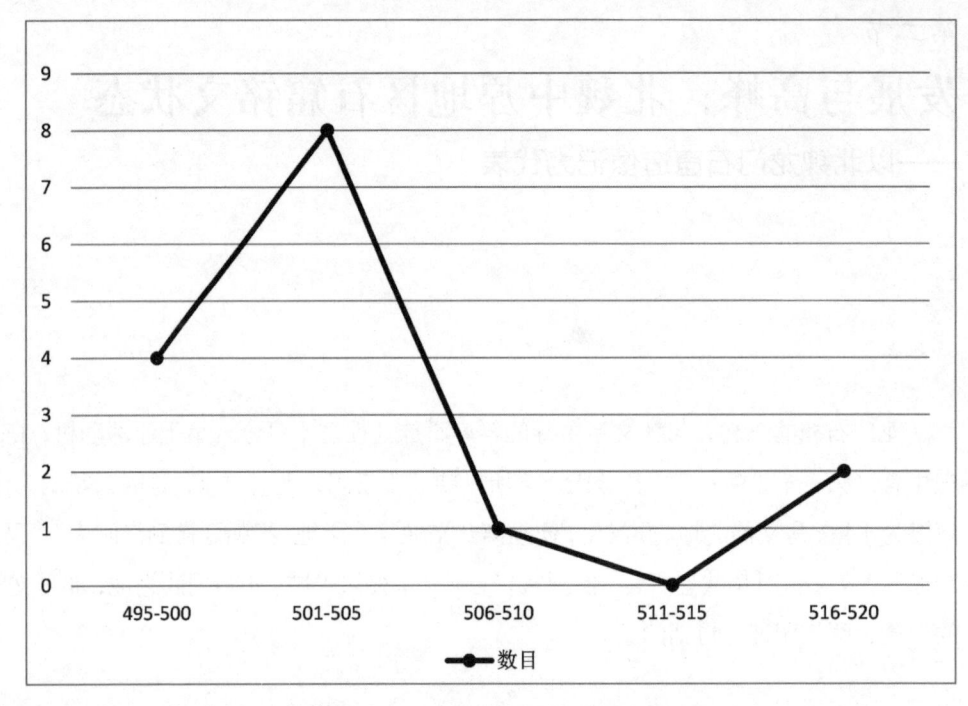

图 4-10　龙门二十品主要时间分布图

（二）"龙门二十品"身份比例

根据龙门石窟研究所的《龙门石窟志》统计北魏造像题记的造像者身份，仅"龙门二十品"中有宗室4人、官宦7人、僧侣5人、邑民4人；而同时期的其他北魏造像记中宗室1人、官宦8人、僧侣29人、邑民40人[50]。

表 4-4　北魏龙门造像记参与者身份统计表

	龙门二十品	同时期非二十品	总占比例	入选二十品比例
宗室	20%	1%	5%	80%
官宦	35%	10%	15%	47%
僧侣	25%	37%	35%	15%
邑民	20%	52%	45%	9%

二、对北魏中原地区石窟铭文相关问题的探讨

（一）宗室与贵族对石窟营建参与度的变化

直观地来看，"龙门二十品"中宗室、官宦、僧侣、邑民的参与度基本均等，但考虑到同时期石窟铭文的整体比例，我们会发现《广艺舟双楫》《校碑随笔》在选定"二十

品"时候的倾向性是明显的，入选比例与实际数量情况存在一定程度的倒置关系。当然因为宗室和官宦能够动员更多的资源投入石窟的营造中，其铭文质量显然具有更高的水准；从目前存世的铭文及拓片来看，"二十品"的艺术水平普遍是要高于同时期的非二十品铭文，可以印证。

需要注意的是，从参与的客观数据来看，北魏龙门时期的宗室与贵族的热情，是要远远超过平城时期（因此将魏碑简单地定位为"民间书法"[51]怕是欠妥）。

另外还有一则证据，现存纽约市博物馆和堪萨斯城纳尔逊·阿特金斯艺术博物馆的《帝后礼佛图》，充分说明了北魏皇帝对于佛教的崇信之隆。上行下效，鲜卑宗室与贵族热切地投身其间，也就顺理成章，"览先皇之明踪，睹盛圣之丽迹"等逢迎之词亦为旁证。

值得说明的是，这里有一个身份与区位分布问题：在龙门石窟古阳洞的十九品造像记，可能存在某种身份与区位分布的对应关系。

表4-5 龙门石窟北魏造像记位置一览表

	排列顺序[52]
窟顶	高太妃（孙保）、侯太妃、侯太妃（贺兰汗）、马振拜
最上层	元详、道匠（大觉）、郑长猷（云阳伯）、元燮
二层	尉迟（牛橛）、高树、一弗、孙秋生
三层	解伯达、惠感、法生、元祐
下层	慧成、魏灵藏、杨大眼

身份与区位分布的关系是比较直观的，但也不是绝对对应的。比如，宗室的邑主马振拜与太妃同在窟顶，元祐与僧侣共处第三层，似不合理。但考虑到石窟造像有一个雕凿的时间顺序，若同时营造自有尊卑序列，若后来补刻则不在此列。权且存疑，留待有心者深究。

（二）孝文帝改制后鲜卑族的文化立场

孝文帝迁都洛阳后，推动了一系列汉化政策[53]。其政令可以分为两个维度，一方面是崇儒尚学[54]；另一方面则是移风易俗（包含改姓氏[55]、断北语[56]、禁胡服[57]等），遍检史料，不乏证据。

孝文帝在推动汉化的过程中固然遇到不少阻碍[58]，但与此同时，也拥有大批坚定的支持者，"龙门二十品"所涉及的元详[59]、郑长猷[60]、穆亮[61]即在其中。事实上，三人不仅是汉化政策的坚定支持者、践行者，还是孝文帝的忠诚追随者，宠命优渥。

《魏书》记载可以明确地发现，太和时期是鲜卑皇室与贵族汉化速度的分水岭。太和以前，鲜卑子弟多具"尚武"精神，比如，道武朝常山王遵"少而壮勇"[62]；永昌王健"善弓马，达兵法"[63]；阳平王他"武艺过人"[64]；太武朝高凉王那"骁猛善攻战"[65]；真定侯陆"以武功颇蒙恩遇"[66]；抚风公处真"少以壮烈闻"[67]。太和以后，转尚儒学，比如，元顺"通杜氏《春秋》"[68]；济南王彧"少与从兄安丰王延明、中山王熙并以宗室博古文学齐名"[69]。

事实上，孝文帝迁都、改制后，帝王及在洛的鲜卑贵族们的立场是明确的，整体上对汉族文化怀抱着包容、学习、适应的态度[70、71]。而这种情况的出现与迁都洛阳与留守平城之时，已经在事实上做了区分，到了改制时阻力就小了许多。

（三）同时期南朝诸政权对待文化的态度

与北魏龙门石窟繁荣营造同时期的南朝政权，大致是南齐和南梁。南齐、南梁起于士族，承继东晋遗脉，对于文化的态度大致是积极的。

学界对南齐时期的萧氏皇族在政治方面多有褒贬，但对于其在文化方面的贡献还是一致认可的。比如，闫春新认为南齐时期，"无论是其帝王还是皇族，基本都在政治上建树不多，但多以诗琴书画、文学、佛教与豢养文士、攀附名流等南朝帝王文化著名"[72]，王晓卫同样指出，"南齐王室的成员绝大部分成员都是文学爱好者，喜欢创造诗赋"[73]。虽不能据此论断为文化盛世[74]，但文化在南齐得到了一定程度的发展，基本上得到学界共同认可。

南梁政权共55年，核心人物梁武帝在位48年，相比整个南朝其余皇帝人均统治5年[75]，算得上政权稳定。因此我们重点考察梁武帝时期的文化政策和态度。史家将梁武帝所实施的政策概括为"佛儒结合"[76]。《弘明集》卷10所载的《答释法云书难范缜神灭论》萧琛云：

> 弟子琛和南，辱告：伏见敕旨所答臣下审《神灭论》，妙测机神，发挥礼教，实足使净法增光，儒门敬业，物悟缘觉，民思孝道。人伦之本，于兹益明；诡经乱俗，不扞自坏。诵读藻抃，顶戴不胜。家弟暗短招愆，今在北理。公私煎惧，情虑震越，无以仰赞洪谟，对扬精义。奉化闻道，伏用悚怍；眷奖覃示，

铭佩仁诱。弟子萧琛和南。[77]

"发挥礼教，实足使净法增光"阐明了梁武帝萧衍的"三教同源"说。事实上，梁武帝的思想是一个相当庞杂的体系，我们且不说梁武帝是否存在"以佛教撬动儒家"的想法，仅就其推动文化发展的角度来看，无疑是积极而主动的。

（四）洛阳地区的译经与写经

早在佛教传播早期，安息人安世高、月氏人支娄迦谶先后抵达洛阳，从事译经工作，完善佛教教义系统，促进僧团发展。

其间支亮、支谦、昙柯迦罗、康僧铠、竺法护、帛法祖等承继不断，直至北魏，"洛阳译经之盛，前代所无"[78]，其中以昙摩流支、法场、菩提流支、勒那摩提、佛陀扇多、瞿昙般若流支6人最为著名。

有译经，必然有写经（抄经）。写经（抄经）承担着佛教宗教理论阐发与佛教信仰传播的重要任务。根据洛阳当时的佛教发展盛况和僧团规模[79]，沙门译出的底本、传至外地的抄本、高僧讲经的便携本等，都指向曾有大量的写经人存在的史实。可惜的是，因为纸本不易保存，加之年代久远，洛阳地区目前出土文物竟无写经纸本留存，不可不谓极大遗憾。有学者就认为，"抄经"源头应始于洛阳[80]，可资讨论。

作为当时的北魏国都和重要的佛教中心，四方高僧云集于此译经、写经、讲经、传经，为佛教文化思想的传播发挥了巨大力量，进一步丰富了石窟铭文的文本题材和佛法义理。

三、北魏中原地区石窟铭文的艺术特点

（一）北魏中原地区的石窟铭文艺术处于本土与平城外来书体的融合期

历来，魏碑在学界主要分四种：摩崖、墓志、造像题记[81]和碑碣，以体势严整、格调浑穆、雄伟峭拔、奇异多变而著称。我们认为，中原地区铭石书体的产生是符合其自然演变规律的，同时也是洛阳本土与平城外来书体共同融合的成果。

上文已做说明，从东汉末年开始，洛阳一直是佛经的重要译场。"抄经"兴盛，蔚然成风，加上信众的凿刻、观览等宗教活动，因而，无形之间对北魏洛阳本土的书风产生着重要的影响，并在某种程度上起着引导作用。

"洛阳体"[82]雏形的形成与北魏洛阳本土书风的形成关系密切。同时很重要的是，随着孝文帝迁都、改制和对龙门石窟营建的契机，与拓跋部族的"平城书体"遇合，共

同促进了其演化和融合的过程。"龙门模式"下的石窟铭文艺术类型——北魏龙门造像记成为一种程式化的形态，并逐渐与墓志和摩崖石刻分离，形成了相对独立的范式。

需要注意的是，这里客观存在一个石窟铭文的延展或传承序列：十六国时期的五凉写经代表了写经的第一个高峰期[83、84]。太武帝灭凉，曾迁徙僧徒3000人、宗室百姓3万余至平城。所以，北魏的书法承袭北凉书风有史可证。如上节所述，北魏本身的民族属性和审美趣味的变迁，使得石窟铭文书法形成传承有序、迥然有别的特点。"洛阳体"经历长时间的演化和融合，相较于"北凉体"而言，已经发生了"本质的改变"[85]。

（二）北魏中原地区的石窟铭文艺术处于魏碑笔法与结构的完整期

基于书法发展史和风格论，以沙孟海先生为代表，将北魏作品分为"斜画紧结"和"平画宽结"两大阶段性特征[86]。

具体到北魏龙门时期的石窟铭文，"虽然在北魏末期不再凛厉角出、方劲雄峻，但在结构上仍保持斜画紧结……字是平画宽结的碑刻只是极个别"[87]。可见当时的石窟铭文以"斜画紧结"为主流，以"方笔之极规"为追求。

北魏时期龙门石窟铭文的特色比较明显：点画饱满，避就腾挪灵活；横画露锋斜切而下，收笔下顿如刀劈斧凿，呈现出左低右高的攲侧之态；撇捺宏阔开张，收笔逐渐下按后平挑而出，峻峭雄劲，真力弥漫。虽有豪迈攲侧与秀雅稳重之别，但就整体风貌而言，所呈现出的"斜画紧结"样式已经是魏碑笔法与结构的大成状态。其中，以选石精良、刻工精湛、楷法庄重遒劲的《长乐王丘穆陵亮夫人尉迟为亡息牛橛造像记》（495）、《比丘慧成为亡父始平公造像记》（489）、《孙秋生、刘起祖二百人等造像记》（502）等为代表。

事实上，遍观北魏龙门时期（488—532）的铭文风格，基本上趋向于一致，都普遍呈现"斜画紧结"的典型特征。比如，泾川县大云寺所藏一众北魏景明佛造像铭文[88]等都表现出上述特征，其虽非石窟铭文艺术，但同属佛教艺术范畴，可供参照。

图4-11 《长乐王丘穆陵亮夫人尉迟为亡息牛橛造像记》

宗白华先生说："静穆的观照和飞跃的生命构成中国艺术的两元"[89]。这个论断放在北魏时期的龙门石窟，却也妥帖允当。

正如上文所述，中原地区铭石书体演变过程以及"抄经"的兴盛所附带的"龙门体"雏形与拓跋部族的"平城书体"耦合，再加上南朝书风的北渐，形成了相对独立于墓志和摩崖石刻的新程式化形态——北魏龙门造像记。其中最重要的是北魏末期龙门的石窟铭文书风与南朝接轨。

图4-12 《比丘慧成为亡父始平公造像记》　　图4-13 《孙秋生、刘起祖二百人等造像记》

北魏中原地区石窟铭文艺术的书体，处于一个变化的过程。华人德先生曾有论断，"一种书体从粗率、雄峻、古朴逐渐向工整、温雅、精美发展，基本上是一个规律"[90]。事实上除了我们上文所述，洛阳本土书风与拓跋部族的"平城书体"耦合所形成的"斜画紧结"的特征，还存在其他艺术样式的可能性。宫大中先生就在包世臣和康有为"二论""十美"[91]观的基础上，提出了七种审美样式："脱胎魏晋，隶书孑遗""体方笔厚，刚劲峻宕""兼通隶楷，质朴古逸""方圆兼备，破方为圆""代隶入楷，秀劲隽永""行书笔法，笔意连绵""笔画瘦劲，刊刻随便"。

如果将眼光放到整个魏碑谱系来看，这种特征会更为明显。洛阳地区数量众多的北魏墓志，就给我们提示了许多的新情况。以北魏龙门时期前、中、后三个阶段为参照，分别选取魏孝文帝太和二十年（496）的《元桢墓志》、北魏正始五年（508）的《元绪墓志》、北魏孝昌元年（525）的《元纂墓志》，其结体逐渐横向展开、撇捺收敛，点画逐渐温润内蕴，起落顿收的节奏感和复杂度也有所提升。

学界对于此现象，有一种观点较有代表性：此刻石窟铭文已经受到南朝书法的影响。

事实上，这种观点论据仍显单薄，有待新材料的进一步发现。笔者在取信学界主流观点的基础上，对此采取审慎的态度：就石窟铭文这一对象而言，南朝书风的影响在北魏时期表现还不够明显，只是有了一定的萌芽，真正意义上风格凸显和大规模出现，要到东、西魏时期。

表4-6 北魏龙门石窟造像记一览表

名称	年代	供养人身份	书体	位置	宽(cm)	高(cm)
长乐王丘穆陵亮夫人尉迟为亡息牛橛造像记	北魏太和十九年（495）	官宦（门阀）	楷	古阳洞北壁	33	65
一弗为亡夫张元祖造像记	北魏太和廿年（496）	官宦	楷	古阳洞北壁	31	11
北海王元详造像记	北魏太和二十二年（498）	宗室	楷	古阳洞北壁	40	75
清信士佛弟子高楚造像记	北魏太和二十二年（498）	民间信众	楷	古阳洞南壁	37	15
比丘慧成为亡父始平公造像记	北魏太和二十二年（498）	僧尼	楷	古阳洞北壁洞口上方	39	89
云阳伯郑长猷为亡父母等造像记	北魏景明二年（501）	官宦（门阀）	楷	古阳洞南壁	34	50
孙秋生、刘起祖二百人等造像记	北魏景明三年（502）	民间结社	楷	古阳洞南壁	49	125
广川王祖母太妃侯为亡夫贺兰汗造像记	北魏景明三年（502）	官宦	楷	古阳洞窟顶	37	51
高树、解伯都二十三人等造像记	北魏景明三年（502）	民间结社	楷	古阳洞北壁	27	38
比丘惠感为亡父母造像记	北魏景明三年（502）	僧尼	楷	古阳洞北壁	39	17
尹爱姜等廿一人造像记	北魏景明三年（502）	民间结社	楷	古阳洞窟顶	19	48
比丘法生为孝文帝并北海王母子造像记	北魏景明四年（503）	僧尼	楷	古阳洞南壁	34	33
广川王祖母太妃侯造像记	北魏景明四年（503）	官宦	楷	古阳洞窟顶	79	25
马振拜等三十四人为皇帝造像记	北魏景明四年（503）	民间结社	楷	古阳洞窟顶偏东边缘	32	54.5
信女高思乡为亡子造像记	北魏正始元年（504）	民间信众	楷	古阳洞南壁	34	13
清信女官内作大监尝法端造像记	北魏正始三年（506）	官宦	楷	古阳洞北壁	49	29
安定王元燮为亡祖等造像记	北魏正始四年（507）	宗室	楷	古阳洞南壁	38	24

续表

名称	年代	供养人身份	书体	位置	宽(cm)	高(cm)
维那王方等廿三造像记	北魏永平三年（510）	民间结社	楷	古阳洞北壁	67	28
比丘尼惠智造像记	北魏永平三年（510）	僧尼	楷	古阳洞北壁	12.5	29
尼道僧略造像记	北魏永平四年（511）	僧尼	楷	古阳洞	22	12
息孙永安奉为亡母造像记	北魏熙平元年（516）	民间信众	楷	古阳洞	22.5	21
齐郡王元祐造像记	北魏熙平二年（517）	宗室	楷	古阳洞南壁	37	36
泾州刺史齐郡王元祐造像记	北魏熙平二年（517）	宗室	楷	古阳洞北壁	52	37
邑师慧畅等廿三人造像记	北魏神龟元年（518）	僧尼	楷	古阳洞南壁	51	23
赵阿欢诸邑卅五人造像记	北魏神龟三年（520）	民间结社	楷	古阳洞南壁	25	70
比丘尼慈香、慧政造像记	北魏神龟三年（520）	僧尼	楷	老龙窝上方慈香窟西壁	38	38
清新女祖上为亡母造像记	北魏正光二年（521）	民间信众	楷	莲花洞北壁	83	14
大统寺大比丘慧荣造像记	北魏正光三年（522）	僧尼	楷	火烧洞南壁	51	23
像主苏胡仁合邑十九人造像记	北魏正光六年（525）	民间结社	楷	莲花洞南壁	34	30
清信女宋景妃造像记	北魏孝昌三年（527）	民间信众	楷	莲花洞北壁	47	13.5
比丘尼法恩造像记	北魏孝昌三年（527）	僧尼	楷	莲花洞北壁	35	20
景隆寺沙门昙佘造像记	北魏武泰元年（528）	僧尼	楷	莲花洞北壁	36	19
沙门惠诠弟李兴为亡父母造像记	北魏建义元年（528）	民间信众	楷	莲花洞	61	25
比丘尼道慧法盛等二人造像记	北魏普泰元年（531）	僧尼	楷	莲花洞西壁	17	47
比丘静度造像记	北魏普泰二年（532）	僧尼	楷	莲花洞北壁	20	26
法仪之廿余人造像记	北魏永熙二年（533）	民间结社	楷	莲花洞南壁	37	53
司马解伯达造像记	北魏太和年间	官宦	楷	古阳洞北壁	34	12

续表

名称	年代	供养人身份	书体	位置	宽(cm)	高(cm)
强弩将军掖庭令赵振造像记	不详	官宦	楷	古阳洞北壁	12	10
李敬仁伯恭等造像记	不详	民间结社	楷	古阳洞窟顶	31	54
尼僧道道安法造像记	不详	僧尼	楷	古阳洞北壁	50	48
刘清玉等造像记	不详	家族门阀	楷	古阳洞南壁	37	19
国常侍臣王神秀为太妃广川王造像记	不详	官宦	楷	古阳洞窟顶	22	13
国学官令臣平乾虎为太妃广川王造像记	不详	官宦	楷	古阳洞窟顶	20	9
比丘慧敢等造像记	不详	民间结社	楷	古阳洞东壁	46.5	63
比丘法胜造像记	不详	僧尼	楷	古阳洞北壁	30	15
邑主魏树桃等造像记	不详	民间结社	楷	古阳洞北壁	14	35
般若波罗蜜多心经	不详	不详	楷	莲花洞北壁	71	14
杨大眼为孝文皇帝造像记	不详	官宦（结社）	楷	古阳洞北壁	40	93
魏灵藏、薛法绍造像记	不详	官宦	楷	古阳洞北壁	39	88
比丘道匠造像记	不详	僧尼	楷	古阳洞北壁	45	20
北海王国太妃高为孙保造像记	不详	宗室	楷	古阳洞窟顶	25	38
韩曳云等造像记	不详	民间结社	楷	老龙洞外上方崖壁	40	64

第三节

承继与变迁：东、西魏时期石窟铭文状态
——以巩县石窟造像记为代表

巩县石窟是北魏三窟的最后道场，承袭了云冈、龙门之遗风，同时又因融入新元素而别具一格，孕育了北朝末期（北周、北齐）乃至隋代的书风萌芽，是北魏艺术向唐代过渡的具有承上启下关键意义且具有地域特色的书法艺术风格。

根据目前现有资料来看，巩县石窟的开凿年代和主要参与群体，在学界并未形成定论。

开凿年代主要有三种说法：（1）安金槐先生据唐代《后魏孝文帝故希玄寺之碑》认为是宣武帝景明时期；（2）陈明达先生根据五窟雕凿及史料推断始于宣武帝永平时期；（3）宿白先生则综合《碑记》与云冈、万佛山先例，推断为6世纪以后不久。三家之说都在同一时段，差距不算太大。

在主要参与群体方面，学界有两种主要看法：（1）安金槐先生的元氏宗室开凿说[92]，（2）宿白先生的郑氏家族开凿说[93]。虽然不能确定巩县石窟的主要参与群体是元氏宗室，但属于"云冈—龙门"序列的延续，并且由北魏帝后倡建，"是典型的皇家风格的石窟"[94]应无问题。

当然，学界关于巩县石窟的开凿年代和主要参与群体的相关的研究仍在继续，会随着新考古材料和史料证据的发现不断推进。

一、东、西魏时期巩县石窟主要铭文统计[95]

（一）巩县石窟主要铭文的时间分布

根据周国卿先生的《巩县石窟北朝造像全拓》及马建中先生的《巩县石窟北朝造像题记及其书法研究》统计有纪年的巩县石窟铭文的分布情况，除了纪年不详之外，发现531年1品、535年1品、536年6品、537年1品、538年2品、551年12品、553年1品、556年1品、557年2品、558年1品、563年2品、564年1品、565年1品、566年6品、568年1品。具体如上表所示。

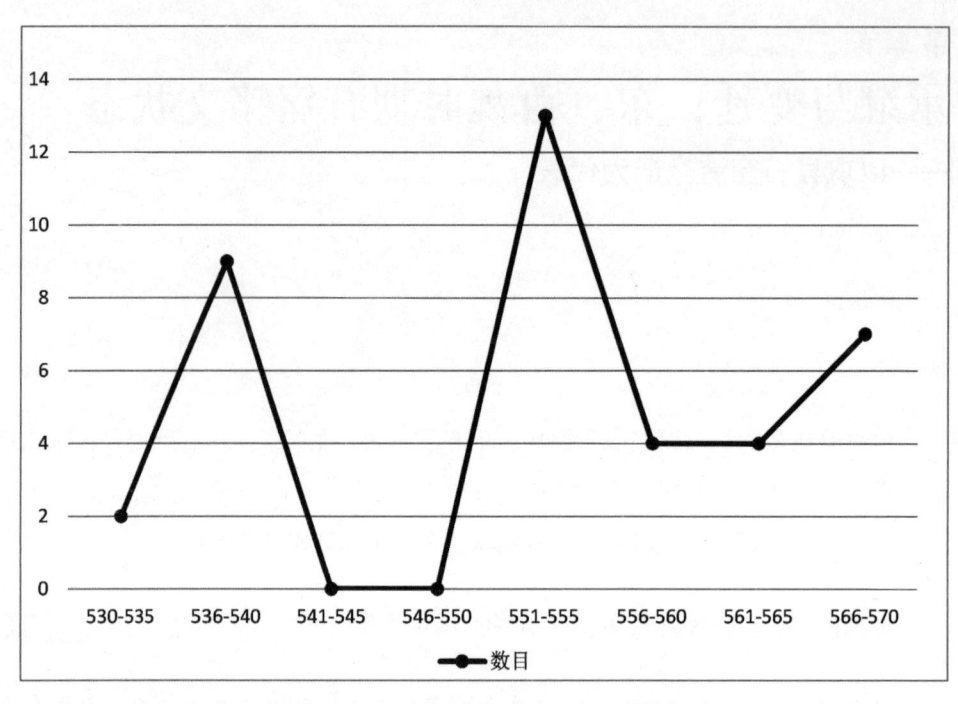

图 4-14　巩县石窟主要铭文时间分布图

（二）巩县石窟主要铭文的身份比例

根据周国卿的《巩县石窟北朝造像全拓》及马建中的《巩县石窟北朝造像题记及其书法研究》统计北魏造像题记的造像者身份，可以得出巩县石窟主要铭文中宗室 0 人、官宦 4 人、僧侣 26 人、邑民 14 人。

根据上述统计不难看出：（1）巩县石窟主要铭文选取的时间范围集中在北魏 536—540 年以及 551—555 年两段时间；（2）社会身份主要为僧侣，所以巩县石窟相较于同时期其他石窟带有强烈的宗教性及信仰性。巩县石窟对龙门来说，两者有着极为密切的联系。主要来看有三方面：第一，巩县地处洛阳周边，与龙门石窟在地域上同属于中原石窟系统；第二，巩县石窟的主要活跃年代在东、西魏时期，在时间上直接承继龙门石窟；第三，从演变关系上来看，巩县石窟与龙门石窟北魏晚期的书风演变息息相关，更是龙门"斜画紧结"书风"南化"的进一步发展。

二、对东、西魏时期石窟铭文相关问题的探讨

（一）本章节主要研究对象

学界通常将巩县石窟的开凿分为三个阶段，比较具有代表性的是宫大中的观点：以高欢徙邺为界：第一期北魏皇家龛窟，第二期高欢徙邺后的东、西魏及北齐北周，第三期"初唐千佛并优填王像龛及诸多小龛并造像题记"[96]。

客观来讲，各个阶段之间存在着一定的承继关系，并不是截然分开的。为研究方便，综合考量存世数量、艺术含量及我们的研究节奏，我们在本章节将目光主要聚焦在巩县石窟东、西魏时期的石窟铭文。

（二）巩县石窟区位及宗教包容性

巩县石窟地处北朝后期疆域交界处，石窟铭文中东魏、西魏、北齐、北周造像记皆有留存。值得注意的是，来自同时期不同国度的祈愿铭文在巩县石窟和谐共存。比如，天平三年《清信士题记》与西魏大统二年《比丘道□题记》，皆属536年，且同处一窟（第五窟）。

这至少可以说明两点：一是东、西魏时期巩县石窟的民间属性。无论从铭文内容还是造像规模以及艺术水平而言，此时已非皇家道场。加之处于东、西魏国界边缘，因而当政者不再予以过多的关注；二是体现了宗教的包容性。事实上，因为北朝连番战乱和王朝更迭，基层民众对于国度的概念缺乏基本的认知和归属感，更多关切的是亡人灵魂的引渡和生人在世的太平。而这些愿望在宗教强大的包容性之下耦合，汇聚成东、西魏石窟铭文中的时代声音。

（三）巩县石窟营建的主体及其参与度

目前，在巩县石窟中没有明确的纪年指向皇帝的亲自参与，但其早期的营造过程中不乏皇室的参与的痕迹。主要有下面几点可资佐证：

其一，从碑文记载来看，唐龙朔年间《后魏孝文帝故希玄寺之碑》铭文载："昔魏孝文帝发迹金山途遥玉塞。弯柘弧而望月，控骥马以追风。电转伊缠，云飞巩洛，爰止斯地，创建伽蓝。"[97] 明《重修大力山石窟十方净土禅寺记》载："自后魏宣帝景明之间，凿石为窟，刻佛千万像，世无能烛其数者焉。"[98] 其二，多处帝后礼佛的造像题材，真实而确凿地说明了皇帝、宗室、贵族对伽蓝之崇信。

而这一点也得到了学界的认可，学界普遍认为巩县石窟前期是作为皇家道场存在的[99]。

至于宗室与贵族的参与，需要做下说明：北魏"自从孝昌之末，天下淆然，外侮内乱"[100]，特别是公元528年"河阴之变"，对洛阳地区的北魏宗室及鲜卑贵族"打击极为沉重"[101]，因而宗室和贵族在东、西魏时期的铭文中几无踪迹。

事实上，巩县石窟现存铭文中，大多是属于僧侣阶层、世俗信众等民间群体。这一点从数据上可以得到印证：宗室和士族参与度从龙门早期的55%到龙门晚期的11%，一直到巩县东、西魏时期的几无明显存在，力量在逐渐衰退。与之对应的是民间力量从龙门早期的20%到龙门晚期的52%，直到巩县时期的近九成[102]，呈现出逐步递增的态势。

这与东魏、西魏、北齐、北周对峙密不可分。西魏、北周定都长安，东魏、北齐定都邺城，政治中心的改变，伴随着皇族、宗室和贵族的大规模迁移，因此造像的主体开始让渡于民间，石窟铭文所表征的宗教活动参与度的世俗化、人间化的程度在逐步加深。至于民间群体的造像心理，则是复杂的：一方面出于朴素的实用信仰意识[103]；另一方面或许还一定程度上，有着试图承继神灵对前朝帝族恩泽的意愿[104]。

（四）东、西魏与南方政权的对峙及文化传播

北魏灭亡后，南北对峙的局面逐渐消解，转而成为东西南三方政权的竞争[105]。因为长江这一天然屏障的存在，北方政权因无可凭之水师，更多的争夺发生在北方政权内部的东西两方：东、西魏从537年至546年的潼关之战、沙苑之战、邙山之战、玉璧之战皆在此类[106]，北齐北周时期洛阳之战、宜阳汾北之战、河阴之战、平阳之战等亦为其列。

"南风北渐"的过程实质上在北魏时期就普遍存在[107]，随着南朝宗室、名流的北投，以及弘法传教等南北之间佛法交流活动的发展，"南风北渐"的进程进一步加快了。

（五）北朝僧团的阶层属性

值得注意的是，东、西魏时期巩县石窟铭文僧侣阶层的参与极为活跃。这一方面说明了佛教的影响力度在扩大，间接说明了在石窟艺术领域政权的介入力度在削弱而教权的参与度及影响力都在提升；另一方面说明了灭佛法难[108]之前，僧团力量的集结与活跃。

从现有题记来看，较为清晰的有惠字辈僧人8名，道字辈僧人5名，法字辈僧人5名[109]，尚有宝口、明藏等僧人的活动痕迹。虽然我们没有充足的证据来说明，巩县石窟僧团中不同字辈之间的传承脉络，也无法说明北魏僧官制度与巩县石窟的直接关系，但我们可以达成这样一个共识：在北魏的分崩离析和政治中心的迁移，皇族、宗室和士族介入的佛事活动基本陷入停顿状态下，僧团在巩县石窟附近的活动仍在继续。

当然，僧团本身是一个以弘法、修行为目的的特殊团体，本身的属性是游离在世俗之外，既非官宦阶层，亦非纯粹意义上的民间群体。当然僧官制度的推行、"辅王行道"理念的实行使得僧团与上层阶级（皇室、官宦）的联系紧密。但随着南北朝王权更替的频繁与军事行动的投入增大，加上"灭法"事件造成的创伤与末法意识的焦虑，僧侣阶

层的弘法重心开始逐渐向民间倾斜。这种宗教本身的弘法需要，与大乘佛教救度众生理念的推广，使僧团的阶层属性，更大程度上倾向于民间阶层。

三、北朝后期石窟铭文的艺术特点

（一）东、西魏时期巩县石窟铭文艺术处于贵族让位于民间的历史阶段

石窟铭文艺术相对于其他艺术样式（书法、绘画等）来说，具有自己独立的发展道路。一方面在于其以宗教为依托，具有极为广泛的信仰基础；另一方面在于其宗教性与社会性更为统治者所瞩目，因而与政治的联系也强于纯粹的书法、绘画等艺术形式。

如上所述，北朝时期的石窟铭文艺术尚处于自身发展的初期阶段，宗室和贵族是居于主导地位的。随着时代的变迁与民间信仰力量的崛起，到了巩县石窟东、西魏时期，石窟铭文艺术的参与主体表现出由贵族让渡于民间的主流趋势。

上层阶级的书风动向影响着民间的书法实践，换个角度来看，民间书手、工匠、吏徒的创新和探索，为书法提供了其发展过程中在各种向度上演变的可能。所以，北魏龙门石窟铭文艺术以方峻奇伟、笔力雄健、结体扁方、圭角凌厉为表征的皇家气象，逐渐演变为东、西魏时期巩县石窟圆劲灵动、行款错落、结体宽松、质朴天然的民间气象。其中较为典型的是《惠庆造像记》（537），其结体宽松自由，点画的刀刻意味淡化而书写性强化，撇画遒劲开张[110]。比如，"弟""全""见"等字极为突出。而这种现象可能并不是雕刻者的主观追求和原意，更有可能是由于巩县石窟的黄砂岩易于风化，在历史岁月的侵蚀下字迹漫漶的客观事实。如果深究的话，点画的"圆笔"与书写性的强化或许有待商榷，但是结体的"圆劲质朴"是龙门时期所没有的新气象，也是下层民间群体在创新和探索中为石窟铭文艺术发展提供的新向度。

皇室、士族让位于民间的僧侣阶层和普罗大众，这种参与主体的改变以及石窟铭文艺术的创新和探索正是说明了北朝巩县时期的石窟铭文艺术民间化的历史进程。

（二）东、西魏时期巩县石窟铭文中"南风北渐"的辨析

"南风北渐"是北朝客观存在的长期历史现象，这一点上文已经做过讨论。同样在石窟铭文艺术领域，东魏、西魏时期也存在"南方书风"影响的痕迹。

其中较为典型的是北齐天保二年（551）的《崔宾先造像记》。从中可以比较明显地看出北魏楷书"南化"的演变历程：由方峻到圆润点画趋势；由紧凑到宽博的结体倾向；由规则到韵味的内在追求。如"清""河""后"等字就已经不同于典型的龙门"斜

画紧结"模式，而趋向于圆润的用笔和宽博的结体，换句话说，点画之间的"刀意"逐渐趋向于笔墨本身的意味，而这似乎可以看作石窟铭文艺术"南化"的具体体现。这种迹象不仅体现在《崔宾先造像记》，同样在《赵胜荣造像记》《比丘道邕造像记》《魏文显造像记》中有所展现。可见书风"南化"已成为北朝书法发展中不容忽视的普遍趋势。

图 4-15 《崔宾先造像记》　　图 4-16 《赵胜荣造像记》

图 4-17 《比丘道邕造像记》　　图 4-18 《魏文显造像记》

书法在南北朝时期依然是一种属于精英群体的艺术形式。而巩县石窟东、西魏时期参与营建的主体是僧侣及民间信众,其社会背景、文化程度和知识水平决定了他们愿文的艺术水平很难反映书法在当时存在的整体状况和具体水准,也自然不能代表时代书风的最高水准,因而并不具有普遍性,但其宗教意义及书史价值不容忽视。

事实上,东、西魏时期巩县石窟铭文艺术的变化因素是复杂且多元的,我们承认存在"南风北渐"的客观条件,但还不能简单地将其全部归因于"南风北渐",而应该综合考量上一节所讨论的民众在书法接受角度、书法表达等层面的真实水准。

(三)东、西魏时期巩县石窟铭文艺术奠定了隋代"兼容南北"的书坛格局

随着"汉化"过程的不断推进,南北书风"古质"与"今妍"的分野在迅速缩小。北魏末期南朝书风的北渐在东、西魏继续演化,并最终成为主流。所以将北魏末期的楷书较为平整雅致的风格与东魏、北齐的通行楷书做个比较,可以发现温润雅致的类型在东魏以后逐渐成为书坛主流趋势,并在隋代处于主导地位。

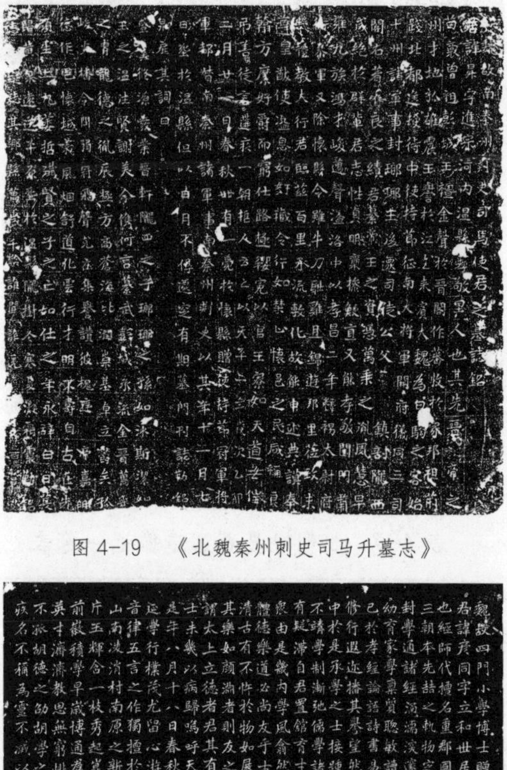

如上所述,因为东西魏时期巩县石窟的造像群体主要是底层民众,无法代表时代书风的整体情况和最高水准。那么若我们将视野放宽的话,东、西魏时期的《张元墓志》《北魏秦州刺史司马升墓志》《北魏孙彦同墓志》等从大统至天平,基本上与巩县石窟此时同期,在峻拔严整的固有书风之中,共同呈现出宽博秀美的时代风貌。更为明显的是《北魏平南将军元玕墓志》等宗室墓志,结体宽博,方正峻整自不待言,值得注意的是,行书化意味明显的点画普遍出现,"子""君""令""之"等字较为明显。可以肯定的是,从书丹、镌刻

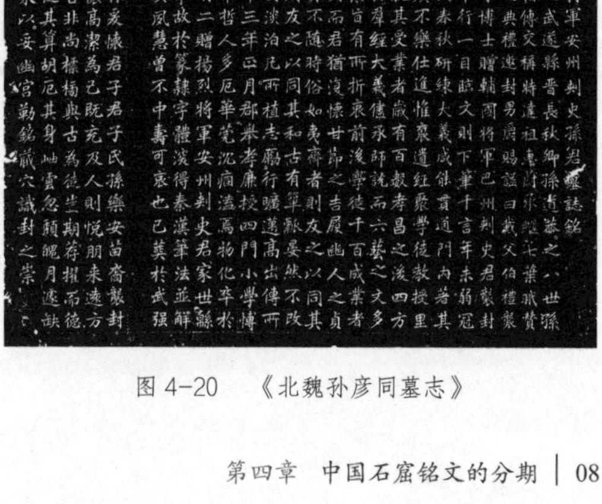

图 4-19 《北魏秦州刺史司马升墓志》

图 4-20 《北魏孙彦同墓志》

图 4-21 《北魏平南将军元珏墓志》　　图 4-22 《北魏梁州刺史元演墓志》

水准较高的宗室、士族的墓志来看,东、西魏时期的书风南化,强化了字与字之间的关联,瞩目于整个章法的气韵贯通,在书法史上取得了比较重要的发展。

据此,我们认为,巩县时期的石窟铭文艺术表现出由雄强朴拙的北方传统向南方温润雅致的南方书风转变和推移的迹象,北魏末期的"南风北渐"促成了隋代"兼容南北"的书坛格局。

表 4-7　北朝巩县石窟造像记一览表

名称	年代	供养人身份	书体	位置
佛弟子……造像记	北魏普泰元年（531）	民间信众	楷	第 5 窟外壁第 227 龛下
僧更造像记	东魏天平二年（535）	僧尼	楷	第 5 窟外壁第 205 龛下
杨大昇造像记	东魏天平三年（536）	民间信众	楷	第 5 窟门道第 190 龛下
种休罗造像记	东魏	民间信众	楷	第 5 窟门道第 187 龛下
赵胜荣造像记	东魏天平三年（536）	民间信众	楷	第 3 窟外壁第 299、300 龛下
清信士造像记	东魏天平三年（536）	民间信众	楷	第 5 窟外壁第 196 龛下
佛弟子造像记	东魏天平三年（536）	民间信众	楷	第 5 窟外壁第 197 龛下

续表

名称	年代	供养人身份	书体	位置
惠庆造像记	东魏天平四年（537）	僧尼	楷	第4窟外壁第130龛下
比丘宝□造像记	东魏天平六年（539）	僧尼	楷	第1窟外壁第32龛下
比丘惠平造像记	东魏元□元年	僧尼	楷	第4窟外壁第150龛下
比丘僧造像	东魏	僧尼	楷	第4窟外壁第153龛
比丘僧惠兴造像记	东魏	僧尼	楷	第5窟西壁大佛龛下南侧
比丘僧惠嵩造像记	东魏	僧尼	楷	第5窟西壁大佛龛下北侧
比丘道□造像记	西魏大统二年（536）	僧尼	楷	第5窟门道第189龛左
魏文显造像记	西魏大统四年（538）	民间信众	楷	第3窟外壁第310龛下
比丘僧惠□造像记	西魏大统四年（538）	僧尼	楷	第1窟外壁第98龛左
崔宾先造像记	北齐天保二年（551）	官宦	楷	后坑崖第261龛左
法定造像记	北齐天保二年（551）	僧尼	楷	后坑崖第260龛下
比丘道成造像记	北齐天保二年（551）	僧尼	楷	第3窟外壁第309龛下
比丘道成造像记	北齐天保二年（551）	僧尼	楷	第4窟外壁第154龛左
崔孝宣等三人造像记	北齐天保二年（551）	民间信众	楷	后坑崖第272、273龛下
比丘法训造像记	北齐天保二年（551）	僧尼	楷	后坑崖第281龛下
惠凤造像记	北齐天保二年（551）	僧尼	楷	后坑崖第271龛下
沙弥道荣造像记	北齐天保二年（551）	僧尼	楷	后坑崖第29龛左
比丘惠育造像记	北齐天保二年（551）	僧尼	楷	后坑崖第280龛下
□国子造像记	北齐天保二年（551）	民间信众	楷	后坑崖第278龛下
李奴造像记	北齐天保二年（551）	民间信众	楷	后坑崖第279龛下
法定造像记（补）	北齐天保二年（551）	僧尼	楷	后坑崖第260龛下
□□□平造像记	北齐天保四年（553）	—	楷	第2窟外壁第308龛右侧

续表

名称	年代	供养人身份	书体	位置
比丘法通造像记	北齐天保七年（556）	僧尼	楷	第1窟外壁第35龛下
梁弼造像记	北齐天保八年（557）	官宦	楷	第1窟外壁第38龛下
北齐造像记	北齐天保八年（557）	—	楷	第1窟外壁第39龛右
比丘道邕造像记	北齐天保九年（558）	僧尼	楷	第1窟外壁第37龛下
北朝造像记	北齐	—	楷	后坑崖第249龛左上
北朝造像记	北齐河清	—	楷	后坑崖第249龛左
比丘法禅造像记	北齐河清二年（563）	僧尼	楷	后坑崖第257龛下
比丘道□造像记	北齐河清二年（563）	僧尼	楷	第1窟外壁第34龛左
比丘法湛造像记	北齐河清三年（564）	僧尼	楷	后坑崖第275龛下
佛弟子张□造像记	北齐	民间信众	楷	后坑崖第283龛左
佛弟子造像记	北齐天统元年（565）	民间信众	楷	后坑崖第263龛下
北齐造像记	北齐天统二年（566）	—	楷	后坑崖第262龛左
比丘道敬造像记	北齐天统二年（566）	僧尼	楷	后坑崖第268龛下
比丘僧護造像记	北齐天统二年（566）	僧尼	楷	后坑崖第248龛下
比丘惠庆造像记	北齐天统二年（566）	僧尼	楷	后坑崖第251、252龛下
秋进和造像记	北齐天统二年（566）	民间信众	楷	后坑崖第253龛下
比丘明藏造像记	北齐天统二年（566）	僧尼	楷	第4窟门道第324龛下
魏显明造像记	北齐天统四年（568）	民间信众	楷	后坑崖第264、265龛下
北朝造像记	北齐	—	楷	第5窟外壁第199龛下
叡妻成郡君题记	北周	官宦	楷	第1窟中心柱北满主窟东侧
乾智题记	北周	官宦	楷	第1窟中心柱北满主窟西侧

第四节

转折与演化：北齐时期石窟铭文的伴生形态
——以邺城、山东摩崖刻经为代表

刻经虽然在某些层面上类似于造像题记[111]，但从文本内容、宗教寓意来看，又是两种相对独立的艺术形式。这两种重要的铭文类型在中国石窟铭文艺术早期就已经开始并行发展，造像题记自不待言，刻经也可以从炳灵寺169窟墨书《佛说未曾有经》[112]、北凉地区石塔刻经[113]，一直到邺城及广大山东地区的摩崖刻经，展示出石刻经文源远流长、传承有序的发展演变谱系。

从艺术角度来看，北齐时期的摩崖刻经一方面统属于写经体的"经系"书法[114]，符合其自身的发展规律；另一方面则与"太和至正始间龙门造像记和墓志书风……逐渐扩展影响到山东地区"不无关系[115]。

需要说明的是，从传统"石窟"的范畴出发，摩崖刻石既不位于石窟范围之内，也自然无法与石窟群落存在不可拆分的关系，所以摩崖刻石也就无法统属于严格意义上的石窟铭文[116]。但是换一个角度来看，又有着原生的合理性。主要原因有二：

一是从佛经传播范围、佛教信仰兴衰和社会财富的转移来讲，北齐、北周的摩崖刻石从客观上承继着北魏的石窟铭文传统，是佛教铭文艺术绕不开的有机组成部分；

二是从石窟铭文的自身发展规律而言，邺城时期的摩崖刻石对龙门隋唐时期的石窟群落内比较丰富的刻经有着不容忽视的影响。

因此，无论从上承北魏还是下开隋唐而言，还是从更加注重传统石窟范畴中的基本内容、艺术意蕴和宗教内涵等内在性质而放宽形式上要求的前提出发，将摩崖刻经纳入研究范畴皆有着充分的依据。

一、北齐时期主要摩崖刻经统计

（一）北齐主要摩崖刻经的时间分布

北齐时期的摩崖刻经分布较为广泛，主要有邺城地区的南北响堂山（今河北邯郸）、中皇山（今河北邯郸）以及邹城地区的铁山、岗山、葛山、尖山、峄山摩崖刻经、泰山经石峪摩崖刻经。根据张林堂的《响堂山石窟碑刻题记总录》、李裕群的《邺城地区石窟与刻经》、李裕群的《北朝晚期石窟寺研究》、马忠理的《涉县中皇山北齐佛教摩崖刻经调查》、山东省石刻艺术博物馆编《山东佛教刻经全集》[117]，笔者对有纪年的摩崖刻经进行了基础性统计。除了纪年不详之外，发现西秦建弘二年（421）1品、北魏孝昌三年（527）1品、北齐天统四年（568）1品、北齐天统四年至武平三年（568—572）11品、北齐天统末年至武平六年（575）5品、北齐天统间（565—569）9品、北齐天统元年至武平元年（565—570）1品、北齐天统末年至武平六年（569—575）6品、隋开皇九年（589）8品。具体如下所示：

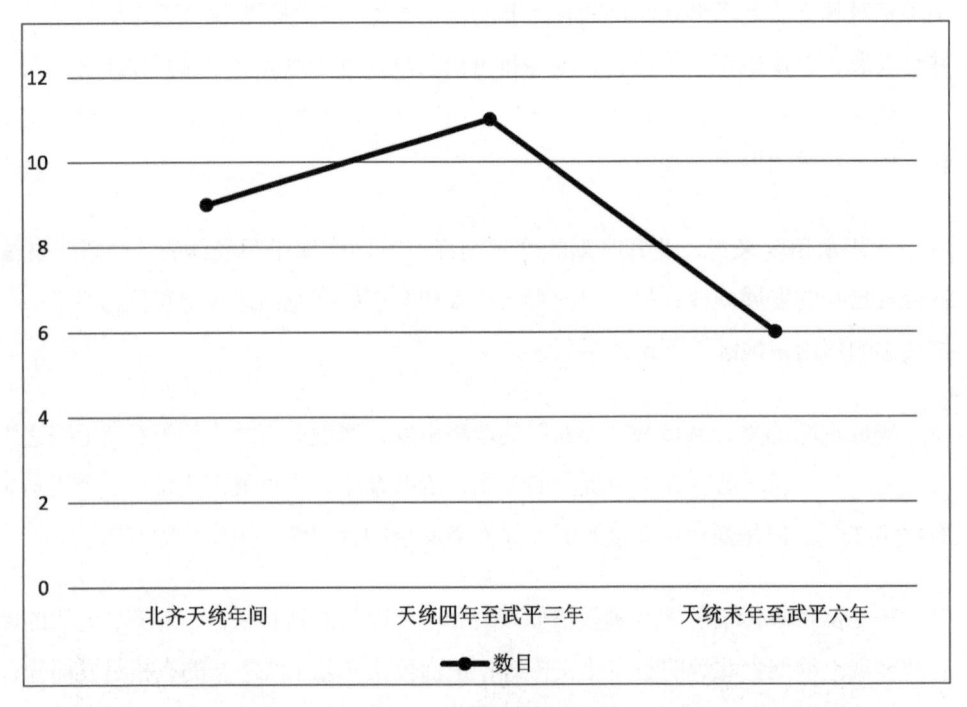

图 4-23　邺城、山东地区主要摩崖刻经时间分布图

（二）北齐主要摩崖刻经的身份情况

根据上述统计不难看出：（1）北齐时期主要摩崖刻经开凿时间集中在北朝561年至580年这20年间，纵横跨度约30年；（2）虽然刻经人具体姓名无法确定，但学界公认北齐主要摩崖刻经是以僧侣阶层为主体，在"佛教末法思想"和"武周毁佛"因素下刻写[118]。

二、对北齐主要摩崖刻经相关问题的探讨

北齐邺城时期的摩崖能够发展壮大，形成规模较大、样式多变的聚集现象，与其所

处时期的人文历史背景有着密切的关系。

（一）北齐摩崖刻经营建的参与主体

北齐时期的刻经主要分布在两大区域：一是围绕邺城的中皇山、南北响堂山等地，另外一个则是山东地区的泰山经石峪和四山摩崖。据《河朔金石目》载，"按娲皇顶所刻经，其字体与响堂无异，盖北齐唐邕之所镌刻"，这一论断获得了学界的一致认可[119]。北响堂寺有铭文记载为据，是唐邕所刻无疑[120]。同样南响堂山外有隋代沙门道净《滏山石窟之碑》记载为丞相高阿那肱资助，灵化寺比丘慧义主持镌刻[121]，因时代间隔不远，也予以采信。泰山经石峪刻经无经主、主持及工匠题名，谨慎起见不下结论[122]。峄山《文殊般若经》首行刻有经主"斛律太保家客"可供自证[123]。尖山题记较多，有韦子深、韦伏儿等韦氏家族，有唐邕之妃陈德信，还有安道壹题名[124]，指代确凿。铁山经文下有题名若干，"东岭僧安道壹署经"可资佐证。岗山仅有比丘题名，而无经主。葛山刻经题记漫漶，无从考据[125]。

图 4-25　中皇山娲皇宫《深密解脱经卷第三》（局部）

图 4-24　响堂山石窟《胜鬘经》（局部）

从营造技术难度和资金耗费而言，刻经虽与造像不可并论，但刻经多在名山大川，崖壁千仞，物资往来不便，成本也自不菲。因而综合上文的论述，邺城及山东地区的摩崖刻经的参与主体分两部分，即多由经主资助，高僧大德主持，雇佣工匠或僧众镌凿而成[126]。

（二）北齐时期僧团的思想、立场和地位

关于北齐僧团直接的记载较少，但是我们可以从《开元释教录》僧宝暹等10人"采经"的群体活动，以及上段比丘题名等推知北齐僧团的发展盛况[127]。事实上，除了上述存世文物、文献记载直接证据，北齐僧团盛况还可以从两个角度予以佐证：一是学界比较倾向于认为唐邕资助了组织严密、执行力强的"稠法师""安道壹"刻经僧团[128]，极大繁荣了邺城、山东地区的刻经行动；二是从"周武帝灭佛"事件反向推导，当宗教的发展超过了国民经济的承受能力时，国家势必会对宗教加以一定限制[129]，亦可获悉北齐佛事兴盛的事实。

学界对北齐时期僧团大规模建造石刻佛经的思想和立场，有一种比较具有代表性的观点——"末法恐慌"[130]。而这也是有比较合理的推断的：北齐时期刚刚经历过北魏太武帝灭佛，来自末法思想的影响和前车之鉴的警示，使得大量对佛教虔诚皈依的官宦、士大夫群体与僧团合力推动了"存经以备法灭"的旷世工程。

同时值得注意的是，北齐时期僧团的地位是非常高的，有尖山刻经题记可资佐证："大沙门僧安，与汉大丞相京兆韦贤十九世孙，州主簿、兼治中。镇军将军、胶州长史。北肆州刺史兴祖，弟子深、妻徐、息钦之、伏儿等，同刊佛经于昌邑之西，绎岭（尖）山里。于时天降车迹四辙，地出涌泉一所，故记。大齐武平六年岁乙未六月一日。"[131]士大夫阶层参与营建的工作应当是严谨而审慎的，从这条记载中，能够比较直观地看出僧人置于官宦之前的客观现象。其中固然有出于宗教的虔诚及对佛教代言人的尊重的因素，但北齐时期僧团地位之尊崇可见一斑。

（三）刻经的"最优载体"选择与定型

刻经载体的选择历程是曲折而复杂的，赖非先生认为这个选择过程经历了三个阶段：河西走廊时期的供养塔刻经（塔载体阶段）、中原及其周边地区的刻经碑（碑载体阶段）、山东地区的大型石窟摩崖刻经（石窟摩崖载体阶段）[132]。这种观点相对客观而明晰地说明了刻经载体在不同时期的存在状态，虽然刻经载体变迁与最优载体的确定与社会、宗教、文化的历史状态、发展程度、整体水平等多方面因素相关联，但就分期而言，有着充足的证据支撑，无疑是可资采信的。

表 4-8　中国石窟载体变迁表

名称	时代跨度	地区	标志
塔载体阶段	北凉承阳年间—北魏宣武帝时期（5世纪初到6世纪初）	河西、新疆地区	供养塔刻经
碑载体阶段	北魏熙平时期—北齐河清年间（6世纪初、中期）	中原及其周边	刻经碑
石窟摩崖载体阶段	北齐天统年间—北周灭亡（6世纪中、后期）	山东地区	石窟摩崖刻经

在此基础上，我们可以进一步讨论其发生动机和演变原因。自佛教传入以来，随着本土化（中国化）的不断演进，印度原始的"塔中心式"崇拜逐渐被中国传统文化礼制的"碑中心式"崇拜取代，与之伴生的是刻经的载体从塔转移到碑。反观第二次变迁，其主要原因则在于"末法恐慌"，随之以供养为目的的刻经逐渐被弘法、护法取代，形成了以念诵、宣讲为主题的石窟刻经道场[133]。从某种意义上讲，刻经载体的变迁与定型，既遵循着刻经文化自身的内部发展规律，同时也是佛教文化艺术样式在中国大文化环境下重新建构的进程。

（四）石窟艺术的重心由造像为主转换为文本为主

如果宏观地将石窟艺术粗略划分为造像和铭文两大艺术系统的话，在北朝末期，石窟艺术在特定的历史文化条件下，经历了以造像为中心到以文本为中心的艺术范式转换。从这个角度来看，无论北魏时期的龙门石窟，还是东西魏时期的巩县石窟艺术，都是以造像为中心的，造像记及其他碑刻等铭文处于次要或辅从的地位，仅仅用以展现功勋并表达各种层面的愿景。相对而言，北齐时期的邺城、山东摩崖刻经则是以文本（摩崖刻经）为中心。

对于该时期以刻经为主体的铭文艺术繁荣局面，学界有着不同的解释，大概有三种："石质说"[134]、"末法论"（赖非）、"义教论"（楚默）。

事实上，自然因素固然是其重要的原因之一，但从存世铭文记载来看，"末法论""义教论"证据更加充分。铁山《石颂》有载："从今镌构，逢劫火而莫烧……对灾风而常住。尔其丹青□□，以图盛法，

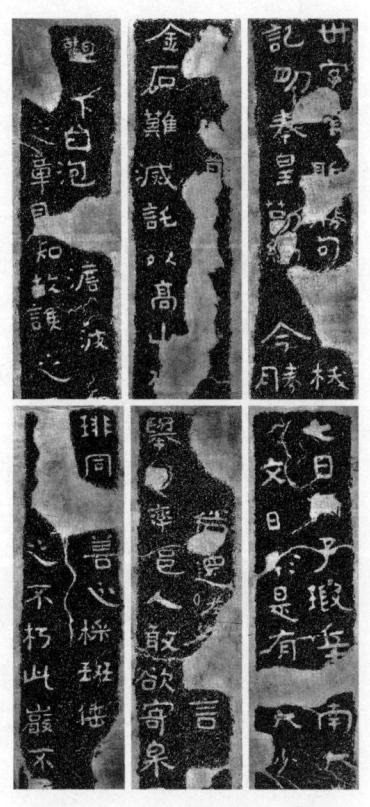

图 4-26　铁山摩崖刻经《大集经》并《颂文》局部

金石长存。……缣竹易销，金石难灭，托以高山，永留不绝。"[135] 显然"劫火""灾风"皆是出于对魏武帝灭佛的恐慌，并给予了"金石长存""永留不绝"的弘法期望。《晋昌郡公唐邕刻经记》中"善因普被，愿力熏修，当使世界同于净土。皇基固于大地，置六道于十山"，则无疑指向政教相辅的社会职能。

综合来看，北齐时期刻经的盛行是自然、社会、政治、宗教等多种因素共同作用的结果。特别值得注意的是，部分当政者[136]的"义教"期望与僧团"末法"思想相耦合，汇聚成强烈而执着的宗教意愿，谱写了恢宏的摩崖经卷。

（五）刻经题记的产生与成因

刻经题记的体裁，主要包含经主及意图、缘起、意义、内容与时间跨度等基本信息。这里用表格权举两例，以供参证。

表 4-9　北朝石窟刻经题记例表

名称	经主	缘起	意义	时间
晋昌郡公唐邕刻经记	唐邕	以为缣缃有坏，简策非久，金牒难求，皮纸易灭。于是发七处之印，开七宝之函，访莲花之书，金银钩之迹，一音所说，尽勒名山	善因普被，愿力熏修，当使世界同于净土。皇基固于大地，置六道于十山	起天统四年三月一日，尽武平三年岁次壬辰五月二十八日
中皇山妙法莲华经赵妃题记[137]	赵妃	堪忍痛今因，令王建福之次，遂竭家资，敬造观世音像、观世音经	惟愿亡女……入彼华堂……具游净国	

与造像题记相比，经主与功德主相互对应，并无太大差异。但需要注意的是，许多刻经题记仅有经主或主持僧人，而无完整的题记文本结构。比如，《铁山李巨敖题记》仅载李巨敖官职姓名[138]、《葛山刻经题记》仅载"发心主"数人姓名[139]，以及邺城、山东多处出现的安道壹题名等[140]皆若此。理应是陈氏家族、唐氏家族及安道壹僧团所刻经文，皆处于唐邕集团、安道壹僧团所营建的道场之内，因刻经缘起、意义已统一在碑记中进行过阐述，故无必要再做论述。

三、北齐主要摩崖刻经的艺术特点

（一）北齐时期的石窟铭文艺术处于"教""艺"高度融合期

如同本章开篇所述，石窟铭文艺术自产生以来，就与佛教有着紧密的联系。宗教的内在精神和外在信仰是石窟铭文艺术赖以发展的基本条件之一，也是构成石窟铭文艺术异于其他书法类型的个性化核心内容，同时也是衡量石窟铭文艺术内涵和意蕴的重要标尺。北齐时期的摩崖刻经是"书法艺术与宗教境界的统一体"[141]，在宗教和艺术的融合中，具有鲜明的协调性、和谐性、互补性和贯通性。

衡量宗教在石窟铭文艺术参与度的有效标准是，僧团的参与程度和所占比重。纵观北朝[142]石窟铭文艺术大概可以划分为三个阶段：北魏邺城、龙门时期的政治主导下的宗教参与，东西魏巩县时期的僧侣以独立身份参与，北齐时期的宗教主导下的多元参与。

其中北魏龙门时期的僧侣参与程度较浅且僧侣常具备一定政治身份[143]。到了巩县时期僧侣的参与度明显提升，但因政治中心的迁移，石窟营建缺少必要的经济支撑，僧侣阶层多以个人独立身份参与。而北齐时期的邺城——山东摩崖刻经中僧团参与明显增加，甚至主导着许多主要的石窟及摩崖刻经的营建[144]。

伴随着地位的提升，僧侣在石窟铭文中的参与度逐渐增加，不仅强化了铭文艺术的宗教内涵，同时进一步促进了宗教与艺术的高度融合。从邺城、龙门、巩县时期的祈愿模式转换为供养、弘法、护法为目的的传法模式，甚至将佛教的外在直观的佛陀形象不断地抽象化为佛名。与此同时，其创作取向不断内化——表现为观照经文中所蕴含的佛教义理[145]。

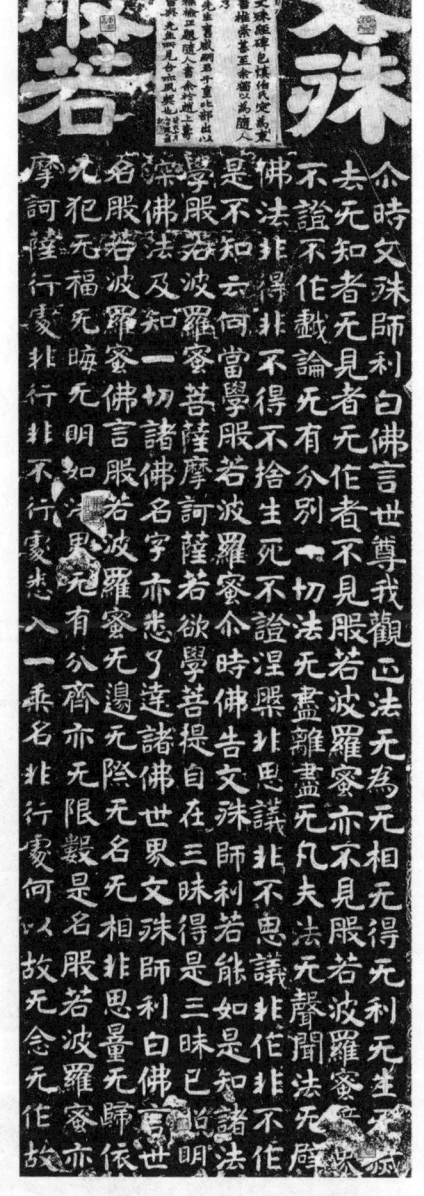

图4-27 水牛山《文殊般若经碑》（局部）

正是由于僧侣主导下的"教""艺"高度融合，北齐时期的石窟铭文艺术呈现出风格的一致性与书体本身的程式化倾向。不同于龙门、巩县时期的"千刻千面"，北齐时期的摩崖刻经逐渐形成了结体宽博疏朗、用笔圆浑静穆的整体面貌。

（二）北齐时期的石窟铭文艺术承继魏碑末期的宽博平正结体

北齐时期的以摩崖刻经为代表的石窟铭文艺术是多元的，面貌也因书刻人员不同而有所差异，但其中整体呈现出宽博平正的结体特征。从宏观上考量北齐时期的石窟铭文，无疑活跃在泰山、峄山、邹城地区的重要书家和倡导人僧安[146、147]是最值得关注的关键人物。从某种程度来说,僧安开创的泰山、峄山等摩崖刻经体系可以代表山东齐周时期的石窟铭文艺术范式。

不同于北魏龙门时期石窟铭文"斜画紧结"的结体特征,北齐摩崖刻经体系则呈现出明显的"平画宽结"趋势。比如,将北魏龙门的纵向伸展转换为笔画的横向取势,将北魏龙门的欹侧明显转换为平正结体,将北魏龙门的中宫紧结转换为开张宽博。

当然北齐摩崖刻经体系的转换和创新是相对的,仅止于一种不断发展的趋势和征兆,更多意义上还是对龙门、巩县为代表的北朝中原书风的承继。从北齐摩崖刻经结体的重心仍然偏上、体势仍然在左右收放中体现动势等特点里可见端倪。整体而言,北朝(包括北齐、北周)的石窟铭文艺术处于刻经艺术的巅峰期,同时也是石窟铭文艺术在探索中不断成熟和定型的重要时期。

中国石窟铭文艺术在经过北朝平城时期、龙门时期、巩县时期的演化之后,逐渐地

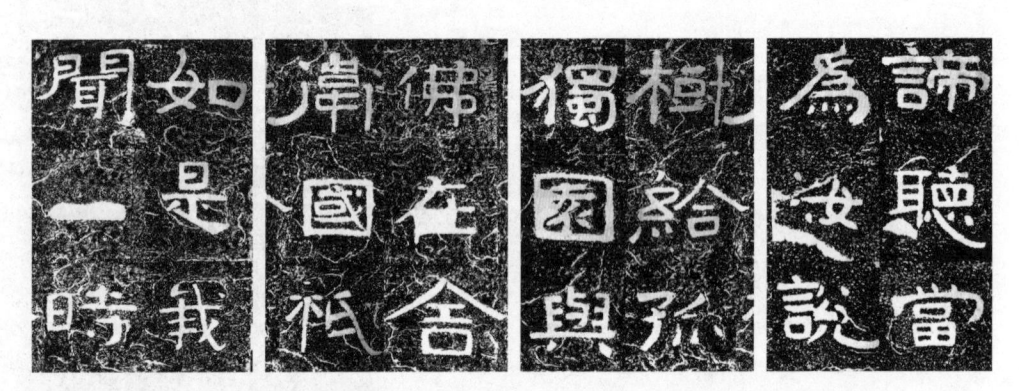

图 4-28 泰山经石峪《金刚经》(局部)

图 4-29 云峰山《观海童诗》　　图 4-30 白驹谷题刻　　图 4-31 北齐《大般涅槃经》(局部)

安详平正，表现出逐步定型及程式化的趋势。值得注意的是，这种逐步走向整饬、程式化的趋向是书体（楷书）成熟的必要前提[148]。

（三）北齐时期的石窟铭文艺术中"篆法"用笔复古和融合[149]

一个时代有一个时代的书风，这是书法艺术自身发展规律所决定的，也是艺术群体的环境、集体意识和审美取向与时代相互作用的共同结果。因而，北齐时期的摩崖刻经、各种碑版乃至墓志书风都呈现出一种密切关联的"一致性"。这种一致性具体表现为以"篆法用笔"的复古和融合。学者们大多关注到了这一点，胡湛认为北齐刻经碑"杂糅篆法异体，书风但存古意"[150]，山东金石学家赖非则认为邺城唐邕刻经、泰峰山区安道壹刻经都是"隶、篆、楷三种笔法有机融合的结晶"[151]。

"篆法用笔"在北齐末期较为突出，摩崖刻经的文字结体和笔意都体现出比较鲜明的篆法特征。起笔逆入，圆劲浑厚，铺毫行笔，力贯稍节。因而厚重饱满的线条更多凸显出雄浑的气势与含蓄的雅致，彰显出跨越篇幅之上的动势与张力。这一点从泰山经石峪及葛山刻经中得到直观的展现。

当然，除了学界历来对于碑学审美趣味的风化剥蚀及人为因素等"再创造"的争议之外，山东齐周时期的石窟铭文在摩崖擘窠大字中体现的风神与精髓显然是雕凿之初就已经存在的。从"篆法"用笔复现和融合的角度来看，康有为对北齐时期石窟铭文艺术"龙门为方笔之极轨，云峰为圆笔之极轨，二种争盟，可谓极盛。四山摩崖通隶楷、备方圆，高浑简穆，为擘窠之极轨也"[152]的评价也是有的放矢，颇为允当的。

表 4-10　北朝石窟（摩崖）刻经一览表

名称	年代	书体	位置	著录书目
《佛说未曾有经》	西秦建弘二年（421）	楷	甘肃炳灵寺	《中国石窟·永靖炳灵寺》
《陀罗尼经》	北魏孝昌三年（527）	楷	洛阳龙门莲花洞	《龙门石窟艺术》
《大般涅槃经·狮子吼菩萨品》[153]	北齐天统四年（568）	楷	北响堂半山腰	《邺城地区石窟与刻经》
《无量义经·德行品》	北齐天统四年至武平三年（568—572）	楷	北响堂南洞窟内前壁	《邺城地区石窟与刻经》
《佛说孛经抄》	北齐天统四年至武平三年（568—572）	楷	北响堂廊外北侧东壁	《邺城地区石窟与刻经》

续表

名称	年代	书体	位置	著录书目
《维摩诘经·不可思议解脱佛国品》	北齐天统四年至武平三年（568—572）	楷	北响堂南洞窟前廊	《邺城地区石窟与刻经》
《维摩诘经·问菩萨品第四》	北齐天统四年至武平三年（568—572）	楷	北响堂南洞窟前廊	《邺城地区石窟与刻经》
《维摩诘经·嘱累品第十四》	北齐天统四年至武平三年（568—572）	楷	北响堂南洞窟前廊	《邺城地区石窟与刻经》
《维摩诘经·入不二法门品第九》	北齐天统四年至武平三年（568—572）	楷	北响堂南洞窟前廊	《邺城地区石窟与刻经》
《维摩诘经·法供养品第十三》	北齐天统四年至武平三年（568—572）	楷	北响堂南洞窟前廊	《邺城地区石窟与刻经》
《维摩诘经·菩萨行品第十一》	北齐天统四年至武平三年（568—572）	楷	北响堂南洞窟前廊	《邺城地区石窟与刻经》
《维摩诘经·见阿閦佛品第十二》	北齐天统四年至武平三年（568—572）	楷	北响堂南洞窟前廊	《邺城地区石窟与刻经》
《弥勒下生成佛经》	北齐天统四年至武平三年（568—572）	楷	北响堂南洞窟外右壁	《邺城地区石窟与刻经》
《胜鬘狮子吼一乘大方便方广经》	北齐天统四年至武平三年（568—572）	楷	北响堂南洞窟外右壁	《邺城地区石窟与刻经》
《无量寿经·优波提舍愿生偈》	北齐天统末年至武平六年（568—575）	楷	北响堂南洞窟外左壁	《邺城地区石窟与刻经》
《摩诃般若波罗蜜经》十二部经名	北齐天统末年至武平六年（568—575）	楷	北响堂南洞窟外左侧北响堂南洞窟外右壁	《邺城地区石窟与刻经》
《现在贤劫千佛名经》	北齐天统末年至武平六年（568—575）	楷	北响堂南洞窟外左侧北响堂南洞窟外右壁	《邺城地区石窟与刻经》
大圣十号	北齐天统末年至武平六年（568—575）	楷	北响堂南洞窟外左侧北响堂南洞窟外右壁	《北朝晚期石窟寺研究》
《佛说佛名经》二十五佛名	北齐天统末年至武平六年（568—575）	楷	北响堂南洞窟前廊左侧角廊柱	《北朝晚期石窟寺研究》
宝光佛名	北齐时期	楷	北响堂刻经洞上方	《北朝晚期石窟寺研究》
大空王佛名	北齐时期	楷	北响堂刻经洞上方	《北朝晚期石窟寺研究》
无垢佛名	北齐时期	楷	北响堂刻经洞上方	《北朝晚期石窟寺研究》

续表

名称	年代	书体	位置	著录书目
《大方广佛华严经·四谛品、光明觉品、净行品》[154]	北齐时期	楷	南响堂第1窟右壁和前壁	《北朝晚期石窟寺研究》
《文殊般若波罗蜜经》[155]	北齐天统间（565—569）	楷	南响堂2窟前壁左北	《邺城地区石窟与刻经》
《妙法莲华经·化城喻品》十六佛名[156]	北齐时期	楷	南响堂2窟左右壁龛柱	《北朝晚期石窟寺研究》
《妙法莲华经·观世音菩萨普门品》[157]	北齐时期	楷	南响堂4窟左、右、前壁	《北朝晚期石窟寺研究》
《文殊师利所说摩诃般若波罗蜜经》[158]	北齐时期	楷	南响堂4至6窟外上方	《北朝晚期石窟寺研究》
《大般涅槃经·圣行品》[159]	北齐时期	楷	南响堂6窟外上方	《北朝晚期石窟寺研究》
《大集经·海慧菩萨品》	北齐天统间（565—569）	楷	南响堂2窟前壁左	《邺城地区石窟与刻经》
《摩诃般若经·法尚品》[160]	北齐天统间（565—569）	楷	南响堂2窟隧道壁	《邺城地区石窟与刻经》
《思益梵天所问经》[161]	北齐时期	楷	中皇山娲皇阁之北	《涉县中皇山北齐佛教摩崖刻经调查》
《十地经论》[162]	北齐时期	楷	中皇山娲皇宫	《涉县中皇山北齐佛教摩崖刻经调查》
《佛垂般涅槃略说教诫经》[163]	北齐时期	楷	中皇山娲皇宫	《涉县中皇山北齐佛教摩崖刻经调查》
《佛说盂兰盆经》[164]	北齐时期	楷	中皇山娲皇宫	《涉县中皇山北齐佛教摩崖刻经调查》
《深密解脱经》[165]	北齐时期	楷	中皇山娲皇宫	《涉县中皇山北齐佛教摩崖刻经调查》
《妙法莲华经·观世音普门品》[166]	北齐时期	楷	中皇山娲皇宫	《涉县中皇山北齐佛教摩崖刻经调查》
《金刚经》	北齐时期	楷	泰山经石峪	《中国书法全集12三国两晋南北朝编·北朝摩崖刻经卷》
《摩诃般若经》	年代不详	楷	水牛山南摩崖石壁	《中国书法全集12三国两晋南北朝编·北朝摩崖刻经卷》
《文殊般若经》	北齐时期[167]	楷	峄山南半腰乌龙石上	《中国书法全集12三国两晋南北朝编·北朝摩崖刻经卷》

续表

名称	年代	书体	位置	著录书目
《摩诃般若经》《文殊般若经》《波罗蜜经》《韦子深等刻经题记》《唐邕妃陈德信妃刻经题记》《韦伏儿等刻经题记》《安道壹题名》《大空王佛题名》[168]	北齐时期[169]	楷	尖山大佛岭，今已损毁	《中国书法全集12三国两晋南北朝编·北朝摩崖刻经卷》
《大集经·穿菩提品》	北齐时期	楷	铁山南石坪	《中国书法全集12三国两晋南北朝编·北朝摩崖刻经卷》
《石颂》	北齐时期	楷	铁山南石坪《大集经》左下方	《中国书法全集12三国两晋南北朝编·北朝摩崖刻经卷》
《佛说观无量寿经》	北齐时期	楷	岗山北鸡嘴石东、南	《中国书法全集12三国两晋南北朝编·北朝摩崖刻经卷》
《入楞伽经·请佛品第一》	北齐时期	楷	岗山北鸡嘴石南	《中国书法全集12三国两晋南北朝编·北朝摩崖刻经卷》
《入楞伽经·请佛品》	北齐时期	楷	岗山北狼沟山谷两侧	《中国书法全集12三国两晋南北朝编·北朝摩崖刻经卷》
《维摩诘所说经·阿閦佛品》	北齐时期	楷	葛庄北山西大石坪	《中国书法全集12三国两晋南北朝编·北朝摩崖刻经卷》

第五节
兼容与进展：隋唐时期中原石窟铭文状态
——以龙门石窟刻经为代表

洛阳作为隋唐的都城[170]，经济繁荣、文化昌盛，尤其在采取一系列以民族融合和科举制度为重点的民族、文化政策后，阶层流动加快，社会氛围开放，国力富强，甚至"百蛮奉遐赆，万国朝未央"[171]。在这样一种社会文化氛围下，龙门石窟的营建和参与主体上至皇族，下至黎民，铭文也呈现两极分布的趋势：既有褚遂良等书法大家歌功颂德之笔，也有黎民百姓祈愿求福之文。

从书体演变的角度来看，我们依然延续上面的叙述角度分两部分来讨论。一方面楷书经历不断的探索发展之后，迨至隋唐可谓大盛。而隋唐时期龙门石窟铭文的刻凿与时代书风的发展耦合，加之皇家宗室和书家群体的参与[172]，诸多因素共同将其推到了法之极致。另一方面我们也注意到，佛教铭文[173]在民间也有着悠久的历史和积淀，符合着自身的发展规律和特点。隋唐时期的民间石窟铭文更大程度上沿袭了自身的艺术样式与法则，呈现出独特的艺术风貌。

一、隋唐时期龙门石窟主要刻经统计

（一）隋唐时期龙门石窟主要刻经的时间分布

根据宫大中《龙门石窟艺术》、王振国《龙门石窟刻经研究》、刘灿辉等《龙门石窟擂鼓台中洞武周时期佛教书刻研究》统计隋唐时期龙门石窟主要刻经的分布情况，除了纪年不详之外，有唐永徽二年（651）1品、唐龙朔二年（662）1品、唐永隆二年（681）1品、武周如意元年（692）1品、武周（690—705）1品、武周延载元年（694）1品、武周证圣元年（695）至武周圣历元年（698）1品、武周久视元年（700）2品。具体如图4-32所示。

（二）隋唐时期龙门石窟主要刻经的身份比例

根据上述统计不难看出：（1）隋唐时期龙门石窟主要刻经选取的时间范围集中在武则天时期的691年到700年间；（2）根据有明确记载的数据来看，隋唐时期龙门石

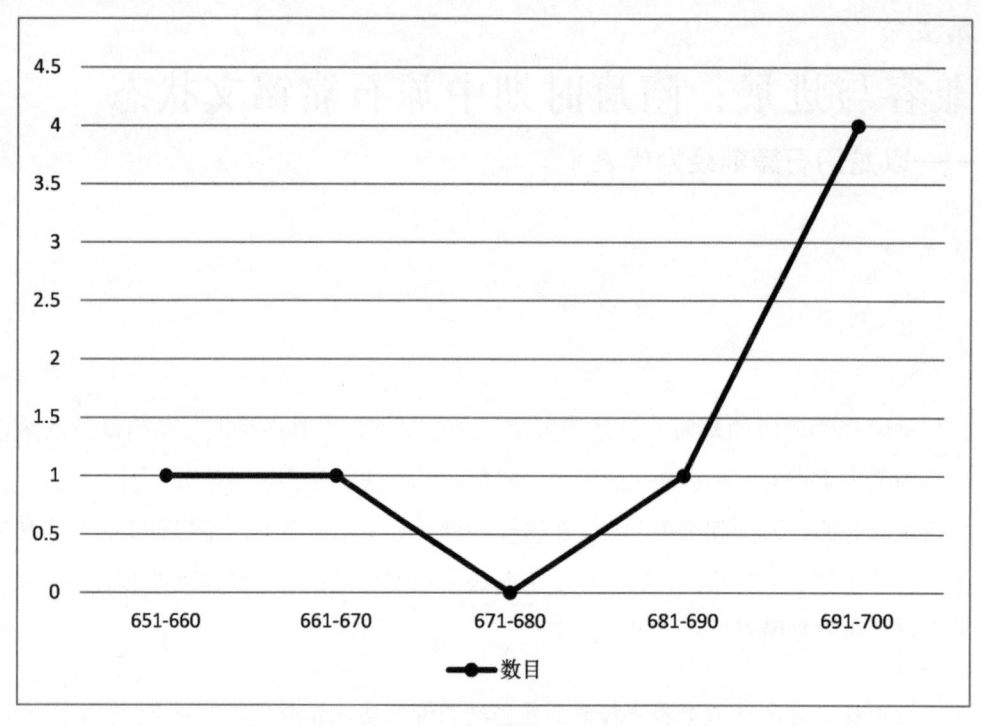

图 4-32　隋唐时期龙门石窟主要刻经时间分布图

窟主要刻经的造像者身份集中在邑民阶层，而没有明确身份的东山石窟的刻经多数也在此列，比如，北市彩帛行净土堂西壁就明显属于邑民之中的商贩行会。

二、对隋唐时期龙门石窟主要刻经相关问题的探讨

（一）隋唐时期皇室对佛教的态度

有唐一代三教并重，多崇敬佛法，有史为证。高祖李渊大业年间先后造像[174]，武德二年发布"禁屠令"；太宗李世民钦定道场供玄奘译经传法；武周时期不仅主持翻译八十卷《华严经》，而且宠信禅宗神秀、慧能；玄宗、肃宗、宪宗或受戒崇法，或奉迎佛骨。正是由于帝王对佛教的亲身倡导，广建伽蓝[175]，尊崇高僧，译经布法[176]，派别争鸣[177]，构成了隋唐时期佛教繁荣的必要前提。

（二）隋唐时期皇室及贵族在石窟营建的参与度

隋唐时期皇族重视宗教的教化作用，政教关系比较密切，因此对石窟营建的积极性也普遍较高。从河洛上都龙门山之阳《大卢舍那像龛记》载："皇后武氏助脂粉钱二万贯"[178]资助大卢舍那佛营建[179]、唐太宗之女《豫章公主造像记》"敬造像一塔，愿己身平安"[180]、唐太宗之子雍州牧魏王泰《伊阙佛龛之碑》[181]中可见一斑。

在君王等皇族的带动下，唐代贵族、士大夫也积极参与佛教石窟营建。敬善寺窟内《前豫州司功参军事王有□造像记》《洛阳文林郎沈里造优填王像记》《唐赠陇西县君牛氏像龛碑》等则表明了贵族及士大夫积极参与石窟营建的史实。

（三）隋唐时期民间佛教信仰

佛教作为重要的社会意识形态之一，其在民间群体之间的传播从东汉时期就已经开始[182]，早期融合在我国固有之本土信仰之中[183]，与黄老同祀[184]，后逐渐分离，并随时代演进，成为隋唐时期官民共同参与的社会性宗教。这实质上不需要过多论证，上文注释中已经详细列数了唐代佛教派别、寺观数量、佛经翻译、财政投入等方面情况，足以说明当时广大人民参与的积极性和热忱。而这一点也在唐代龙门石窟铭文中得到了印证，大量以佛弟子身份参与的民众刻经题记[185]可资佐证。

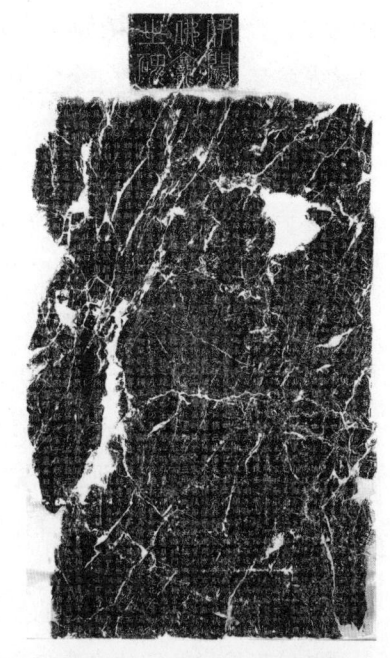

图 4-33　《伊阙佛龛之碑》

（四）书法家群体对宗教的态度

值得关注的是，《伊阙佛龛之碑》[186、187]刻凿之时，时年46岁的褚遂良官居天子侍书，参与朝政咨询决策。相较于《房玄龄碑》《雁塔圣教序》而言，尚属其早期作品。参与唐代龙门石窟铭文书刻的书家并非仅此一例。而参与东山擂鼓台铭文书丹[188]的薛曜为褚遂良外舅孙，殷仲容为颜真卿舅祖父，皆系书法世家，从中可见此时书家群体对宗教的态度。

仅就褚遂良而言，其宗教态度是明朗的。比较直接的是《雁塔圣教序》对佛教教义的颂扬："妙道凝玄，遵之莫知其际；流法湛寂，挹之莫测其源。"[189]《墨薮》第五条载其书法"若金刚之瞋目，力士之挥拳"，援引佛经典故对褚进行品评，亦能参证[190]。亦知书家及士人阶层的佛学修为，唐代佛教与政治相互交涉已是学界共识，在上行下效的带动之下，书家群体或出于对教化作用的重视，或因为维护思想形态的稳定，或由于社会责任、个人前途等方面

图 4-34　《敬善寺石像铭》

的考量，整体对佛教秉持认可和赞颂的态度[191]，并经常参与具体的宗教事务之中，也是时代使然。

（五）唐代政教关系摭论

不同于北朝时期佛教与统治阶层关系的直接而明朗[192]，唐代佛教与政治的关系是复杂的。这种复杂表现在佛教领袖[193]既极力争取和促成政权的支持，并对其保持一种谨慎的态度。学者认为可能与前朝频遭灭佛之难的反思有关[194]。事实上，

图 4-35 《雁塔圣教序》（局部）

前一条不需要过多的论证。从玄奘的际遇及武周之后，政令之下的遍布全国的同名寺院体系就能说明。后面一条或许还可以有更多的解释向度。

事实上，唐代政教关系的复杂，除了前朝"法难"的因素之外，或许还与唐代当政者暧昧的态度以及宗教之外的企图有关。正如葛壮所述："（帝王）对宗教活动的重视，不仅反映在国家最高统治者身体力行地参与祭拜天地的封禅之类活动上，而且体现在对各种信仰予以系统的管理和制度的规约上。"[195]这一点在唐代帝王对待佛教的态度上仍然适用。隋唐五代时期已经是佛儒道三教冲突与融合的末期阶段[196]，"三教融合"的态势已经明朗。因此，帝王一方面会借助佛教或进行执政合法性的论证，或争取来自教团和民间更大的支持，或弥合各民族之间的鸿沟和距离，或仅仅想用信仰填补自我的精神世界，另一方面对宗教的管理和约束并未放松。

（六）北方地区摩崖刻经的减少原因

王振国曾指出唐开元后北方摩崖刻经急剧减少的情况[197]，并归因为被"武周晚期兴起的刻经载体——石经幢所代替"。固然石经幢的兴起确实起到了一定程度的分流作用，但北方地区摩崖刻经减少的原因是多元而复杂的，大致有以下几点：

一是上文所述，武周以后宗教政策的改变，客观上限制了宗室和士大夫阶层的参与；二是唐玄宗李隆基迁都长安，宗教政治中心随之转移，豪门大族的营建中心也随之转移到西安地区；三是密宗经文、仪轨的不断传入，伴随着经幢、曼荼罗镶嵌[198]等新的宗教样式和载体的不断推广，挤压了石刻经文的存在空间；四是随着北朝灭亡和"两武"灭佛的久远，社会日趋稳定，"末法思想"笼罩下的刻经动机不断淡褪；五是中唐以后中原地区陷入战乱，需要大量财力物力支撑的刻经行为将营建主场逐渐转移到西南地区的安岳、大足等地[199]。

事实上，任何历史事件的产生都不是独立和偶然的，是诸多因素的共同作用的结果。综合上述原因，笔者认为北方地区摩崖刻经的减少是历史发展的必然趋势，符合宗教、艺术，乃至社会发展的客观进程。

三、隋唐时期龙门石窟主要刻经的艺术特点

（一）隋唐中原地区的石窟铭文艺术处于书法形式美的归纳期

石窟铭文历经魏之三代发展，与北齐摩崖刻经合流，在唐代龙门时期完成了形式美的分解、归纳与重构，汇聚并沉淀为一种模式。具体表现为整体章法和局部结体对整饬性、秩序性、匀称性、规整性等方面的内在规约和外在追求。

唐代龙门石窟铭文主要分两个系统：西山以皇族为代表的造像区域和东山其他阶层造像区域。西山的石窟铭文主要以碑刻的形制出现，比如，上文提及的《伊阙佛龛之碑》《大卢舍那像龛记》等，因书丹为当时书坛圣手，其书法水准比三魏造像记、北齐摩崖显然高明。而东山石窟铭文，参与者虽然也可能有薛曜、殷仲容等书家，但更多应是民间所为。因此很难说其与三魏造像记、北齐摩崖究竟孰高孰低。但从其章法、结体、气韵等来看，无疑是大唐气象，比两者更有一种严整、工稳气息。

严谨来说，不能将西山区域和东山区域混在一起，简单地认为唐代的石窟铭文对秩序性和匀称性的追求达到了极致。但换个角度来看，两者的章法、结体乃至气韵都与所处时代的书法状态、宗教信仰密不可分：一方面遵从着"经系"书法的发展逻辑，另一方面则符合唐代楷书对形式对称、内容互补等层面内在规约，或许与信众基础、诉求不无关系[200]。

（二）隋唐中原地区的石窟铭文艺术处于法度严谨的建设期

北朝时期的石窟铭文多出自无名书家之手，其间又有工匠参与再度创作，甚至有的作品"不经书丹直接凿刻"[201]。然而，因为书、刻者水平参差不齐，其中难免有法度之外的粗率之作，恰恰折射出处于过渡时期北朝楷书在法度、形式等方面还未形成较为完备系统的客观事实。换个角度来说，恰恰是北朝石窟铭文"随取一家，皆足成体"[202]的多样性和不定性，经由隋代的推动和过渡，唐代最终完成了楷书在程式化、法度化、楷模化[203]方面的建设。这一点从《伊阙佛龛之碑》中可以得到直观的印证。虽属褚遂良早期作品，但结体宽博平正，用笔细劲爽利，气度开张，舒卷自如。虽有刀斧痕迹，但笔锋连贯流畅，跌宕起伏，法度谨严，不愧杨守敬"宽博峻伟"之评[204]。事实上，不仅此碑，擂鼓台无论《金刚经》还是《付法藏因缘传》[205]皆用笔干脆劲道、结构严整、行

气肃然，可以窥见唐法精严。

法度建设是一场对秩序进行定性解决的过程，既是程式化的过程，又是某种层次上简化[206]的过程——固化那些主要的、突出的特点，淡化那些次要的、边缘的、隐含的特征。同时我们需要注意到，法度建设的不断推进，必然挤压着艺术家的个性空间[207]。所以我们可以明显地关注到唐代石窟铭文在笔法、章法方面的法度不断沿进和定型，同时也伴随着个体层面艺术面目的淡化和消解。

从变化的角度来看，隋唐刻经的法度谨严是整个石窟铭文艺术系统的发展期，

图 4-36　擂鼓台《付法藏因缘传》（局部）

却不是其发展的终点；因为随着时间的流逝和雕刻中心的转移，隋唐石窟铭文体系不断地在纳入新的时代书风，并与当地区域书风相作用，逐渐形成新的法度和规则[208]。而这种不断的吸收和作用，正是石窟铭文书法史发展的必然趋势。辩证来看，法度越是谨严就越是需要个性的追求和对不同风格的吸纳，这是对书法发展的必然"反拨"。如同卢辅圣先生所指出的那样："法和意都是书法不可或缺的构成因素"，只有时代的差异，没有权重的高下[209]。

（三）隋唐中原地区的石窟铭文艺术处于经像并举的融合期[210]

隋唐龙门时期的石窟铭文艺术是经像并举的艺术融合期，正如楚默所说："将造像与刻经结合起来，应该说是唐代龙门石窟的一大特色。"[211]笔者认同这种观点，但应当做一下扩展和修正：将造像和刻经结合起来，是石窟铭文研究的必然途径和重要视野之一。实质上，从石窟铭文诞生之初，无论是南亚次大陆还是佛教初次传入时期，都符合"像在铭前，像主铭次"的基本规律[212]。因此在我们把铭文作为研究主题的同时，客观上必须关注石窟造像和铭文的联系。站在更加宽阔的角度，从佛教信仰、教义阐释、佛法在文图层面的有效表达等角度上来讲，石窟刻经和造像融合是有机的、具有生命意态的、互为阐释的"多元互诠"关系[213]。

在佛教石窟艺术领域，书法不仅是外在的艺术或文本意义上的"形式"[214]，而且是走入内在的精神和信仰，成为佛法的符号。石窟铭文需要表现佛的内在精神、宗教本体

以及佛法的无限能力，于是经文就具有了佛像的指向功能。比如，龙门石窟擂鼓台中洞所刻《付法藏因缘传》："剥皮为纸，折骨为笔，以血为墨，书写供养，诸学明师……"[215]若不能领会其中的佛教内涵，如何理解佛经书刻过程中修行者将全副生命、灵魂灌注其中的舍身精神呢？又如何能够读懂书、刻者的灼热而虔诚的心态下的笔触？所以从书法接受学角度来看，唯有览经而思像，观像而悟经，才能使得自己处于与书、刻者同样的宗教精神状态之下，才能明白石窟铭文艺术的宗教寓意和艺术内涵。经文与佛像共同作为佛及佛法外在的显化，两者经历了各自相对独立的发展之后，在隋唐时期的龙门石窟耦合，形成了"经像并举"的重要特征。

综合来说，有唐一代的石窟铭文艺术内涵是极为丰富和深刻的，这既是北朝至隋石窟铭文艺术的延续，更是基于其上的一种发展，并对唐后的石窟铭文艺术产生了深远的影响[216]。

表 4-11　唐代龙门石窟刻经一览表

名称	年代	书体	位置	著录书目
《金刚经》	唐证圣元年（695）—圣历元年（698）	楷	擂鼓台中洞	《中国书法》杂志
佛弟子刘氏《高王观世音经》	唐永徽二年（651）	楷	老龙洞南壁	《龙门石窟刻经研究》
佛弟子常才合家《金刚经》	唐龙朔二年（662）	楷	敬善寺附近	《龙门石窟艺术》
《金刚经》	唐代	楷	北市丝行像龛北侧	《龙门石窟艺术》
《佛顶尊胜陀罗尼经》	唐代	楷	极南洞外	《龙门石窟艺术》
佛弟子史延福《佛顶尊胜陀罗尼经》	武周如意元年（692）	楷	莲花洞洞口北侧上方	《龙门石窟艺术》
《六门陀罗尼经》	武周时期（690—705）	楷	擂鼓台中洞	《龙门石窟艺术》
《佛说阿弥陀佛经》	武周时期（690—705）	楷	擂鼓台中洞	《龙门石窟艺术》
《付法藏因缘传》	武周时期（690—705）	楷	擂鼓台中洞	《龙门石窟艺术》
《佛说菩萨诃色欲法经》	武周延载元年（694）	楷	北市彩帛行净土堂西壁	《龙门石窟艺术》

续表

名称	年代	书体	位置	著录书目
三十品《般若波罗蜜多心经》	武周久视元年（700）	楷	莲花洞北壁	《龙门石窟艺术》
《般若波罗蜜多心经》	武周久视元年（700）	楷	莲花洞北壁	《龙门石窟艺术》
《佛顶尊胜陀罗尼经》	武周时期（690—705）	楷	擂鼓台中洞西壁北侧	《龙门石窟擂鼓台中洞武周时期佛教书刻研究》
《佛说阿弥陀经》	武周时期（690—705）	楷	擂鼓台中洞西壁北侧	《龙门石窟擂鼓台中洞武周时期佛教书刻研究》
《金刚般若波罗蜜经》	武周时期（690—705）	楷	擂鼓台中洞西壁南侧	《龙门石窟擂鼓台中洞武周时期佛教书刻研究》
《六门陀罗尼经》	武周时期（690—705）	楷	擂鼓台中洞西壁南侧	《龙门石窟擂鼓台中洞武周时期佛教书刻研究》
《般若波罗蜜多心经》	武周时期（690—705）	楷	擂鼓台中洞西壁南侧	《龙门石窟擂鼓台中洞武周时期佛教书刻研究》
《付法藏经》	武周时期	楷	擂鼓台中洞	《龙门石窟擂鼓台中洞武周时期佛教书刻研究》
《悲华经》	唐永隆二年（681）	楷	药方洞洞口上方	《中国书法》杂志
《大唐内侍省功德之碑》	唐开元年间（713—741）	楷	奉先寺卢舍那佛龛北壁东侧	《中国书法》杂志

第六节

多元与消逝：唐末至两宋时期石窟铭文状态
——以安岳卧佛院刻经、大足宝顶山佛偈为代表

巴蜀地区比较重要的石窟铭文有两处值得关注：四川安岳卧佛院、重庆大足石刻宝顶山。两者之中，安岳卧佛院以刻经为主，延续的是"末世存法"刻经传统[217]；大足石刻以佛偈为代表，代表世俗化程度较高的"布道"[218]。两者在题材偏重和思想向度等方面的差异，共同构成了巴蜀地区石窟铭文体系的两维[219]。

一、唐宋巴蜀地区主要石窟铭文统计

对于大足石窟铭文统计比较全面的是大足石刻艺术博物馆 1999 年出版的《大足石刻铭文录》[220]。共收录铭文 1009 件，合计 104410 字，搜集范围包括"石窟、石塔文保单位范围内，刻写在不同质地上的各类、各种内容的文字"[221]。

据初步统计，宝顶山刻经、偈、颂 368 件，计 20480 字；造像记、工匠题名 286 件，计 14815 字（其中唐代及五代 39 件，宋代 175 件，明代 41 件，清代 26 件，其他 5 件）；碑刻、诗文 180 件，计 45757 字（其中唐代 2 件，宋代 44 件，明代 24 件，清代 92 件，民国 18 件）；修缮碑记 155 件，计 20314 字（其中宋代 10 件，明代 26 件，清代 11 件，其他 108 件）。

而另一个重要的石刻铭文来源是安岳卧佛院。据统计，安岳卧佛院刻经洞窟唐代 15 个，尚有未竣工 38 个。刻经总面积 151.25 平方，共计 40 万字有余[222]。

二、对唐宋巴蜀地区主要石窟铭文相关问题的探讨

（一）唐末及南北宋统治者的宗教立场

需要指出的是，本书所说的唐末是以安岳石窟大规模雕刻为界。因此，此时韩愈、李翱等士大夫群体大规模"排佛"[223]及"会昌灭佛"已经告一段落，五十年的时间已经消磨了大部分的隔阂，政教关系趋于平和，民间集体意志强烈[224]，统治者开始考量更多的是佛教在安定人心方面的重要作用。从唐乾宁时期至宋代，宗教之间的冲突已经不再

明显，转而为"三教合一"的新范式[225、226]。

事实上，唐代以后，统治者对宗教的态度是理性的，无论是支持还是反对，更多是出于社会的、政治的考量，而非信仰本身。以宋代为例，有宋诸帝对佛教采取"既利用又限制"[227]的缓和宗教政策，政教关系以利用宗教为统治服务的基本指向，历来学界讨论已经比较到位，兹不赘述。

（二）唐宋时期西南地区贵族对石窟营建的参与度

这里所说的"贵族"与前面讨论的方法不同，主要包含两类：一类是官吏；一类是僧侣。

官吏中最为积极和具代表性的是韦君靖，据大足北山佛湾摩崖《韦君靖碑》铭文所载："金紫光禄大夫、检校司空、使持节都督昌州诸军事、守昌州刺史、充昌普渝合四州都指挥、静南军使兼御史大夫、上柱国、扶风县开国男、食邑三百户韦君靖建"[228]，开创了大足北山石刻之先河。

其次是僧侣阶层。其中具有代表性的是学界并称为"柳赵教派"[229]的僧团组织。唐宋时期，随着佛教不断的人间化和民俗化，信众覆盖面不断增加，僧团规模随之日渐扩大[230]。以柳本尊、赵智凤为首的僧团，分别在唐末五代和南宋两个阶段，广发弘愿[231]，或传法布道，或倾力开凿石窟道场。

从现存古迹来看，无论广泛分布在巴蜀地区的柳本尊雕塑，安岳卧佛院释静泰、僧玄应的铭文以及宝顶山、北山石刻也确实证明了僧侣和官吏阶层对石窟营建的积极参与。

（三）西南地区佛教传播途径探讨

西南地区佛教传播途径客观来说，应该是多途径、多元素的共同作用，撮要而言，大致有以下几点：

首先有来自当时都城洛阳的影响。安岳石窟卧佛院第46窟《经论目序》记载："一切经论目序"源自"大唐东京大敬爱寺"，即为明证。

其次也有来自西安地区的影响。在石窟研究领域，学界普遍认为巴中石窟与"米仓道"不无关系[232、233]。

最后还有来自密宗的影响[234]，比如，大足石刻营建者赵智凤师承柳本尊[235]，有铭文为据。而安岳地区"柳本尊十炼图"流布较广,亦说明与柳本尊存在着千丝万缕的联系。

但目前柳本尊的传法来源如同其传记所载,"不见其师承"[236],有学者根据"唐瑜伽部主总持王"和"六代祖师传密印"两则铭文,推断是"惠果传回蜀地的密宗金刚界一系"[237],另有学者则推断出自"五台山密宗"[238]。

表4-12 安岳地区"柳本尊十炼图"分布简表[239]

主要内容	龛窟	地点
柳本尊"十炼图"	毗卢道场	石羊镇
柳本尊"割耳""炼指"	高升大佛4号龛	高升乡
柳本尊"剜眼""断臂"	毗卢沟4号龛	龙台镇双岗村

（四）选取巴蜀地区的原因

晚唐五代年间,汉地佛教受"会昌法难"影响较大,中国大多数地区的石窟艺术亦不再有大规模建设[240]。西南地区佛教却异军突起,并有所发扬,与其独特的区位条件密不可分。

首先是晚唐战乱频仍,唯有巴蜀地区因重山阻隔,得以偏安一隅,社会安宁,经济富足。丰饶的巴蜀土地为大规模开凿石窟提供了坚实的经济基础。

其次是与发达的交通条件相关联。巴蜀地理位置险要,水陆交通资源丰富。水路有自下而上的长江支撑,陆路有滇蜀僰道等。特别值得关注的是汉中入蜀的金牛道、米仓道,在佛教僧团活动、经文、图本传播过程中发挥了重要作用。

表4-13 古蜀道主要陆路交通简表

名称	别名	沟通地域	记载
僰道	五尺道、南夷道、石门道	云南入蜀	蒙"发巴蜀卒治道,自僰道指牂柯江"。《史记·西南夷列传》
阴平道	左担道	甘肃入蜀	"自阴平行无人之地七百余里,凿山通道,造作桥阁。"《三国志·邓艾传》
金牛道	石牛道、剑阁道	汉中入蜀	"后遣丞相张仪等将兵随石牛道伐蜀焉。"《太平御览》
米仓道	无	汉中入蜀	"自南郑而南,循山岭达于四川保宁府之巴州,为米仓道。"《读史方舆纪要》
子午道	荔枝道	汉中入蜀	"一骑红尘妃子笑,无人知是荔枝来。"《过华清宫绝句三首·其一》

（五）僧团的阶层变化与活动

先从大的历史背景出发，来讨论僧团的基本情况。唐末僧团膨胀，积弊甚多，加之"道教徒的策划和民族情绪的推动"[241]，最终导致了会昌五年，唐武宗"灭佛"之举。但因持续时间较短[242]，地方官员的阻止和拖延，以及打击较为克制和理性[243]，对僧团造成的更多是思想层面的危机感，并没有太过严重的冲击。会昌法难至五代，经历藩镇割据和四分五裂的混乱局面。战乱一方面给佛教造成了较大影响，同时也使得一些民众遁入佛门寻求庇护[244]。五代僧团管理"似承唐制"[245]。这一时期僧团数目虽变化不大，但弊端丛生，已"有衰败之迹象"[246]。宋初，太祖诏令限度僧法，规定"诸州僧及百人，每年许度一人"[247]。将宋代佛教僧团政策定调为："适度发展、限制膨胀、防止其走向蛊惑民众之途。"[248]南宋帝王亦遵祖训，采取"不使之大盛耳"[249]的基本政策。整体而言，唐末至宋，宗教政策相对稳定，僧团有所规范，并取得了巨大发展[250]。

再从巴蜀地区进行专案探讨，我们需要重点关注的是柳本尊僧团和赵智凤僧团。柳本尊僧团主要活跃时期大致在五代、北宋早期。有学者从《唐柳居士传》"汝当西去，遇汉却回，逢弥即止"结合史料证据推断其活动区域为"以成都为中心的周围数县范围内"[251]，这一点从广泛分布的柳本尊行化图或十炼图不难佐证。而赵智凤僧团活跃在大足地区，以宝顶山为中心，将佛法深植世俗，"在佛教由唐盛走向宋衰的过程中，依然能兴其教且产生了上至朝野、下至百姓的影响力"，更是令人瞩目。

（六）三教合流与世俗化

唐代以李姓立国，以道教为尊，同时三教并提，皆为善用。安岳石窟玄妙观6号窟《启大唐御立集圣山玄妙观胜境碑》载："元始化生三教圣人，而生正一法王。从此以来，古今相续"[252]，是为明证。并借左弘（晚）之口，进一步阐述道："道是三教祖也。"[253]可见三教合流，以道为尊的意识已经渗透到社会的方方面面。

到了宋代，这种趋势更加明显，不同的是更加世俗化，民间化。从大足南山石窟开凿于南宋绍兴时期的三清洞、大足石门山石窟释迦、玉皇比邻雕凿可见一斑。大足石篆山石窟、妙高山石窟更是佛儒道"三教同祀"[254]。

从百姓的立场出发，"三教合流"与民众单纯的信仰起点较为切合，使得他们减少了认知水平之外的烦琐区别，更方便快捷地触及神灵。因此，有学者将佛教世俗化归因于"三教合流"[255]，也不无道理。

（七）北宋后石窟开凿的没落或消逝

北宋以后，石窟开凿的逐渐没落，学界对此已经形成共识。[256] 这里所谓"没落"或"消逝"是一个逐渐变化的过程，既非截断式的消失，也非完全意义上的灭绝。事实上，宋代大足石刻之后尚有龛窟开凿。

表 4-14 宋后中国主要石窟分布一览表

时间	石窟
10 至 14 世纪	杭州西湖沿岸龛窟
延续至 13 世纪	大理剑川石钟山石窟
13 世纪	太原龙山道教石窟
13 至 14 世纪	内蒙古鄂托克旗百眼窟
13 至 14 世纪	莫高窟、榆林窟藏传佛教秘密堂
16 世纪	平顺宝岩寺石窟

但客观来说，开凿的地点越来越少，营建规模也越来越小，参与阶层也越来越单一，艺术水平也趋向于简单化、平面化，缺乏新的变化和创意。

究其原因，大致有几点：其一，"三教合一"所导致的世俗化和民间化进程中，信众知识层次和便利需求产生了变化；其二，日趋完善的道教系统[257]，更加日常和生活化，对信众和资源进一步分流；其三，"法难"阴影的逐渐褪去，使得僧团留存经典的动力不断衰减；其四，石窟营建或许转入了其他佛教艺术样式（比如，寺庙塑像、金铜造像等）。

三、唐宋巴蜀地区主要石窟铭文的艺术特点

（一）唐宋巴蜀地区的石窟铭文艺术处于楷书世俗化的关键时期

从某种程度上来说，唐宋时期[258]石窟铭文的高度世俗化是一种集体无意识的"复古"现象。因为石窟铭文在诞生之初，就广泛吸纳了民间的信仰及审美，并在工匠参与和"再创造"之下，形成了风格各异的艺术样式。虽然北朝造像记中也有"二十品"这样符合清代碑学审美趣味的佳作，其参与者主要是宗室和官宦阶层[259]。但是从整体来看，铭文作品的参与群体还是邑民等民间信众和僧侣阶层。石窟铭文在诞生初期，就具有整体意义上的民间性和世俗性。

我们接着从这个角度出发，继续探讨唐宋时期石窟铭文艺术，在世俗化、民间化层

面的具象呈现。

  首先表现在用笔、结体、章法上。书刻者[260]有意或无意间选择了许多率真而稚拙的表达：或斑驳粗犷而天真烂漫之处却也值得玩味，如宝顶山《十二牧牛图偈语》；或用笔桀骜、草头乱服而有奇趣，如《父母恩重经变颂文》。在安岳、大足等西南地区石窟中，这种现象不胜枚举。

  其次表现在榜题、颂词、佛偈文辞之上。以《父母恩重经变图》为例，其"十恩图"旁有铭文"二千条律令，不孝最为先；人间遭霹雳，地狱饮烊铜"[261]，语言直白平实。除了语言表达方面较为通俗之外，在经偈颂文中还存在大量的异体字。在《大足石刻铭文录》附录《"异体字"与简化字对照辨识表》中列述了若干种情况[262]。有学者将其归因为不同造字思路的尝试、文字书写经济性原则内在要求、文字演变过程使然、不同书体交互影响、同音替代的驱动等因素[263]，而对异体字的广泛应用也是民间化特点之一。

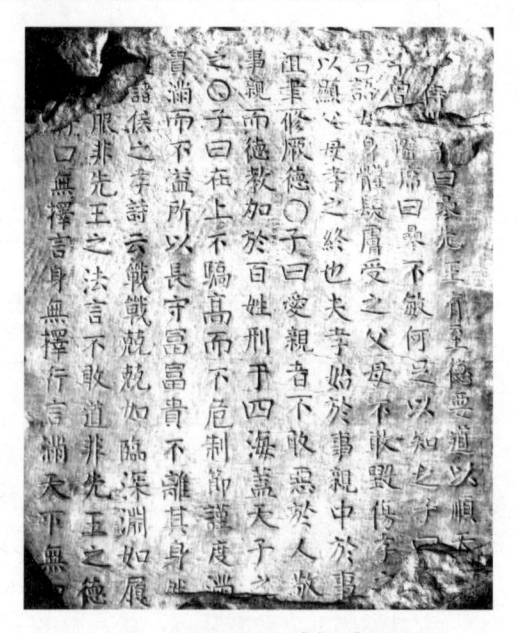

图 4-37 大足石刻古文《孝经》（局部）

  其文辞通俗近乎陋、笔法草率近乎拙、结构随性近乎稚，似乎与唐宋时期的时代审美不相匹配，更不足以反映当时楷法之精湛。而这或许与我们的研究视野有关。长期以来研究中国文化史的学者，对于诗文书法的名篇佳作进行了习惯性的"过度"[264]聚焦和关注。事实上，宋代虽然印刷业繁荣、教育制度较为发达，但知识和文化对普通民众而言还是非常珍贵的。据相关研究来看，宋代一般民众的受教育比例依然不高[265]。因此，这种结体方整宽绰、稚拙随意，用笔棱角峥嵘、切金断玉更能迎合普通民众的集体审美和价值取向。从更深远的意义来说，大足石刻铭文的民间性和世俗性，看似随心而为，章法错落，却也能回应早期雄强朴茂与苍劲刚烈的风采。与其说这是一种耦合，不如说是民众审美精神的集中呈现。

  正如我们在本节的第二部分"唐末及南北宋统治者的宗教立场"中所探讨的那样，巴蜀地区的刻经开始从早期的"末法危机""薪火流传"的思想中解放出来，转而为"正本澄源""传法为要"。不仅是刻经，在大足石刻的经变和偈语中，也可以直观地看出柳赵僧团布道传法的强烈意愿和教派宗旨。

宗教与艺术在共同的思想和理念下耦合，凝聚为"正本澄源""传法为要"的基本宗旨，构成了石窟（石刻）营建的强大动力，推动了佛教艺术的巨大发展。

（二）唐宋巴蜀地区的石窟铭文艺术处于南北书风的再融期

在讨论石窟铭文之前，必须关注一个重要的创作群体——工匠。随着时代的演进和艺术的发展，工匠在石窟营建过程中发挥着越来越重要的作用，其地位也日渐攀升[266]。

唐宋时期参与巴蜀地区石窟营建的工匠群体，有两点需要我们重点关注。其一，呈现出一定的家族传承和师徒传授相结合的专业性。可以简单概括为世代为业、传承明显。其二，或许与工匠群体的迁徙和活动有关。整体来讲，从铭文来看巴蜀地区的石窟营建是川渝本土的刻工与来自北方地区的外来匠师通力协作的成果；从传承谱系上来看，巴蜀地区的刻经与洛阳地区关系密切[267]。

这里就牵涉一个文化交流和融合的问题。实质上早在东西魏时期，南北两朝的对峙，一定程度上转向为东西对峙，南方与北方书风经历了一次交融。[268] 这一次因为安史之乱等历史原因，大批北方工匠入川，带来了大量的经文、图本、技艺，客观上为石窟铭文艺术的南北融合提供了可能。于是工匠们在创作过程中，以超越南北地域局限的审美期望，促进南北书风的再融，使得该时期的铭文在石窟铭文艺术谱系中较具特色。

具体到巴蜀地区的石窟铭文中，我们以大足石刻宝顶山为例进行探讨。在佛偈和题刻中，用笔简约，精神内蕴，可见与"山东地区的四山摩崖刻经有着千丝万缕的联系"[269]。这实质上已经明确说明了传承有自、书风交融的客观现实。陈明光先生的立论还是比较具有现实依据的，我们在对几则题记的考察中同样观察到这种现象：在刘升《镌刻如意轮观音像龛题记》、陈充《造莲花手观音镌刻题记》、宋美意《造淑明皇后龛题记》中，既有北方书风之雄浑朴茂，亦有南方书风之娟秀婉畅，南北书风交融的意味的确较为强烈。

（三）唐宋巴蜀地区的石窟铭文艺术处于佛教艺术生命化的求索期

如上所述，唐宋巴蜀地区的石窟铭文艺术以文辞简约而义理非浅、章法平朴而韵致悠远的特色，成为佛教石窟铭文艺术生命化求索的重要实践。不同于简单意义上祈福驱灾、追思亡魂等个人意愿，无论安岳卧佛院的刻经，还是大足宝顶山的佛偈，更多承载的是延续法统、传经布道的宗教责任和担当，这点上文也做了讨论。

当然每个时代有每个时代的使命和特色，宗教如此，艺术亦然。虽然我们不能据此认为唐宋时期巴蜀地区的石窟铭文更能表现出佛教的核心教义和内涵[270]，但"柳赵"派系，特别是南宋时期以赵智凤为代表的僧团，所发"终不以此苦，退失菩提心"[271]的大愿，充分体现了宗教精神和领袖担当[272]。

如果上述论述可以看作宗教精神在石窟铭文艺术"崇高"层面的集中展现，那么唐宋时期巴蜀地区的石窟铭文因为特有的"布道"[273]性质，以及世俗力量的汇聚，使得其佛教艺术中融入了香火气息，呈现出民间化、世俗化的审美趣味；不仅反映在雕塑中养鸡女、牧童等题材的选择，以及文本表述的平实，而且书法上亦然。整体而言，此时巴蜀地区石窟铭文笔法简略质朴而韵味内蕴，结体拙稚萧然而精神不散，章法错落不拘而神韵反出。

我们认为，唐宋巴蜀地区的石窟铭文艺术承继前代遗脉，而气韵别出，以其对佛教义理的艺术化阐释、高度世俗化、生命化的特征，彰显着中国石窟艺术的熠熠余晖。

表 4-15　安岳卧佛院唐代刻经一览表

名称	年代	书体	位置	著录书目
《大唐东京大敬爱寺一切经论目序》	唐代	楷	第46窟第5龛左壁	《安岳卧佛院卧佛刻经与题记》
《法华经》	唐代	楷	不详	《安岳卧佛院卧佛刻经与题记》
《妙法莲华经》	唐代	楷	第1、2窟	《安岳卧佛院调查简报》
《佛名经》	唐代	楷	第29窟第3龛	《安岳卧佛院卧佛刻经与题记》
《佛说灌顶随顾往生十方净土经》	唐代	楷	第33窟左壁	《安岳卧佛院调查简报》
《大般涅槃经》	唐代	楷	第46、51、59、66、83龛	《安岳卧佛院卧佛刻经与题记》
《佛性海藏智慧解脱经》	唐代	楷	第46窟右壁	《安岳卧佛院卧佛刻经与题记》
《六门陀罗尼经》	唐代	楷	第33窟中壁	《安岳卧佛院调查简报》
《佛说修多罗般若波罗蜜经》	唐代	楷	不详	《安岳卧佛院卧佛刻经与题记》
《佛说阿弥陀经》	唐代	楷	第46窟右壁	《安岳卧佛院卧佛刻经与题记》
《大乘大集地藏十轮经》	唐代	楷	不详	《安岳卧佛院卧佛刻经与题记》

续表

名称	年代	书体	位置	著录书目
《禅经》	唐代	楷	不详	《安岳卧佛院卧佛刻经与题记》
《金刚般若波罗蜜经》	唐代	楷	第33窟右壁、第71窟左壁、第46窟右壁	《安岳卧佛院调查简报》
《般若波罗蜜多心经》	唐代	楷	第29窟右侧外壁第71窟左壁	《安岳卧佛院调查简报》
《大方便佛报恩经》	唐代	楷	第109窟	《安岳卧佛院调查简报》
《佛顶尊胜陀罗尼经》	唐代	楷	第46窟右壁	《安岳卧佛院调查简报》
《佛顶尊胜陀罗尼咒》	唐代	楷	第46窟右侧	《安岳卧佛院调查简报》
《大般涅槃经》	唐代	楷	第51、59、66窟	《安岳卧佛院调查简报》
《佛说报父母恩重经》	唐代	楷	第59窟右侧	《安岳卧佛院调查简报》
《禅秘要法论》	唐代	楷	第59窟右侧	《安岳卧佛院调查简报》
《合部金光明经》	唐代	楷	第73窟	《安岳卧佛院调查简报》
《维摩诘所说经》	唐代	楷	第85窟	《安岳卧佛院调查简报》

表4-16 大足宝顶山南宋佛偈一览表

名称	年代	书体	位置	著录书目
《六道轮回图偈语》	南宋	楷	大佛湾第3龛	《大足石刻铭文录》
《广大宝楼阁偈语》	南宋	楷	大佛湾第4龛	《大足石刻铭文录》
《化城龛偈语》	南宋	楷	大佛湾第4龛	《大足石刻铭文录》
《舍利宝塔偈语》	南宋	楷	大佛湾第6龛	《大足石刻铭文录》
《父母恩重经变龛偈语》	南宋	楷	大佛湾第15龛	《大足石刻铭文录》
《雷音图龛偈语》	南宋	楷	大佛湾第16龛	《大足石刻铭文录》
《大方便佛报恩经偈语》	南宋	楷	大佛湾第17龛	《大足石刻铭文录》
《观经变龛偈语》	南宋	楷	大佛湾第18龛	《大足石刻铭文录》

续表

名称	年代	书体	位置	著录书目
《六耗图偈语》	南宋	楷	大佛湾第19龛	《大足石刻铭文录》
《地狱变龛偈语》	南宋	楷	大佛湾第20龛	《大足石刻铭文录》
《狮龛（毗卢洞）偈语》	南宋	楷	大佛湾第14龛	《大足石刻铭文录》
《牧牛图偈语》	南宋	楷	大佛湾第30龛	《大足石刻铭文录》
《祖师法身经目塔偈语》	南宋	楷	小佛湾第1龛	《大足石刻铭文录》
《七佛壁偈语》	南宋	楷	小佛湾第2龛	《大足石刻铭文录》
《报恩经变洞偈语》	南宋	楷	小佛湾第3龛	《大足石刻铭文录》
《毗卢庵洞偈语》	南宋	楷	小佛湾第5龛	《大足石刻铭文录》
《金刚神龛偈语》	南宋	楷	小佛湾第8龛	《大足石刻铭文录》
《灌顶井龛偈语》	南宋	楷	小佛湾第9龛	《大足石刻铭文录》
《维摩顶佛台座偈语》	南宋	楷	小佛湾第9龛	《大足石刻铭文录》

注 释

1. Osvald Siren: *A History of Early Chinese Art: From Ancient Times to the Present Day*, George G.Harrap, 1931 年版, 目录页。以及其 *Chinese Sculpture from The Fifth To The Fourteenth Century*: Hacker Art Books, 1970 年版, 目录页。
2. William Willetts: *Chinese Art*, Penguin Books, 1958 年版, 第 173 页。
3. 梁思成:《中国雕塑史》, 生活·读书·新知三联书店 2011 年版, 第 51~57 页。
4. 荆三林:《中国石窟雕刻艺术史》, 人民美术出版社 1988 年版, 第 11~14 页。
5. 此处宿白先生未分期, 仅做了基本说明。5—6 世纪南京栖霞山和新昌剡溪大佛、6 世纪广元石窟、8 世纪以后四川岷江及嘉陵江领域造像。(参见宿白:《中国石窟寺研究》, 文物出版社 1996 年版, 第 19 页)
6. 该地区也未分期, 仅指出属于 10 世纪以后 (藏传佛教后弘期), 并列数拉萨药王山及其东麓扎拉鲁普石窟等。(参见宿白:《中国石窟寺研究》, 文物出版社 1996 年版, 第 19 页)
7. 员小中:《云冈石窟铭文楹联》, 山西科学技术出版社 2014 年版, 序言。
8. 谢凝高主编:《人类的财富与骄傲: 中国瑰宝》, 上海锦绣文章出版社 2007 年版, 第 148~151 页。
9. 《魏书·释老志》中几则史料值得留意。第一条:"和平初, 师贤卒。昙曜代之, 更名沙门统。"第二条:"初, 昙曜以复佛法之明年, 自中山被命赴京。值帝出, 见于路, 御马前衔曜衣, 时以为马识善人。帝后奉以师礼。"第三条:"昙曜白帝, 于京城西武州塞, 凿山石壁, 开窟五所, 镌建佛像各一, 高者七十尺, 次六十尺, 雕饰奇伟, 冠于一世。"第四条:"昙曜奏: 平齐户及诸民, 有能岁输谷六十斛入僧曹者, 即为僧祇户, 粟为僧祇粟, 至于俭岁, 赈给饥民。又请民犯重罪及官奴, 以为佛图户, 以供诸寺扫洒, 岁兼营田输粟。高宗并许之。于是僧祇户粟及寺户, 遍于州镇矣。"第五条:"昙曜又与天竺沙门常那邪舍等, 译出新经十四部。"第六条:"诏有司为石像, 令如帝身。既成, 额上足下, 各有黑石, 冥同帝体上下黑子。"(参见〔北齐〕魏收:《魏书》, 吉林人民出版社 1995 年版, 第 1760 页)
10. 员小中:《云冈石窟铭文楹联》, 山西科学技术出版社 2014 年版, 第 8~10 页。
11. 之所以称之为"雕刻"是由于, 从现有出土实物来看, 大多并不以石窟的形制出现, 而是以石塔或其他面貌出现。
12. 黄文昆:《回顾敦煌文物出版工作》,《敦煌研究》, 1988 年第 3 期。
13. 〔清〕方若原著, 王壮弘增补:《增补校碑随笔》, 上海书画出版社 1981 年版, 第 211 页。
14. 《敦煌古代石刻艺术》之"敦煌北凉石塔研究概述"。(参见吴军、刘艳燕:《敦煌古代石刻艺术》, 甘肃人民出版社 2016 年版, 第 168 页)
15. 刘精诚《话说中国·第 8 卷》认为或许原刻应位于吐峪沟石窟, 但未多做证明。(参见刘精诚:《空前的融合: 公元 317 年至公元 589 年的中国故事》(上), 上海文化出版社 2016 年版, 第 71 页)
16. 刘慧在《中原北方早期弥勒造像艺术研究》中曾用表格详细列述了十三种北凉石塔弥勒尊像的信息。(参见刘慧:《中原北方早期弥勒造像艺术研究》, 上海三联书店 2016 年

版，第 128 页）

17　于向东《中华图像文化史佛教图像卷·上》列述了 7 种北凉石塔。（参见于向东：《中华图像文化史佛教图像卷·上》，中国摄影出版社 2017 年版，第 105 页）

18　《魏书·伊馛传》。（参见许嘉璐主编，周国林分史主编：《二十四史全译·魏书·第 4 册》，汉语大词典出版社 2004 年版，第 809 页）

19　《魏书·卷四十四·伊馛传》。（参见许嘉璐主编，周国林分史主编：《二十四史全译·魏书·第 4 册》，汉语大词典出版社 2004 年版，第 809 页）

20　杜士铎《北魏史》从战争中对待汉人兵卒的态度出发，得出"汉人地位低下和备受歧视"的论断。（参见杜士铎主编：《北魏史》，北岳文艺出版社 2017 年版，第 117 页）

21　《南齐书·王融传》。（参见〔南齐〕萧子显著、徐克谦译注：《南齐书选译》，巴蜀书社 1994 年版，第 140 页）

22　《魏书·官氏志》载："（道武帝）天兴四年（401）十二月，复尚书三十六曹，曹置代人令史一人，译令史一人，书令史一人。"（参见〔北齐〕魏收：《魏书》，吉林人民出版社 1995 年版，第 1729 页）

23　《晋书·谢玄传》载："终驻于淮阴：'朝议以征役既久，宜置戍而还，使玄还镇淮阴，序镇寿阳。会翟辽据黎阳反……令且还镇淮阴，以朱序代镇彭城。'"（参见《中国史籍精华译丛》编委会编：《中国史籍精华译丛·三国志、晋书、南史、北史、隋书》，济南出版社、黄河出版社、山东大学出版社、青岛出版社 1993 年版，第 532 页）

24　《宋书·恩幸传》。（参见《中华全二十六史》编委会编译：《中华全二十六史白话文版·第 3 册·宋书、南齐书、梁书、陈书、魏书、北齐书》，中国华侨出版社 2002 年版，第 1940 页）

25　《宋书·王弘传》。（参见于立文主编：《四库全书 4：史部》，北京艺术与科学电子出版社 2007 年版，第 910 页）

26　《晋书·周处传》。（参见《中国史籍精华译丛》编委会编：《中国史籍精华译丛·三国志、晋书、南史、北史、隋书》，青岛出版社 1993 年版，第 458 页）

27　范文澜、蔡美彪《中国通史》第五章"长江流域经济文化发展时期——东晋和南朝"。（参见范文澜、蔡美彪：《中国通史·第 2 册》，人民出版社 2008 年版，第 453 页）

28　羊欣《采古来能书人名》。（参见〔唐〕张彦远辑、洪丕谟点校：《法书要录》，上海书画出版社 1986 年版，第 9 页）

29　当然，也有学者认为，"南朝的士族尽管仍然担任着中央的最高长官，但实际权力已经逐渐下移到地位低下的次等士族或寒人之手"。（参见李文才：《两晋南北朝十二讲》，中国国际广播出版社 2009 年版，第 96 页）需要说明的是，这种观点所指的南朝实质上包含了宋齐梁陈等时期。仅就东晋末期而言，南渡士族的门阀力量仍然占据主导地位。

30　王恒：《云冈石窟名称和铭文碑记》，山西人民出版社 2006 年版，第 22 页。

31　殷宪、殷亦玄：《北魏平城书迹研究》，商务印书馆 2016 年版，绪论第 1~20 页。

32　无论这种压力来自鲜卑族对于汉人及其文化的漠视，还是官方对盗刻现象的制止。

33　施安昌《北凉体书迹叙录——兼谈铭石书与写经书》，原载《第五届中国书法史论国际研讨会论文集》。（参见施安昌：《善本碑帖论稿》，上海书画出版社 2017 年版，第 50 页）

34　施安昌论及"北凉体"书法风格，认为："犀利如刀、强劲如弓。点画峻厚，章法茂密，

形成峻拔、犷悍的独特风格。"（参见施安昌：《善本碑帖论稿》，上海书画出版社 2017 年版，第 50 页）

35　宿白先生曾用表格列述了"从建都平城之年起，凡是从被北魏灭亡的各个政权区域内强制迁徙，或是从南北战场俘获的人口、财物，主要都集中到平城及其附近"。宿白《平城实力的集聚和"云冈模式"的形成与发展》。（参见云冈石窟文物研究所编、李治国主编：《云冈百年论文选集 1》，文物出版社 2005 年版，第 284 页）

36　施安昌认为"出现北凉体的文物所见有四类，即写经、佛塔、造佛寺碑和墓表"。（参见施安昌：《善本碑帖论稿》，上海书画出版社 2017 年版，第 51 页）

37　殷宪在《北魏平城书迹研究》中指出："北魏平城书迹研究在数百种以上。就形式而言，有记事碑、墓志铭、发愿文、墓砖和瓦当文字、瓦刻文字、漆画墨题等。"（参见殷宪、殷亦玄：《北魏平城书迹研究》，商务印书馆 2016 年版，绪论第 1 页）

38　殷宪、殷亦玄：《北魏平城书迹研究》，商务印书馆 2016 年版，绪论第 1~20 页。

39　陈俊堂：《北魏平城时期书法管窥——以云冈石窟三则太和造像题记为例》，《中国美术》，2021 年第 2 期。

40　陈俊堂先生从"文""三""同"几字出发，认为是行书笔意自有一定道理。但从结构和用笔的意味整体来看，还应当属于章草意味为妥。在此提出，供学界同人探讨。（参见陈俊堂：《北魏平城时期书法管窥——以云冈石窟三则太和造像题记为例》，《中国美术》，2021 年第 2 期。

41　张同印：《隶书津梁》，高等教育出版社 2001 年版，第 136~139 页。

42　殷宪通过字迹比对，认为《比丘尼昙媚造像记》与《郑文公碑》一样是郑道昭手笔，同时列举云冈石窟第六窟南壁"道昭"题名以为佐证。（参见殷宪、殷亦玄：《北魏平城书迹研究》，商务印书馆 2016 年版，第 16 页）

43　陈寅恪在《魏晋南北朝史讲演录》中谈道："之所以要迁都洛阳，光宅中原，是因为崤函为帝宅，河洛为王里，是文治之地。要汉化，便须离开平城用武之地，把朝廷搬到洛阳去。"（参见陈寅恪著，万绳楠整理：《魏晋南北朝史讲演录》，贵州人民出版社 2012 年版，第 216 页）

44　《资治通鉴》"孝文帝迁都"条载："今日之举，诚为不易。但国家兴自朔土，徙居平城。此乃用武之地，非可文治。今将移风易俗，其道诚难，朕欲因此迁宅中原，卿以为何如？"（参见〔宋〕司马光著，傅春晓译注：《资治通鉴精华·下》，辽宁人民出版社 2018 年版，第 371 页）

45　陈寅恪先生认为："之所以要迁都洛阳，光宅中原，是因为崤函为帝宅，河洛为王里，是文治之地。要汉化，便须离开平城用武之地，把朝廷搬到洛阳去。"（参见李文才：《两晋南北朝十二讲》，中国国际广播出版社 2009 年版，第 134 页）

46　此处不论，留待下文详述。

47　宫大中在《龙门石窟艺术》中鲜明地指出："编造这些名目，本身没有什么科学性，有的不过凑数而已。"（参见宫大中：《龙门石窟艺术》，人民美术出版社 2002 年版，第 411 页）

48　但这些并不足以妨碍书法艺术性在该评价体系中的重要地位。

49　为行文方便，本书所有造像记名称全部用造像者简称。其间或有定名不准确、不规范情况，在不影响理解的基础上，适度变通。

50　需要说明的是，僧侣阶层与宗室及官宦可能存在多重身份上的交叉，比如，比丘慧成同时也是北魏宗室成员（始平公子嗣）。本书在统计时，统一以题刻身份为准。

51　如孔静在《中国书法概览》中就将其称为"民间书法"。（参见孔静：《中国书法概览》，光明日报出版社2015年版，第62页）事实上参与人员阶层复杂，很难一概而论。比如，仅就北魏洛阳龙门石窟而言，宗室与贵族的热情营造，可能即为反例。

52　根据左为上的原则，以西壁为中，先北后南。

53　邓之诚：《中华二千年史·卷2·两晋及南北朝》，东方出版社2013年版，第115页。

54　《魏书》卷八十四《儒林传》有详细记载："及迁都洛邑（洛阳），诏立国子太学、四门小学，孝文钦明稽古，笃好坟典，坐舆据鞍，不忘讲道。刘芳、李彪诸人以经书进，崔光、邢峦之徒以文史达，其余涉猎典章，关历词翰，莫不縻以好爵，动贻赏眷，于是斯文郁然，比隆周汉。"（参见杜士铎主编：《北魏史》，北岳文艺出版社2011年版，第415页）

55　《魏书·官氏志》载，得宗族十姓、勋臣八姓、内入六十八姓、四方三十二姓，一共一百一十八姓。（参见姚薇元：《北朝胡姓考（修订本）》，武汉大学出版社2013年版，第1页）

56　《魏书·咸阳王禧传》载："不得以北俗之语言于朝廷，若有违背，免所居官。"而后又调整为"年三十以上，习性已久，容或不可卒革；三十以下，见在朝廷之人，语言不听依旧，若有故为，当降爵黜官，各宜深戒。"（参见〔北齐〕魏收：《魏书》，吉林人民出版社1995年版，第328页）

57　《魏书·孝文帝本纪》载："太和十年，正月，帝始服衮冕，朝飨万国……始制五等公服"：《魏书》，（参见〔北齐〕魏收：《二十四史·魏书》，延边人民出版社，出版年份不详，第28页）

58　从上文所述，"断北语"推行过程中的折中处理可见一斑。

59　《魏书·北海王元详传》有这么几条记载："从高祖（孝文帝）南巡"及"高祖临崩，顾命详为司空辅政"。（参见〔北齐〕魏收：《魏书》，吉林人民出版社1995年版，第345页）

60　《魏书·刘芳传》载："高祖崩于南阳，敛于其（郑长猷）郡（南阳），寻征护军长史。"（参见〔北齐〕魏收：《魏书》，吉林人民出版社1995年版，第745页）

61　〔清〕陆增祥《八琼室金石补正》卷二十七载：太和十八年，随孝文帝吊比干墓"亲为吊文，树碑而刊之……（碑阴首行三人）使持节、司空公、太子太傅、长乐公臣河南郡丘目陵亮"。穆亮所发挥的作用远非这则史料所能表诉，事实上，他曾与尚书李冲、将作大匠董爵共同负责洛阳城的建设，并在孝文帝迁都过程中发挥了极大的作用。（参见〔清〕陆增祥：《八琼室金石补正》，文物出版社1985年版，第78页）

62　《魏书》"王遵"条载："常山王遵，寿鸠之子也。少而壮勇，不拘小节。"（参见〔北齐〕魏收：《魏书》，吉林人民出版社1995年版，第234页）

63　《魏书》"永昌王健传"载："健，泰常七年封。健姿貌魁壮，善弓马，达兵法，所在征战，常有大功。"（参见〔北齐〕魏收：《魏书》，吉林人民出版社1995年版，第258页）

64　《魏书》"阳平王"条载："长子他，袭爵。身长八尺，美姿貌，性谨厚，武艺过人。从世祖讨山胡白龙于西河，屠其城，别破余党，斩首数千级。"（参见〔北齐〕魏收：《魏书》，吉林人民出版社1995年版，第244页）

65　《魏书》"高凉王"条载："子那，袭爵。拜中都大官。骁猛善攻战。"（参见〔北齐〕魏收：《魏书》，吉林人民出版社1995年版，第220页）

66 《魏书》"真定侯陆"条载:"真定侯陆,神元皇帝之后也。世祖时,以武功颇蒙恩遇,拜散骑常侍,赐爵真定侯。"(参见〔北齐〕魏收:《魏书》,吉林人民出版社1995年版,第218页)

67 《魏书》"抚风公"条载:"扶风公处真,烈帝之后也。少以壮烈闻,位殿中尚书,赐爵扶风公,委以大政,甚见尊礼。"(参见〔北齐〕魏收:《魏书》,吉林人民出版社1995年版,第230页)

68 《魏书》"元顺"条载:十六岁"通杜氏《春秋》,恒集门生,讨论同异"。(参见〔北齐〕魏收:《魏书》,吉林人民出版社1995年版,第285页)

69 《魏书》"济南王"条载:"济南王彧,少与从兄安丰王延明、中山王熙并以宗室博古文学齐名。"(参见〔北齐〕魏收:《魏书》,吉林人民出版社1995年版,第261页)

70 同时,我们也注意到鲜卑族姓名译制过程中的"歧义"问题:或因汉化之初,对汉字使用不够熟练和规范,在文物史迹中普遍存在。权举几例,以作佐证:比如,上文的穆亮在《金石萃编》中,载为"丘目陵亮",而在造像记中则作"丘穆陵亮";同样,《魏书·文成五王·广川王》,条载(广川王)"略"与《元焕墓志》,载"贺略汗"大体一致,而造像记中则作"贺兰汗"。(参见〔北齐〕魏收:《魏书》,吉林人民出版社1995年版,第324~325页)

71 虽然也会有"稽颡于马前"的尚书李冲以及"殷勤泣谏"的安定王拓跋休等,但整体鲜卑贵族的态度是友善和积极的。(参见〔宋〕司马光著,傅春晓译注:《资治通鉴精华·下》,辽宁人民出版社2018年版,第371页)

72 闫春新:《兰陵萧氏与中古文化研究》,山东人民出版社2013年版,第25页。

73 王晓卫:《南齐宗室成员的诗赋作品及创作心态》,《常州工学院学报:社会科学版》,2009年第27卷第3期,第5页。

74 事实上,学界一直对于南齐历朝皇帝习染魏晋消极方面的风尚,纵情肆意,颇有微词。比如,詹石窗就在《百年道学精华集成·第10辑·道学旁通·卷3》中列数诸般荒诞行径。(参见詹石窗总主编:《百年道学精华集成·第10辑·道学旁通·卷3》,上海科学技术文献出版社2018年版,第105页)

75 南朝共24帝,除梁武帝在位48年外,余下所有皇帝共计享国121年。(参见钱穆:《国史大纲·上》,商务印书馆1996年版,第263页)

76 卜宪群总撰稿:《中国通史2·秦汉魏晋南北朝·大字本》,华夏出版社2017年版,第365~384页。

77 《弘明集》卷10所载《答释法云书》。(参见〔齐梁〕释僧祐:《弘明集校笺》,上海古籍出版社2013年版,第499页)

78 汤用彤《汉魏两晋南北朝佛教史》。(参见汤用彤:《汉魏两晋南北朝佛教史》,商务印书馆2017年版,第324页)

79 温玉成在《河洛文化与宗教》中用了大量篇幅统计北魏洛阳城内佛寺简况。(参见温玉成等:《河洛文化与宗教》,河南人民出版社2010年版,第56~58页)汤用彤先生在《汉魏两晋南北朝佛教史》中也指出:宣武帝延昌中佛寺13727座,几乎是孝文帝时期两倍,蔚为大观。(参见汤用彤:《汉魏两晋南北朝佛教史》,武汉大学出版社2008年版,第350页)

80	楚默：《楚默全集·佛教书法史》，上海书店出版社2014年版，第341页。
81	比如，刘正成《书法艺术概论》即如此分类。（参见刘正成：《书法艺术概论》，商务印书馆2014年版，第248页）
82	施安昌先生称之为"西晋洛阳体"。（参见施安昌：《善本碑帖论稿》，上海书画出版社2017年版，第58页。）
83	张永基、刘云鹏：《中国书法全史·甘肃卷》，书法出版社2014年版，第100~102页。
84	北魏灭凉后逐渐衰落并为造像所取代，直到隋唐随佛学日昌而达到另一高峰。
85	卢辅圣主编、姜寿田著：《中国书法史绎·卷3》，上海书画出版社2014年版，第273页。
86	沙孟海《沙孟海论书丛稿》之《略论两晋北朝隋代的书法》。（参见祝遂之编：《中国美术学院名师典存·沙孟海学术文集》，中国美术学院出版社2018年版，第187页）
87	华人德：《华人德书学文集》，荣宝斋出版社2008年版，第80页。
88	李全中《泾川金石校释》收录有泾川大云寺舍利石函盖铭文。（参见李全中主编、吴景山编著：《泾川金石校释》，甘肃文化出版社2016年版，第42~49页）
89	宗白华：《美学散步》，上海人民出版社1981年版，第65页。
90	华人德：《华人德书学文集》，荣宝斋出版社2008年版，第80页。
91	包世臣在《艺舟双楫》中记载："北朝人书，落笔峻而结体庄和，行墨涩而取势排宕。"（参见王世征、郑晓华、甘中流、云志功：《中国书法理论纲要》，湖南美术出版社2018年版，第271页）康有为在《广艺舟双楫》中将南北朝碑极为推崇，尊为十美："魄力雄强、气象浑穆、笔法跳跃、点画峻厚、意态奇逸、精神飞动、兴趣酣足、骨法洞达、结构天成、血肉丰美。"（参见〔清〕康有为原著，李廷华辨析：《〈广艺舟双楫〉辨析》，上海书画出版社2017年版，第135页）
92	安金槐在《巩县石窟》序言中论道："在新发现的唐《重建净土寺碑》这块断碑残文中，似乎隐约地述及石窟寺的兴建：'至于后魏宣武帝以巩邑为水陆要冲，舟……刘澄于洛水之北，限山之阳，土木之制非固……'很可能宣武帝在开凿龙门石窟时，考虑到工程浩大，'费工难就'，不得不另选一地继续开凿。巩县邻近京都，是一个理想的'水陆要冲'之地，其旁的小平津又是军事重镇，同时考虑到希玄寺的土木建筑不很牢固，因此选择巩县继续开凿，这对北魏的政权在政治、经济、军事和宗教上都有好处。巩县石窟寺为宣武帝所开凿，在另一块碑文中谈得更为明确，据明《重修大力山石窟十方净土禅寺记》记载：'拒巩西北，大河正南，邙麓之将有寺。其皇石水伊洛，清而流长；背山大力，秀而朝阳。自后魏宣帝景明之间，凿石为窟，刻佛千万像，世无能烛其数者焉。'据此，石窟寺断定为宣武帝景明年间所造。"（参见河南省文物研究所编：《中国石窟巩县石窟寺》，文物出版社1989年版，第13页）
93	宿白《洛阳地区北朝石窟的初步考察》。（参见宿白：《中国石窟寺研究》，生活·读书·新知三联书店2019年版，第181页）
94	马健中：《巩县石窟北朝造像题记及其书法研究》，硕士学位论文，河南大学2012年，摘要第1页。
95	以资料所见巩县石窟有确切纪年铭文为依据。
96	官大中：《从皇家石窟群到民间造像龛——巩县石窟寺皇家、民间相继共存的奇特景观》，《中国书法》，2019年第24期，第15~35、225、227页。

97　温玉成等:《河洛文化与宗教》,河南人民出版社 2010 年版,第 217 页。

98　阮荣春、张同标:《从天竺到华夏:中印佛教美术的历程》,商务印书馆 2017 年版,第 258 页。

99　从普泰元年《比丘法云及苏释题记》官大中按语为"北魏衰亡前的民间试探"可见一斑。(参见官大中:《龙门石窟艺术》,人民美术出版社 2002 年版,第 408 页)

100　《魏书》,卷十:《孝庄纪》。(参见〔北齐〕魏收著,付艾琳编:《魏书》,克孜勒苏柯尔克孜文出版社、新疆青少年出版社 2006 年版,第 162 页)

101　白玉林、曾志华、张新科主编:《北朝史解读》,云南教育出版社 2011 年版,第 28 页。

102　这里的民间力量,包括僧侣群体和民间信众。

103　巩县石窟大量存在着一佛二菩萨及较为普遍的菩萨信仰,与民间信仰的实用性、功利性密不可分。

104　此条存疑,仅依据基本史实推断。从造像记上直观来看,尚无充分证据。

105　见陈寅恪《隋唐制度渊源略论稿》"宇文泰凭六镇一小部分之武力,割据关陇,与山东、江左鼎足而三"的论断。(参见陈寅恪:《隋唐制度渊源略论稿》,生活·读书·新知三联书店 1954 年版,第 82 页)

106　东、西魏时期南北征伐比较著名的仅有江陵之战。

107　金建荣《中国南北朝时期佛教造像背光研究》谈道:"云冈龙门石窟不仅受到凉州模式造像背光影响,还受到南朝造像背光影响。"(参见金建荣:《中国南北朝时期佛教造像背光研究》,东南大学出版社 2016 年版,第 97 页)

108　这里指的是周武帝灭佛事件。

109　惠字辈为惠庆、惠平、惠兴、惠嵩、惠□、惠凤、惠育、惠庆;道字辈为道成、道荣、道邕、道敬、道□;法字辈为法定、法训、法通、法禅、法湛。(参见孙英民:《佛国墨影:巩县石窟寺拓片萃编》,大象出版社 2014 年版,目录页)

110　当然岳红记先生认为的"味道强烈",其实指的是龙门石窟铭文体系的刀刻意味在巩县时期淡化。

111　两者在雕刻载体、宗教目的等方面存在着诸多共同点。

112　夏朗云、王纪月《炳灵寺第 1 窟对麦积山西崖摩崖大立佛断代的启示》。(参见颜廷亮、王亨通主编:《炳灵寺石窟学术研讨会论文集》,甘肃人民出版社 2003 年版,第 191 页)

113　本章第一节第二段有详细的关于北凉石塔的统计表。

114　王学仲《碑·帖·经书分三派论断》认为北朝时期帖学和魏碑之外,还存在由写经体和摩崖刻经组成的经派书法。(参见王学仲:《碑·帖·经书分三派论断》,《中国书法》,1986 年第 3 期)

115　许婷婷在《北朝时期山东石刻风格特点》中转引了华人德先生的观点:"魏碑体非崔卢之法,崔卢两家所书隶楷,应该是继承钟、魏旧法。世不替业的书风是守旧,其真书应该和魏晋时期一样,带有较重的隶法。典型的魏碑体最早见于龙门造像记。其特征为斜画紧结的结构特征及其方平直的刊刻方法。魏碑并不是隶书南楷书过渡时产生的一种书体,它崛起于北魏孝文帝迁都前后,随北魏消亡而消逝,主要见于洛阳一带的造像记和碑志,同时期山东区一些碑刻也受其影响,前后流传四十年。"(参见首都师范大学中国书法文化研究院研究生会编:《第四届全国书法研究生书学学术周论文集》,首都师范大学

出版社 2008 年版，第 125 页）

116　而是承袭汉代《石门铭》等的摩崖传统。

117　《山东佛教刻经全集》下册附《北朝—隋佛教刻经一览表》。（参见山东省石刻艺术博物馆编：《山东佛教刻经全集·上》，山东美术出版社 2015 年版，第 353 页）

118　楚默：《楚默全集·佛教书法史》，上海书店出版社 2014 年版，第 215 页。

119　范寿铭在《河朔金石目》中不仅记述了娲皇宫与响堂山同处于北齐唐邕之手的论断，同时还在《循园金石文字跋尾》中对刻经年代进行了推断："……然终以石刻无人名年号，未敢臆决。乙未春（1919）顾君鼎梅遣碑工孙泰安赴涉椎拓整幅，于洞口得残造像一方，文曰：'亡女赵妃，志趣贞石，德□内融，春秋未几，奄颓兰馥。闻者悲悼，声言顿绝，况曰母子焉。堪忍痛今因，令王建福之次，遂竭家资，敬造观世音像、观世音经，刊山凿石，题文不朽。惟愿亡女□期纤属，入彼华堂'云云。下段暨左方即刻《观世音经》，其字体亦与三洞佛经无异。"（参见李裕群：《北朝晚期石窟寺研究》，文物出版社 2003 年版，第 215 页）

120　《唐邕刻经记碑》曰："特进骠骑大将军、开府仪同三司、尚书令、并州大中正、食司州濮阳郡干、长安县开国侯、晋昌郡开国公唐邕……以为缣缃有坏，简策非久，金牒难求，皮纸易灭。于是发七处之印，开七宝之函，访莲花之书，金银钩之迹，一音所说，尽勒名山。于石鼓山石窟之所，写：《维摩诘经》一部、《胜鬘经》一部、《孝经》一部、《弥勒成佛经》一部。起天统四年三月一日，尽武平三年岁次壬辰五月廿八日。"（参见楚默：《楚默全集·佛教书法史》，上海书店出版社 2014 年版，第 229 页）

121　《滏山石窟之碑》曰："有灵化寺比丘慧义，仰惟至德，俯念巅危，于齐国天统元年乙酉之岁，斩此石山，与建国庙。时有国大丞相高阿那肱，翼帝出京，憩驾于此，因观草创，遂发大心，广舍珍爱之财，开此□□之窟。……功成未几，武帝东并，扫荡塔寺，寻纵破毁。"（参见丁明夷：《佛教新出碑志集萃》，东方出版社 2016 年版，第 73 页）

122　学界大都根据书风，推为安道壹所书。保守起见，不做评论。

123　《北齐书·斛律金传》记载斛律家族"一门一皇后，二太子妃，三公主，尊崇之盛，当时莫比"。（参见〔唐〕李百药：《北齐书》，华雅士书店 2002 年版，第 121 页）

124　据张伟然先生考证为：名为僧安，字道壹。（参见张伟然：《关于山东北朝摩崖刻经书丹人"僧安道壹"的两个问题》，《文物》，1999 年第 9 期）

125　学界有观点认为与铁山风格相似。

126　保守来看，因有明确题记的毕竟在少数，更多的是无题名的摩崖刻经，因此也不排除僧侣出资或直接参与镌凿的可能性。

127　唐代智升《开元释教录》卷七记载："有齐僧宝暹、道邃、智周、僧威、法宝、僧昙、智照、僧律等十人，以武平六年相结同行采经西域，往返七载，将事东归。凡获梵本二百六十部。回至突厥，闻周灭齐并毁佛法，退则不可，进无所归。迁延彼间，遂逢至德，如渴值饮，若暗遇明，因与同居讲道相玩，所赍新经仍共寻阅。请翻名题，勘旧录目，转觉巧便，有异前人。律等内诚各私庆幸，获宝遇匠，得不虚行，同誓焚香，共契宣布。"（参见彭无情：《西域佛教演变研究》，巴蜀书社 2016 年版，第 464 页）转引唐代智升：《开元释教录》，卷七。

128　魏广平《北齐石刻经现状及其历史背景》。（参见房山石经博物馆、房山石经与云居寺

文化研究中心编:《石经研究·第2辑》,华夏出版社2018年版,第201页)

129　王仲荦在《魏晋南北朝史》中陈述了北朝寺院经济对国家人口和经济等方面造成的压力,并认为根本上是"政府与寺院争夺土地和劳动人手的斗争"。(参见王仲荦:《魏晋南北朝史》,上海人民出版社2016年版,第813页)

130　郑炳林《北周石窟造像研究》及沙武田《归义军时期敦煌石窟考古研究》等都执此论。郑炳林从响堂山石窟大量刊刻《涅槃经》入手,认为北齐石窟刻经"不仅受到末法思想的影响,也是邺城地区佛教禅理兼弘的表现"。(参见郑炳林、吴荭:《北周石窟造像研究》,甘肃教育出版社2017年版,第460页)沙武田则系统探讨了敦煌末法思想的传播体现在洞窟壁画千佛变中。(参见沙武田著,敦煌研究院编:《归义军时期敦煌石窟考古研究》,甘肃教育出版社2017年版,第250~251页)

131　胡新立:《黄易与邹城北朝佛教摩崖刻经》。(参见秦明主编,故宫博物院编:《内涵暨外延:故宫黄易尺牍研究国际学术研讨会论文集》,故宫出版社2018年版,第228页)

132　赖非《山东佛教刻经全集》"佛教刻经的起源、发展与分布"部分。(参见山东省石刻艺术博物馆编、赖非编著:《山东佛教刻经全集·上》,山东美术出版社2015年版,第8~11页)

133　楚默:《楚默全集·佛教书法史》,上海书店出版社2014年版,第217页。

134　张永强《山东境内北朝佛教摩崖刻经考察》将其归因于岩石质地的不同——"石质多是比较疏松、粗劣的砂砾岩或花岗岩"。(参见张永强:《山东境内北朝佛教摩崖刻经考察》,《中国书法》,2015年第9期)

135　潘良桢:《北朝摩崖刻经与灭佛》。(参见中国书法家协会山东分会、山东石刻艺术博物馆编:《北朝摩崖刻经研究》,齐鲁书社1991年版,第77页)

136　或某些忠心耿耿的臣子。

137　原石位于中皇山山门左侧,愿文为:"亡女赵妃,志趣贞石,德□内融,春秋未几,奄颓兰馥。闻者悲悼,声言顿绝,况曰母子焉。堪忍痛今因,令王建福之次,遂竭家资,敬造观世音像、观世音经,刊山凿石,题文不朽。惟愿亡女……期纤属,入彼华堂……具游净国。"龛下有"妙法莲华经观世音普"。(参见房山石经博物馆、房山石经与云居寺文化研究中心:《石经研究·第2辑》,华夏出版社2018年版,第201页)

138　马星翼《邹县志稿》记有:"石崖之左石坪上有题名数行可辨者:□□任城郡功曹南平阳县功曹大都维那赵郡李巨敖。"(参见房山石经博物馆、房山石经与云居寺文化研究中心编:《石经研究·第1辑》,北京燕山出版社2016年版,第124页)

139　胡新立在《黄易与邹城北朝佛教摩崖刻经》中记录了葛山刻经文末双钩铭文:"发心人高平郡□。将发心主高□□。(发)心主□□□开。(发)心主□□□□。发心主□□众□。(发)心主□□□□。"(参见秦明主编,故宫博物院编:《内涵暨外延:故宫黄易尺牍研究国际学术研讨会论文集》,故宫出版社2018年版,第233页)

140　赖非转引李佐贤《石泉书屋金石题跋》:"铁山之经考系僧安道壹书,则经石峪字亦属安道壹书应无可疑,尖山齐刻经亦有安道壹题名。"(参见赖非:《赖非美术考古文集》,齐鲁书社2014年版,第131页)

141　孙洵:《书法艺术与宗教境界的统一体——论〈泰山经石峪金刚经〉》。(参见中国书法家协会山东分会、山东石刻艺术博物馆编:《北朝摩崖刻经研究》,齐鲁书社1991年版,第349页)

142　包含北魏邺城时期、北魏龙门时期、东西魏巩县时期、北齐邺城——山东时期。

143　比如，慧成系始平公之后，法生与北海王家族关系密切。

144　比如，南响堂山由灵化寺慧义引导，泰峄山区摩崖刻经是由僧安主导。上文已论。

145　《晋昌郡公唐邕刻经记》的发愿文本中，充盈着其对佛经的明悟和灵活的运用。佛法、佛理与中国传统文学形式及内容，在题记中呈现出高度的统一和融合。（参见房山石经博物馆、房山石经与云居寺文化研究中心：《石经研究·第1辑》，北京燕山出版社2016年版，第121页）

146　"僧安"，即阮元《山左金石志》中提到的"安道壹"，上文已做注释。

147　泰山、峄山不乏明证，《石经研究·第1辑》以题记为凭，详细记载了僧安在邹城地区的活动。（参见房山石经博物馆、房山石经与云居寺文化研究中心：《石经研究·第1辑》，北京燕山出版社2016年版，第118页）

148　而从另外方面来看，书体程式化的过程是艺术本体成熟的过程，同时却也是艺术家个性逐渐淡化，艺术人格逐渐褪色的过程。

149　如此称呼未必完全合适，但在书体发展过程中，北齐刻经确实呈现出独特的面貌和意义，值得我们关注。

150　胡湛《北齐邺畿刻经碑考》。（参见陈洪武、周志高主编：《全国第十一届书学讨论会论文集》，上海书画出版社2018年版，第284页）

151　赖非《赖非美术考古文集》。（参见赖非：《赖非美术考古文集》，齐鲁书社2014年版，第226页）

152　康有为《广艺舟双楫》云："魏碑大种有三：一曰《龙门造像》，一曰《云峰石刻》，一曰《冈山尖山铁山摩崖》，皆数十种同一体者。《龙门》为方笔之极轨，《云峰》为圆笔之极轨，二种争盟，可谓极盛。《四山摩崖》通隶楷，备方圆，高浑简穆，为擘窠之极轨也。"（参见〔清〕康有为原著，李廷华辨析：《〈广艺舟双楫〉辨析》，上海书画出版社2017年版，第154页）

153　《北朝晚期石窟寺研究》注明其所用版本为北凉昙无谶所译《大正藏经》，卷十二。（参见李裕群：《北朝晚期石窟寺研究》，文物出版社2003年版，第216页）

154　《北朝晚期石窟寺研究》注明其所用版本为东晋佛驮跋陀罗所译《大正藏经》，卷九。（参见李裕群：《北朝晚期石窟寺研究》，文物出版社2003年版，第216页）

155　《北朝晚期石窟寺研究》注明其所用版本为南梁曼陀罗仙所译《大正藏经》，卷八。（参见李裕群：《北朝晚期石窟寺研究》，文物出版社2003年版，第216页）

156　《北朝晚期石窟寺研究》注明其所用版本为西秦鸠摩罗什所译《大正藏经》，卷九。（参见李裕群：《北朝晚期石窟寺研究》，文物出版社2003年版，第216页）

157　《北朝晚期石窟寺研究》注明其所用版本为西秦鸠摩罗什所译《大正藏经》，卷九。（参见李裕群：《北朝晚期石窟寺研究》，文物出版社2003年版，第216页）

158　《北朝晚期石窟寺研究》注明其所用版本为南梁曼陀罗仙所译《大正藏经》，卷八。（参见李裕群：《北朝晚期石窟寺研究》，文物出版社2003年版，第216页）

159　《北朝晚期石窟寺研究》注明其所用版本为北凉昙无谶所译《大正藏经》，卷十二。（参见李裕群：《北朝晚期石窟寺研究》，文物出版社2003年版，第216页）

160　《北朝晚期石窟寺研究》注明其所用版本为西秦鸠摩罗什所译《大正藏经》，卷八。（参

见李裕群：《北朝晚期石窟寺研究》，文物出版社 2003 年版，第 216 页）

161 《北朝晚期石窟寺研究》注明其所用版本为西秦鸠摩罗什所译《大正藏经》，卷十五。（参见李裕群：《北朝晚期石窟寺研究》，文物出版社 2003 年版，第 216 页）

162 《北朝晚期石窟寺研究》注明其所用版本为北魏菩提流支等所译《大正藏经》，卷二十六。（参见李裕群：《北朝晚期石窟寺研究》，文物出版社 2003 年版，第 216 页）

163 《北朝晚期石窟寺研究》注明其所用版本为西秦鸠摩罗什所译《大正藏经》，卷十二。（参见李裕群：《北朝晚期石窟寺研究》，文物出版社 2003 年版，第 216 页）

164 《北朝晚期石窟寺研究》注明其所用版本为西晋竺法护所译《大正藏经》，卷十六。（参见李裕群：《北朝晚期石窟寺研究》，文物出版社 2003 年版，第 216 页）

165 《北朝晚期石窟寺研究》注明其所用版本为北魏菩提流支所译《大正藏经》，卷十六。（参见李裕群：《北朝晚期石窟寺研究》，文物出版社 2003 年版，第 216 页）

166 《北朝晚期石窟寺研究》注明其所用版本为西秦鸠摩罗什所译《大正藏经》，卷九。（参见李裕群：《北朝晚期石窟寺研究》，文物出版社 2003 年版，第 216 页）

167 据经文首行的经主"斛律太保家客邑主董珍"推断应为《北齐书·斛律金传》之斛律家族，故其时代应在北齐。

168 1960 年因当地村民开山采石，刻经损毁殆尽，仅有拓片存世。因而为行文简洁，本书将诸经并列。

169 尖山刻经学界普遍认为皆为安道壹所刻，但又有诸多经主题记。笔者认为，从书法风格较为一致，可以推为经主出资，招募安道壹家族或匠人群体所刻。

170 在相当长一段时间，洛阳称为"东都"，或两京并重或作为陪都。

171 《全唐诗》卷一太宗皇帝《正日临朝》。（参见曲金良主编，朱建君、修斌分册主编：《中国海洋文化史长编·魏晋南北朝隋唐卷》，中国海洋大学出版社 2013 年版，第 254 页）

172 刘灿辉等在《龙门石窟擂鼓台中洞武周时期佛教书刻研究》中认为薛曜、殷仲容等书家参与了书刻工作。（参见刘灿辉、黄燕：《龙门石窟擂鼓台中洞武周时期佛教书刻研究》，《中国国家博物馆馆刊》，2021 年第 1 期）

173 包含刻经和造像记等。

174 大业元年至荥阳大海寺造弥勒像《石刻史料新编·第一辑第一册·金石萃编·大海寺唐高祖造像记》。（参见汤用彤：《汤用彤全集·第 2 卷·隋唐佛教史稿》，河北人民出版社 2000 年版，第 13 页）大业二年至草堂寺造像：《金石萃编卷 40·唐高祖为子祈疾疏》。（参见陈寅恪著，陈美延编：《读书札记一集》，生活·读书·新知三联书店 2001 年版，第 26 页）

175 《旧唐书·辛替否传》有"十分天下之财，而佛有七八"的记载。（参见〔后晋〕刘昫等：《旧唐书》卷一至卷三五，吉林人民出版社 1995 年版，第 2003 页）

176 据谢保成统计，从武德元年（张元祖造像记 618 年）至贞元十六年（张元祖造像记 800 年）不到两百年的时间，参与译经的高僧 46 人，译出 435 部 2476 卷。谢保成：《佛教史学的形成与发展——立足于史籍编纂的考察》。（参见王俊义：《炎黄文化研究·第 3 辑》，大象出版社 2006 年版，第 107 页）

177 隋唐时期佛教宗派林立，主要有天台宗、禅宗、三论宗、唯识宗、净土宗、华严宗、密宗等。（参见钟泰：《中国哲学史》，湖南师范大学出版社 2018 年版，第 193 页）

178　河洛上都龙门之阳《大卢舍那像龛记》载："咸亨三年壬申之岁四月一日，皇后武氏助脂粉钱二万贯，奉敕检校僧西京实际寺善道禅师、法海寺主惠暕法师、大使司农寺卿韦机、副使东面监上柱国樊元则、支料匠李君瓒、成仁威、姚师积等，至上元二年乙亥十二月卅日毕功。"（参见〔日〕常盘大定、〔日〕关野贞著，王铁钧、孙娜译：《晚清民国时期中国名胜古迹图集：全本精装版·第2卷》，中国画报出版社2019年版，第88页）

179　营建之时仅名之佛菩萨像，至调露元年方建奉先寺。（参见罗叔子：《北朝石窟艺术》，上海出版公司1955年版，第133页）

180　《洛阳大典·下》载："豫章公主在龙门石窟造像共有两处，均位于宾阳南洞南壁，刊刻于贞观十五年（641）。豫章公主系唐太宗第21女，下嫁唐义识。造像记一则为：'大唐贞观十五年三月十日，豫章公主敬造像一塔，愿已身平安。'另一则为'大唐贞观十五年六月二日，豫章公主等六人敬造一像一塔'。"（参见刘典立总编，归宝辰、李铁林、李振刚、马建国等副总编，洛阳市大河文化研究院编纂：《洛阳大典·下》，黄河出版社2008年版，第1161页）

181　《伊阙佛龛之碑》别名《雍州牧魏王泰造石窟记》。（参见刘典立总编，归宝辰、李铁林、李振刚、马建国等副总编，洛阳市大河文化研究院编纂：《洛阳大典·下》，黄河出版社2008年版，第1161页）

182　《三国志·刘繇传》记载："笮融者，丹阳人。初聚众数百，往依徐州牧陶谦。谦使督广陵、彭城运漕。遂放纵擅杀，坐断三郡委输以自入，乃大起浮图祠，以铜为人，黄金涂身，衣以锦采，垂铜盘九重，下为重楼，阁道可容三千余人。悉读佛经，令界内及旁郡人有好佛者听受道，复其他役，以招致之。由此远近前后至者，五千余人户。每浴佛，多设酒饭，布席于路，经数十里。民人来观及就食，且万人，费以巨亿计。"可见佛法之隆。（参见〔西晋〕陈寿著，刘建生主编：《三国志精解》，海潮出版社2012年版，第519页）

183　马新、贾艳红、李浩《中国古代民间信仰：远古—隋唐五代》认为："在佛教借助神仙信仰壮大自己势力的同时，中土原有的民间信仰也因受到外来宗教的影响而发生变化，形成民间信仰与外来宗教的互动。"（参见马新、贾艳红、李浩：《中国古代民间信仰：远古—隋唐五代》，上海人民出版社2010年版，第239页）

184　〔汉〕襄楷：《复上书》："又闻宫中立黄老浮屠之祠，此道清虚，贵尚无为，好生恶死，省欲去奢。"（参见高明主编、林尹编：《两汉三国文汇》，中华丛书编审委员会1960年版，第1519页）

185　仅刻经题记就有，佛弟子刘氏《高王观世音经》、佛弟子常才合家《金刚经》、佛弟子史延福《佛顶尊胜陀罗尼经》。事实上还存在大量题名造像记和更多不署名的刻经、造像铭文也是出自民间之手。（参见楚默：《楚默全集·佛教书法史》，上海书店出版社2014年版，第326页）

186　岑文本撰文、褚遂良书丹。

187　开元十年补刻的河洛上都龙门山之阳《大卢舍那像龛记》中，史樊宗牒，尉员狎则属官吏阶层。无史料说明其与书法行业存在直接关联。（参见张文萍选编，侯超英、刘福兴主编：《洛阳历代文选》，九州出版社2003年版，第156页）

188　据刘灿辉考证，薛曜、殷仲容等书家参与擂鼓台。（参见刘灿辉、黄燕：《龙门石窟擂鼓台中洞武周时期佛教书刻研究》，《中国国家博物馆馆刊》，2021年第1期）

189 此外还有"窥天鉴地……大之则弥于宇宙,细之则摄于毫厘"等赞词。(参见尹维新主编:《中国传世书法》上,中央编译出版社 2020 年版,第 98 页)

190 当然也有学者认为褚遂良的宗教立场比较模糊,铭文是出于"郑重的社会责任"。(参见楚默:《楚默全集·佛教书法史》,上海书店出版社 2014 年版,第 306 页)

191 至于是否能够谈得上信仰的层面,可以进一步讨论。

192 无论是信仰尊崇还是毁法灭佛,态度都是明朗的。

193 名义上或实质意义上的领袖。

194 陈怀宇《唐代佛教纪念碑性的展开及其挑战》。(参见《纪念岑仲勉先生诞辰 130 周年国际学术研讨会论文集》编委会编:《纪念岑仲勉先生诞辰 130 周年国际学术研讨会论文集》,中山大学出版社 2019 年版,第 259 页)

195 葛壮:《宗教与中国社会述论》,上海人民出版社 2015 年版,第 4 页。

196 张践:《中国古代政教关系史》下,中国社会科学出版社 2012 年版,第 657 页。

197 "约自唐开元始,经中、晚唐讫于五代,整个北方摩崖刻经的数量急剧减少",唐开元以后仅有五代时期刻于河南泌阳悬谷山的《金刚经》一部。(参见王振国:《龙门石窟刻经研究》,《华夏考古》,2006 年第 2 期)

198 四川成都唐墓中,发现将《陀罗尼经》镶嵌进银手镯中。(参见阮荣春、张同标、刘慧等:《美术考古一万年》上,上海大学出版社 2008 年版,第 251 页)

199 下节详细论证。

200 值得注意的是,隋唐时期的石窟铭文也具有艺术样式和审美追求的特殊性:相对于唐代书家的碑帖基于艺术层面的追求而言,龙门石窟铭文的群众基础决定了其现实主义与实用主义的尚美追求。换句话说,龙门石窟的绝大多数刻经以及造像记更多考虑的是祈福免灾的现实需求和通过供养交换的实用主义,而不是将纯粹的书法艺术作为目的或追求。

201 崔树强主编:《百代书迹:中国书法简史》,江西美术出版社 2017 年版,第 66 页。

202 康有为《广艺舟双楫·备魏第十》。(参见曹利华、乔何编著:《书法美学资料选注》,陕西人民出版社 2009 年版,第 935 页)

203 "三化"的说法见于陈振濂《书法学·上》。(参见陈振濂主编:《书法学·上》,江苏凤凰美术出版社 2019 年版,第 187 页)

204 清代杨守敬在《学书迩言》中谈到此碑云:"龙门:《佛龛碑》,则宽博俊伟。"(参见李芝岗:《中国雕刻书法艺术》,陕西师范大学出版总社有限公司 2014 年版,第 153 页)

205 东山擂鼓台区前壁右侧下部刻经《付法藏因缘传》。(参见刘灿辉、黄燕:《龙门石窟擂鼓台中洞武周时期佛教书刻研究》,《中国国家博物馆馆刊》,2021 年第 1 期)

206 将多元的特色进行提炼并统一的过程,必然伴随着选择和简化。

207 这实质上也是书法在不断构建法度化的过程中所存在的特色和"能量"递减现象。

208 从这个角度来说,无论隋唐龙门时期之前的邺城刻经,还是其后的安岳、大足铭文,都有其成型的法度和规约。

209 卢辅圣主编,王元军、王亚辉著:《中国书法史绎·卷四·从中和到极致》,上海书画出版社 2014 年版,序言第 3~5 页。

210 需要说明的是,经像并举并非隋唐龙门石窟的独创,事实上从佛教铭文诞生之日起,就依托造像而存在,关系密不可分。虽然在华发展的具体时期,因特殊原因产生暂时性的"隔离"（比如，北齐时期，山东地区多有刻经而无造像），但从更广阔的角度来看，将造像和刻经结合起来进行研究，是符合客观规律的研究方法。

211 楚默：《楚默全集·佛教书法史》，上海书店出版社2014年版，第329页。

212 即先有造像后有铭文，先是工匠题名，逐渐扩展为愿文、刻经等。佛教初传时期造像居于中心地位，铭文是附属的、次要的。

213 造像和铭文是统属于佛教石窟艺术的，两者存在不可分割的有机联系。孤立地去审视造像艺术或者石窟铭文艺术，都不能领会深刻的佛教意涵，唯有将两者结合起来，才能领略到更多书法层面的佛教寓意。

214 因其承载内涵的丰富博大。

215 刘景龙、李玉昆主编：《龙门石窟碑刻题记汇录》，中国大百科全书出版社1998年版，第618页。

216 有文献记载，中古以后，西南地区及关中地区的宗教雕塑、石窟铭文等受到隋唐龙门石窟影响极大，下章详述。

217 不同的是，北齐时期邺城、山东刻经主要是出于对北魏太武帝灭佛的反思，而卧佛院为代表的唐末刻经则是完整经历了"三武灭佛"的系统恐惧。当然卧佛院刻凿于唐开元十一年（723），但其开凿时间跨度较长，不能完全排除会昌灭佛的重要影响，至少促进了僧团雕刻的紧迫感和存法的责任感，愈加推动了刻经的进度和规模。

218 有学者认为大足石刻宝顶山是"川密道场"。（参见胡文和：《安岳、大足"柳本尊十炼图"题刻和宋立〈唐柳居士传〉碑的研究》，《四川文物》，1991年第3期）事实上无论是否存在内外道场之分，但从地狱变、六道轮回图等来看，其布道的成分是显而易见的。

219 从内容来说，安岳卧佛院以刻经为主，大足宝顶山涵盖较宽，刻经、佛偈、颂、造像题记及其他碑刻皆有留存。从年代来讲，前者主要集中在唐代，后者则以宋代为主。

220 此书虽出版时间较早，但统计之精、分类之细、校勘之准，至今仍是大足石刻研究的经典力作。

221 重庆大足石刻艺术博物馆、重庆市社会科学院大足石刻艺术研究所编：《大足石刻铭文录》，重庆出版社1999年版，概述第1页。

222 曹丹：《安岳卧佛院卧佛刻经与题记》，《四川文物》，1990年第2期。

223 李翱在《去佛斋论》中的观点比较有代表性，认为佛教应为社会秩序沦丧、世代延续、民生凋敝负责。（参见周绍良主编：《全唐文新编》第三部，第三册，吉林文史出版社2000年版，第7184页）

224 徽宗崇奉道教，曾于1119年敕令"排佛"，但迫于僧俗压力，不久后改令"一切如旧"。（参见〔日〕久保田量远著，胡恩厚译：《中国儒道佛交涉史》，金城书屋1986年版，第187页）

225 《宋代政教关系研究》第八章"引导与认同—三教调和论占主导位置"。（参见汪圣铎：《宋代政教关系研究》，人民出版社2010年版，第262~265页）

226 柳宗元《送元十八山人南游序》云："太史公言：世之学孔子者，则黜老子，学老子者则黜孔子。道不同，不相为谋。今观老子亦孔子之异流也，不得不以相抗。……其后有释氏，固学者之所骇怪，遂其尤者也。"说明唐代三教合流的现实。（参见〔唐〕柳宗元著，张洲导读注译：《柳宗元集》，岳麓书社2018年版，第234页）

227 杨军：《宋元三教融合与道教发展研究》，巴蜀书社2009年版，第97页。

228 陈明光《唐韦君靖碑校补》。（参见陈明光：《大足石刻考古与研究》，重庆出版社2001年版，第85页）

229 高秀军《大足石刻佛"毫光"相探析——以宝顶石刻为中心》。（参见秦臻主编：《田野、实践与方法：美术考古与大足学研究》，重庆大学出版社2016年版，第125页）

230 僧团事宜，下文详述。

231 大足石刻宝顶山铭文曰："热铁轮里打筋斗，猛火炉中打倒悬，伏请世尊作证明，五浊恶世誓先入"，"假使热铁轮，于我顶上旋，终不以此苦，退失菩提心"。（参见李巳生：《禅密造像艺术精华：两宋至明清时期》，河南大学出版社2012年版，第87页。）

232 郑炳林等在《敦煌与丝绸之路石窟艺术丛书·川北佛教石窟和摩崖造像研究》中提道："巴中市位于米仓山南麓巴河之滨，是米仓道南段的重要通道，巴中也因此道与兴元府相通，在唐代交通位置突显，陆路上与阆中（唐之阆州）、三台（唐之梓州，曾是唐东川节度治所）、成都（唐之益州，西川节度治所）在一条线上，是京城联系兴元和东、西川的重要通道，同时从巴中顺江而下可达重庆，进入长江，北上还可分道入河西，交通便利。"（参见雷玉华、罗春晓、王剑平：《川北佛教石窟和摩崖造像研究》，甘肃教育出版社2016年版，第14页）

233 雷玉华在《巴中石窟研究》中明确提出："由于米仓道的繁荣，唐代巴中地区与中原、关中联系密切。"并据广元千佛崖菩提瑞相造像题记，系统考据了与巴中石窟的关系。（参见雷玉华著，郑炳林、樊锦诗主编：《巴中石窟研究》，民族出版社2011年版，第277页）

234 也有学者认为不然，论断柳本尊"与唐代中国佛教密宗无任何直接和间接的师承关系"，"只算得上是方便法门"。（参见胡文和、胡文成：《巴蜀佛教雕刻艺术史·下》，巴蜀书社2015年版，第211页）

235 两者活跃年代相差百年之久，目前学界主流认可其师承关系，笔者在此存疑，待最新研究成果定论，再做订正。

236 陈明光《宋刻〈唐柳本尊传〉碑校补》。（参见陈明光：《大足石刻考古与研究》，重庆出版社2001年版，第103页）

237 丁明夷：《佛教新出碑志集萃》，东方出版社2016年版，第276页。

238 雷雨：《柳本尊密法源头初探》，《碑林集刊》，2008年第1期。

239 汪毅著，王达军摄影：《安岳石刻艺术》，巴蜀书社2019年版，第77页。

240 同时期的还有黄陵万佛寺石窟、延安万佛洞石窟和志丹城台石窟以及内蒙古巴林左旗洞山石窟。也不能说完全断绝，但相较之前明显处于低潮期，并逐渐没落，亦是不争的事实。（参见宿白：《中国石窟寺研究》，生活·读书·新知三联书店2019年版，第3页）

241 葛兆光：《中国思想史·第2卷·七世纪至十九世纪中国的知识、思想与信仰》，复旦大学出版社2001年版，第142页。

242 灭佛令执行不久，唐武宗即离世。（参见〔日〕陈舜臣著，齐膺军译：《桃李章》，中国画报出版社2019年版，第228页）

243 仅取缔规模较小或未经认可的佛寺、僧尼。（参见孙熙汝：《妙乐寺》，宗教文化出版社2013年版，第84页）

244 孙熙汝《妙乐寺》载："（五代十国时期）北方地区这种混乱的局面对佛教造成了双重的影响：一方面，连年的战乱杀戮和沉重的赋役，严重破坏了佛教寺院；另一方面，战乱也驱使更多的青壮年流入佛门，他们试图借助寺庙躲避祸患，寻求安身之所。"（参见孙熙汝：《妙乐寺》，宗教文化出版社2013年版，第102页）

245　汤用彤《隋唐佛教史稿》载："五代管理僧尼之官似承唐制，梁太祖敕僧尼改属祠部，后唐有左街僧录。"僧团管理机制并无太多创新。（参见汤用彤：《汤用彤全集·第2卷·隋唐佛教史稿》，河北人民出版社2000年版，第283~284页）

246　王永会：《中国佛教僧团发展及其管理研究》，博士学位论文，四川大学，2001年，第83页。

247　《宋史·卷三·本纪第三》载："开宝六年十二月壬午，命近臣祈雪。丙午，前中书舍人、参知政事多逊起复视事。行：《开宝通礼》。限度僧法，诸州僧及百人，每年许度一人。"（参见〔元〕脱脱等：《宋史卷三》，大众文艺出版社1999年版，第28页）

248　王永会《中国佛教僧团发展及其管理研究》载："开宝六年（973），太祖下诏限度僧法，规定诸州僧及百人，每年许度一人。从而将宋朝之佛教政策之基本原则确定为适度发展、限制膨胀、防止其走向蛊惑民众之途。此后诸帝基本遵从了这一原则。"（参见王永会：《中国佛教僧团发展及其管理研究》，博士学位论文，四川大学，2001年，第90页）

249　《中国佛教僧团发展及其管理研究》载："在南宋之时，也遵行北宋'不使之大盛耳'之政策，停止发放度牒，稳定僧尼数量；向僧道征收'免丁钱'（后又改为'清闲钱'），其数倍于一般户丁。另外，宋时还建立了'释道账籍管理制度'，对宫观寺院总数、僧、尼、童行总数、分项数以及每个僧道徒的姓名、年龄、籍贯等详细情况进行登记；建立紫衣、师号颁给制度，以加强对僧团主要领导者及僧官的控制；建立寺观田产及赋役制度，对寺观田产进行有效限制等。这样更为有效地限制了僧尼数量的增加。"（参见王永会：《中国佛教僧团发展及其管理研究》，巴蜀书社2003年版，第91页）

250　但是据统计宋代僧尼占人口的比例远远高于唐代的1:322，以真宗与徽宗时期最为显著，达到1:40的惊人程度。（参见韩丛耀主编，邵晓峰著：《中华图像文化史·宋代卷·上》，中国摄影出版社2016年版，第23页）

251　胡文和、胡文成《巴蜀佛教雕刻艺术史·下》载："汉即汉州，治所在雒县（今广汉市城区），所辖县有唐时的绵竹、德阳、什邡、金堂等县；弥即弥蒙镇，在今新都县城关镇北面约10公里处，与广汉县交界。这段记载出自这样一个历史背景。以上地区从汉至唐，都是道教的势力范围。唐释道宣《集神州塔寺三宝感通录》卷下中记载：'蜀川释宝琼者，绵竹人，出家贞素。读诵大品，两日一遍。无他方术，唯劝信佛为先。本邑连比十方，并是米族。初不奉佛，沙门不入其乡。故老人、妇女不识者众。'何谓'米族'，即'五斗米道'的信徒。再据《三洞珠囊》卷七'二十四治品'，《洞天福地岳渎名山记》等道教典籍载：'上品八治'有'秦中治'，系'广汉郡绵竹县东'；'中品八治'有'隶上治'，系'汉州德阳县北'；'涌泉山神治'，系'汉州德阳县西北'；'下品八治'，有'后城治'，系'汉州什邡县西北'。根据佛、道典籍的记载，我们可以看到这样一个事实：道教当时在绵竹、广汉一带有着雄厚的社会基础。这就从另一个方面说明柳本尊教派活动的地区大致是在以成都为中心的周围。"（参见胡文和、胡文成：《巴蜀佛教雕刻艺术史·下》，巴蜀书社2015年版，第211页）

252　高秀军《大足石刻佛"毫光"相探析——以宝顶石刻为中心》。（参见秦臻主编：《田野、实践与方法：美术考古与大足学研究》，重庆大学出版社2016年版，第125页）

253　《巴蜀佛教雕刻艺术史·下》附录："玄妙观第6号龛：《启大唐御立集圣山玄妙观胜境

碑》"条载："永淳元年十一月十九日癸丑之辰，长虹十二道，南北通过，地则六种振动，山林摧折。明帝乃问臣苏献，礼报上方，有圣人欲现，故有此瑞人。元始化生三教圣人，而生正一法王。从此以来，古今相续。大唐开元天宝圣文神武皇帝，该由是道""开元六年，国父左弘晚见桔去若□云：道是三教祖也，朝纲国公李玄清奏闻陛下，旨□□□□。识相后从军还，再蒙侍养奉父母惠慈育之功。至开元十八年七月一日"。（参见胡文和、胡文成：《巴蜀佛教雕刻艺术史·下》，巴蜀书社2015年版，第129~130页）

254　肖宇窗《神话在人间：大足石窟艺术及其文化阐释》载："在中国早期石窟中我们看不到三教共尊的景象，而大足石篆山石窟成了三教同祀的大观园，老子龛、孔子龛、三身佛龛等三教的尊像堂而皇之地供列在一起。功德主严逊的碑记可以道明个中的原委：'其教（佛教）能使人愚者避恶趋善息贪，贤者悟性达理，不昧因果，是于先王致治之礼法，盖有所补而不可一日亡也。'可见，宋代以做'佛事'为由，行三教之礼法，以贵在修养为时尚，并成为乡绅名士们追求的一种精神境界。"（参见肖宇窗：《神话在人间：大足石窟艺术及其文化阐释》，中国戏剧出版社2011年版，第199~200页）

255　赵瑞娟、赵志策、马凤娟《世俗性的宋代佛像雕刻研究》第三章第一节认为"儒释道三教合流是促进宋代佛教世俗化的重要原因"。（参见赵瑞娟、赵志策、马凤娟：《世俗性的宋代佛像雕刻研究》，中国广播电视出版社2015年版，第38~41页）

256　"麦积山石窟发展至宋代以后，基本上再没有大型的开窟造像；仅在宋代开过几个小窟，元代开始则再未有过开新窟的行为，只是在原有洞窟的基础上进行适当的重修或重绘装銮。"（参见高翾：《元明清时期天水地区的佛教艺术》，甘肃人民出版社2015年版，第12页）"宋代以后，（炳灵寺）石窟的开凿逐渐衰落。元代以后曾在一些洞窟中重绘若干密宗题材的壁画。清代初年，在民族纠纷中，炳灵寺石窟的窟龛造像几次遭到人为的破坏，此后渐次被人们遗忘。"（参见马世长：《中国佛教石窟考古文集》，商务印书馆2014年版，第558页）"（武威天梯山石窟）宋代以后不再有石窟的创建，但各代都有过一定规模的重修，不断发挥着宗教基地的作用。"（参见张宝玺：《河西北朝石窟》，上海古籍出版社2016年版，第39页）

257　无论是教义、经典还是神灵系统，都得到了完善。

258　以南宋为最。

259　似乎"穷乡儿女"的定位值得商榷。

260　或为书家，或为工匠。

261　徐杰舜主编：《雪球——汉民族的人类学分析》，上海人民出版社1999年版，第1213页。

262　陈明光认为包括历史文献中的古体字、别字、当世社会的俗写字及石窟主建者的自造字等。（参见重庆大足石刻艺术博物馆、重庆市社会科学院大足石刻艺术研究所编：《大足石刻铭文录》，重庆出版社1999年版，附录）

263　郭洪义：《重庆大足石刻疑难字的类型及其成因初探》，《宜春学院学报》，2018年第40卷第4期。

264　这里的"过度"没有褒贬之意，只是表明一种客观现象。

265　笔者无法找到直接的证据，就以城乡人口比例来侧面说明这个问题。据李晓《宋代工商业经济与政府干预研究》的数据来看，宋代杭州、真州等富庶地区城市人口比例较高，接近50%，而更广大的地区如扬州、惠州等徘徊在20%以下，嵊州甚至才3.59%。（参见李晓：

《宋代工商业经济与政府干预研究》，中国青年出版社 2000 年版，第 86~90 页）

266　从历代石窟工匠题名数量不断增加可见一斑。

267　第 46 号刻经云："龙朔三年正月二十二日，敕令于敬爱道场写一切经典"，可见安岳卧佛院刻经与东都敬爱寺之关系。（参见中国人民政治协商会议四川省内江市委员会文史资料研究委员会：《内江文史资料》第 1 辑，1986 年版，第 162 页）

268　这一点，我们在巩县石窟部分已经做过探讨。

269　参见上一章"巩县石窟"部分。

270　陈龙国：《大足石刻的民间书法》，《文艺研究》2011 年第 11 期，第 142~143 页。

271　《大足石刻史话》载："大足宝顶山大佛湾第 17 号大方便佛报恩经变，同毗邻的父母恩重经变一样，也是一组讲述佛教注重孝道的雕刻。大方便佛报恩经变雕刻在高 7.1 米、宽 14.7 米的崖壁之上，居中是一尊气势宏伟的释迦牟尼半身像，高 3.7 米，肩宽 1.4 米，有螺髻的佛头顶部上，冒出一道毫光，在光中现一天宫，书'忉利天宫'。佛像身着袈裟，左手捧钵放于胸前，右手结印。在佛头左侧，刻天、人、地狱，右侧刻阿修罗、畜牲、饿鬼，它们为六道。龛檐之下，从左至右横刻宝顶山常见的二十字偈语'假使热铁轮，于我顶上旋。终不以此苦，退失菩提心'。"（参见李小强：《大足石刻史话》，江苏凤凰美术出版社 2019 年版，第 177 页）

272　仅仅这些是无法与北齐、北周时期的山东摩崖刻经、唐代龙门石窟的"经—像"系统拉开差距的。

273　而非"藏经"。

第五章 中国石窟铭文的特征

在宏观上对中国石窟铭文在各时期、各地域的代表性样本进行探讨和研究之后,我们有必要在此基础上进行一些归纳和总结,寻求带有总体性和普遍性的论断。基于上述研究,我们认为中国石窟铭文艺术存在下面几个基本特征。

第一节
神性的消解：铭文中人性因素的觉醒

纵观中国石窟铭文从北朝至宋[1]的发展变化，我们可以清晰地观察到其中蕴含的神性成分在消解，而人性因素在逐步觉醒。换句话说石窟铭文艺术，在整体意义上呈现出不断世俗化和人间化的进程。

关于世俗化或人间化的问题，上文已经进行了充分的讨论，这里不再重复。需要补充的是民众造像意愿的问题。众所周知，民众造像和刊经的出发点是为获得"大功德"。虽然有学者根据特殊的待刻造像记推测在部分石窟中存在雕刻完工而后待人认领的商业化现象[2]，但学界普遍将石窟营建视为比较严肃和虔诚的宗教行为。石窟铭文作为佛教信仰的一部分，在民众"积德建功"的宗教和世俗意愿下，有着一定的功利性。通常情况下，整个创作流程中，无论民众寄愿、书家书丹、工匠题刻，都是怀着宗教热忱，带有很强的仪式性和虔诚性。而书家和工匠在写刻过程中的专注投入，书法的美学意义和价值就注入佛教整体的语境下；同样的宗教的理念和宗旨借助于书法语系得以阐化和表达[3]。我们可以概括为以宗教理念为书法之表达，以宗教热忱为书法之驱动。于是造像记和刻经等石窟铭文笔墨意味所呈现的艺术效果，使得其具有统属于宗教而又超越了宗教的美学意味。

而"神性消解"或世俗化的现象，我们可以从信仰和再诠释两个角度来进行解读：

一、从信仰意义上来看，虽然早期石窟铭文以题记为主，与刻经相较而言，似乎在文本体量和形式严肃方面有所不逮，但战乱之下的宗教狂热或虔诚犹有过之[4]。当然，我们也不能简单地说：唐代信徒的虔诚程度不及北朝，或者论断唐代僧俗对宗教的神性认知就弱于北朝。事实上虔诚程度和神性认知，本质上是无法量化的，只存在客观意义上的强弱，并无绝对意义上的优劣，因此只能定性，不应定量。笔者对李泽厚先生的论断是认同的，北朝时期信徒们的虔诚程度毋庸置疑，上至帝王贵胄，下至黎民百姓，皆对佛教秉持几无保留的信仰[5]。隋唐时期，随着三教融合的进程和皇权的日渐加强，政教关系逐渐产生变化，帝王大多秉持理性的利用和戒备态度，加上对丛林清规、伽蓝建制、僧团规模等方面的具体条令，可以说从北魏至隋唐，信徒们的虔诚程度和僧俗对宗教的神性认知暂且不论,但其形式上从狂热不断走向严谨与法度是学界公认的。从唐末开始,事情出现了转折,天平开始逐渐从神圣化向世俗化倾斜。其影响因素是多方面的:客观上有"三教合一"演进历程的影响,信众阶层从帝王贵胄到普罗大众的转变,连番"法难"造成的政教相互戒备,社会演进逐渐理性以及神性逐渐仪式化、平面化等。

但从内在因素而言,最重要的是以禅宗为代表的宗教理念的变革。事实上大乘佛教中"一阐提人皆有佛性""佛性遍在"的论点由来已久[6],但真正将其落实到僧团管理、内化到个人修行之中则是在隋唐时期方才达成[7]。因为涅槃学"一切众生皆有佛性"[8]的论断与儒家所谓"人皆可以为尧舜"[9]的崇高目标相契合,极大推动了佛教在士族和世俗两个层面的接受程度。

更为重要的是,"一阐提人皆有佛性"宗教改革的核心,实质上蕴含着人性的觉醒。在石窟研究领域,这种神性向人性过渡的思想,体现在造像题材的选择[10]、文本内容的表述、宗教教义的阐发等方方面面,佛教的高深理念与石窟开凿的具体施工,在一定程度上达成了惊人的协同。

二、从对佛教经典的"再诠释"角度来探讨。在正式讨论之前,先明确一组概念:经、论、藏。通常意义上,佛说为经、解义为论、汇编为藏[11、12]。严谨起见,这里需要区分一下范围。欧阳竟无在讨论佛法非宗教时列述四条,其二曰:"凡一切宗教必有其所宗之圣经,此之圣经但当信任不许讨论,一以自固其教义,一以把持人之信心。而在佛法则又异此。"[13] 对于两者是否确实截然不同,不属于本书讨论的范畴,但欧阳竟无已经有了区分出宗教和佛法界限的意识。事实上放眼学界,对于"经""律"[14]"论"的讨论不绝于耳,从三教争鸣时期的相互攻讦,直至民国时期亦有不同程度的质疑声存在[15]。但就宗教界而言,确实存在类似"注不驳经,疏不驳注"[16]的"经—论"体系。因此,佛教经典的"再诠释"[17],包含了下面几层意思:

其一,译经活动中对佛教教义的诠释和调和。

从汉代开始直至唐宋时期,随着佛教自身的演进和印度佛学典籍的不断传入,译经活动也持续兴盛,本章"洛阳地区的译经与写经"部分已进行了相关讨论,兹不赘述。这里需要补充的是中古时期佛经翻译过程中,高僧对佛教原典所进行的诠释和再造。从支谦借鉴道家老庄思想[18],可见一斑。事实上,从译场分工设置"缀文""润文"[19]之职,也可以直观看到在早期译经活动中,已经非常注重尊重佛教本来面目和教义中国化、本土化向度下,立场的调和及对佛教经典的"再诠释"。

其二，宗派在"再诠释"向度下的作用。

隋唐时期值得关注的佛教论题之一就是宗派。汤用彤极为概括地指出其性质有三："一、教理阐明，独辟蹊径；二、门户见深，入主出奴；三、时味说教，自夸承继道统。"[20] 释心皓将其进一步阐述为：一是高度发展的寺院经济；二是系统的学说体系；三是相对固定的传教区域；四是严格的法嗣制度和寺院生活规范。[21] 事实上，学界比较一致的认可：宗派的创立是中国佛教完全独立化的重要标志之一。从这个角度来看，隋代的天台宗、三论宗，唐代的华严宗、唯识宗、禅宗、律宗、净土宗、密宗、贤首宗等[22、23]各自依据某一佛教经典进行阐发，并与中国本土哲学文化结合，在"再诠释"中形成了自己的理论体系和制度规范，本质上属于再创造的范畴。

其三，佛经本土化传播过程中的再次体悟和阐发。

在传入我国的佛教理论体系中，本就包含"经"和"论"两部分。而在中国化过程中，我国高僧大德的理解和诠释可以称为"再诠释"。而这种"再诠释"因为个人领悟和理解的不断扩展，而呈现出与原始佛经不同的意味。以大足石刻为例，大量佛偈、佛颂更多阐发的是赵智凤对于佛经的个性化理解和领会[24]。另外一个值得关注的是佛经的"变文"现象，敦煌写本的《维摩诘经变》[25]《佛本生经变文》[26]《佛本行集经变文》昭示的不仅是为适合大众需求而进行变化的通俗讲述，同时也有高僧大德自己的领悟蕴含其中。

换句话说，原始佛经的神性随着中国化过程中的不断诠释而添加了多元化的理解。于是这种人性因素的介入使得铭文体系在"再诠释"过程中不断呈现出中国化、世俗化的趋势。

第二节
重心的转移：从祈愿转向义理的探求

本书绪论第二节"铭文书法—图像—文本内容作为一种'三元互诠'体系的研究综述"部分，已经对侯旭东关于造像记的两种结构进行了介绍。事实上两者除了时间前置、后置等细微区别之外，需要引起研究者注意的还有其"祈愿内容"。

据唐晓军统计，造像记的祈愿内容主要有帝权崇拜、为往生亲眷祈福、为生者积累功德等[27]。这里从几个层面进行剖析：其一，从祈愿的范围而言，不局限于简单意义上的利己，而是更为宽广一些，是对国家社稷的祈福[28]、对亲人眷属的关怀，是"利他"层面的客观体现。当然这与佛教慈悲观等教义相关联，同时在六道轮回、净土世界等佛教典型世界观的范畴下，引导民众寻求更高层次的利他，较大地促进了社会和平与稳定。其二，从文化交融而言，实质上，佛教的教义和理念与传统的"慎终追远"消灾祈福等理念相耦合，将对逝者的追思和生者的祝愿，以造像题记的形式进行展现，内在实质上是文化融合的投影。其三，从社会伦理规约而言，祈愿的内容包含了天地君亲师的伦理次序。以"龙门二十品"中的《比丘惠感造像记》为例，曰："景明三年五月卅日，比丘惠感为亡父母敬造弥勒像一区，愿国祚永隆，三宝弥显，旷劫师僧、父母、眷属与三涂永乘，福锺竟集，三有群生，咸同此愿。"祈愿内容，"国祚""三宝"在前，而"师僧""父母""眷属"在后，基本符合中国伦理尊卑的自然次序[29]。

图 5-1　《比丘惠感造像记》

关于中国石窟铭文内容从祈愿转向义理的探求，主要有这么几层含义：

一、是佛教自身发展规律使然

随着佛教典籍的不断译入、教派的不断演进，大规模营建的石窟铭文中的祈祝性质在消解，而义理意味在升华。笔者试举分处不同时期的两则铭文示例，以做说明。北朝龙门石窟古阳洞的"龙门二十品"之一的《长乐王丘穆陵亮夫人尉迟为亡息牛橛造像记》云："太和十九年十一月，使持节司空公长乐王丘穆陵亮夫人尉迟，为亡息牛橛请工镂石造此弥勒像一区。愿牛橛舍于分段之乡，腾游无碍之境。若存托生，生于天上诸佛之所；若生世界，妙乐自在之处；若有苦累，即令解脱三涂恶道，永绝因趣。一切众生咸蒙斯福。"基本符合的北朝造像记范式，其刻凿缘由也是"表述功利目的和愿望祈求"[30]，祈愿色彩较为浓厚。反观大足宝顶山大量的题刻、经偈颂文，指向的是对佛教教义的诠释和阐发。比如，18龛《观无量寿经变》的"十六观"颂词[31]，非佛经原文，而以贴合时代各阶层的文本内容，阐述着佛法的内涵。胡文和先生称之为"正是宋代佛教思想社会化（世俗化）的实证"[32]，是文本内容与雕塑题材互相参证的论断，自有其立论依据。这种对义理的关注和对佛教精神的再诠，本质上是佛教发展规律的必然结果。

需要补充的是，笔者这里所分析的基本范畴是大规模营建的石窟铭文。因此，从北魏时期龙门石窟的铭文、北齐山东邺城刻经到安岳卧佛院刻经、大足宝顶山铭文，这一系列从整体上基本符合上述结果。当然，不能以诸如巴中地区零星散刻，大足北山或南山的民众杂刻来进行反证。事实上，这两种存在状态既缺乏有效的组织，也无法说明当时佛教的基本发展趋势，因此在本节论题下不具有讨论的必要[33]。

二、与特定历史时期的社会环境因素有关

北朝前期石窟铭文的内容主要围绕祈愿展开，这与当时"功德果报"价值体系密不可分。事实上三国时期《佛说不可思议功德诸佛所护念经》、东晋《佛说出家功德经》、北魏《佛说称扬诸佛功德经》等经文的流行，为信众提供了施舍、称赞大乘、持珠念佛[34]、建塔造像[35]、抄写经书、供养僧人等功德途径。造像不仅在列，而且是诸般"功德"之中最易流传后世的途径。佛教在宣扬"功德"的同时，也构造了"果—报"体系，大抵可以概括为"现世福报""往生福报""成佛福报"三类[36]。因该体系覆盖面宽，有便捷易从之法[37]，具有客观意义上的广阔功用和特殊魅力：不仅利于己，而且及乎亲眷，达乎众生[38]；不仅利于眼前，而且能消积业，能计来生，甚至能达彼岸。在佛教营造的虚幻愿景下，北朝石窟铭文所呈现的宗教狂热也在情理之中。

反观北齐时期的石窟（摩崖）刻经，则主要笼罩在末法的危机意识之下。虽然早在

北凉时期昙无谶为鼓动北凉王沮渠蒙逊造像，就已经发出"释迦佛正法住五百年，像法住一千年，末法一万年"[39]的预言。后随着"灭佛法难"的不断重演，加上佛经历代大规模翻译为佛经刊刻提供了充分的前提条件，北齐僧侣投入大量的人力物力于名山大川镌刻佛经。

迨至两宋时期，社会逐渐从安史之乱和五代十国的连番战乱中复苏，社会日趋稳定，经济逐步提升。该时期对石窟铭文影响最为重大的是"三教合一"影响下的世俗化、人间化历程。正如李泽厚所言，"清醒的理性主义、历史主义的华夏传统终于战胜了反理性的神秘迷狂"[40]。从另外一个角度来看，正是"三教合一"的包容氛围、印刷术改良带来的知识普及、民众经济社会地位的提升，使得世俗大众可以用比较理性的眼光来看待宗教信仰，可以用儒家[41]的思想和行为规则来客观地对待佛教一应事务。反观宗教领域，随着民智开化和一般知识的流行，僧团更多需要考虑民众的真实需求、知识水平和接受能力，因此石窟铭文中题刻经偈颂文对佛教教义的诠释和阐发显得更加平实和亲近。

从北朝前期的以祈愿为主流，到北齐末法危机下的薪火流传意愿，一直延续到唐宋时期"正本澄源""传法为要"的宗教理念，中国石窟铭文在不断发展和演进中重新诠释和定位着佛教哲学的内涵和外延。

三、与哲学思想的发展存在一定相关性

中国石窟铭文内容从祈愿转向义理的探求的过程，与整个时代的哲学思想史背景相协调。从北朝前期的"象教"偶像崇拜，到北齐时期末法阴影下的经文"宏愿"，再到宋代"三教合一"语境下佛教经典的再诠释[42]，石窟铭文艺术走过了漫长的道路，并随着"时代的变迁、阶级的升降和现实生活的发展变化而变化发展"[43]，诠释着佛教中国化的生命历程。

葛兆光先生在谈论到佛教与中国思想史影响时，曾提出一条著名的论断："依靠神异力量的'他力救赎'的取向在中国盛行一段之后逐渐消解，转为依靠自身的宗教信仰与道德行为的'自力救赎'取向。"[44]事实上，哲学思想对石窟铭文发展趋势的影响，非常重要的一点就是救赎方式的转变。

伴随着时代的发展和科技的演进，特别是中世纪以后，中国民众的知识水平得到了长足的提升[45]，开始呈现"理性实用主义"的倾向；并随着经济实力和普遍知识水平的提升，个人意识和个体自信开始进一步彰显。在这样的大趋势之下，佛教固有的救赎方式，呈现出"双向性"的发展趋势：一方面在逐渐转向自身、转向个体的内在；另一方

面则随着佛教中国化和三教合一的历史进程，民众的社会意识获得强化，人生观、价值观和其他观念亦随之变化，拓展至寻求符合社会性道德标准[46]。

另外一个则是隋唐时期宗教哲学思想的转变。中世纪以后，我国的佛教宗派，在印度佛教理论的基础上，随着中国化历程的演进，与我国固有的文化哲学相融合，形成具备鲜明中国特色、时代特色的佛教哲学思想。以禅宗为例，就植根于印度禅学，并"融汇了印度佛教其他方面的种种理论，并与中国土生土长的老庄思想及魏晋玄学相结合，形成了一个既具有精致的世界观理论，又具有与世界观相契合的解脱方式和认识方法的宗教流派"[47]。还有一个重要的因素是，佛教内外进行了"必要的改革"，即我们普遍熟知的"禅教一致"论、"禅净合流"论等[48]，这实质上促进了佛教的相互师法、借鉴，并形成某种程度的结合。

值得注意的是，禅宗中"祖"的观念及其背后宗教观念和精神的本土化转变。事实上在其之前的佛教流派也并非全无此理念，不同的是之前的流派并未将"祖"作为一种基本的观念进行贯彻，也未曾在组织架构和理论体系中提到如此高的程度。反观禅宗，则比较重视祖统，清晰勾勒出中土禅宗初祖以降，每一代的传法历程。其综合原因是复杂的[49]，但其表现是直观的——经历了从尊"佛"到成"祖"的转变。"祖"被提升到前所未有的位置，获得了超越其他教派的尊重和对待[50]。

这种情况在西南地区的大足石刻中也是客观存在的，虽然教派不同，但如上所述，佛教相互的师法使得彼此理念趋于一定程度上的一致，而"祖"的观念是客观上不约而同的共有选择。如同徐小跃对罗祖教派的评论："既注意了对所凭借的佛教思想之本义、通义的阐扬，又注意了对己义的创造"[51]，西南地区的柳赵教派堪称最好的实证之一。

这里我们引述一段祖觉禅师《唐刘居士传》中的记载："龙智传金刚智，智传不空，不空传嵩岳一行禅师，称瑜伽宗。……居士尝为金刚藏，而非金刚藏之化也。"[52]另据胡文和考据，柳本尊临终"咒口授袁承贵"，袁承贵传杨直京，其后记载不明。[53]至南宋赵智凤重振瑜伽宗，称"六代祖师传密印，十方诸佛露家风"，应为此宗传人。因此，在大足石刻留下的大量佛偈、佛颂等铭文，无不昭示着赵智凤对于密宗[54]佛经、佛典的演化和再诠。从尊"佛"到成"祖"，其中所隐含在信仰理念中的内在转变不容忽视。

当然，从石窟铭文祈愿的消解转向义理的诠释和阐发，也标志着某种意义上的世俗化[55]。从这个角度上来看，又何尝不是庄严的佛教信仰和深奥的经典理论体系，在时代推进和佛教中国化历程中，"人"性层面的觉醒。

第三节
书风的重构：广泛吸纳而异彩纷呈

为方便讨论，我们在研究这个问题之前，约定将石窟铭文艺术发展中吸纳的艺术支流的风格，统一称之为"书风"。书风的变化是一个宏阔的命题，需要大量的探讨和细致的推敲，本书仅从整体上予以关注，意图勾勒出石窟铭文发展的大致情况。

若将北魏本民族对于书法的理解所表征的平城书风作为讨论的起点，石窟铭文在之后的发展过程中，以北方书风为基础，先后与南朝书风，北齐的摩崖书风，同时期广泛存在的写经、刻经书风以及时代书法风格，地域风格相融合，形成在不同时期，面貌各异、异彩纷呈的铭文书法"样式"或"范式"。

其一，对同时期书风的直接作用。

必须阐明的是，石窟铭文置身于历史发展的宏阔进程中，其所受的直接且最重要的影响来自同时期的时代书风。任何书风不能脱离时代而存在，亦不能脱离时代来解读。比如，东西魏时期巩县石窟"南风北渐"的趋势，本书第四章第三节已经做过探讨。再如龙门石窟《伊阙佛龛之碑》等则明显与唐代楷书"尚法"之则相呼应。实质上《伊阙佛龛之碑》不仅是楷书名家褚遂良早期重要代表作，更是唐代楷书的典范之一，本书第四章第五节的"隋唐中原地区的石窟铭文艺术处于法度严谨的建设期"也已经进行过相应探讨，兹不赘述。

其二，与地域风格的交互作用。

作为与石窟紧密相连的艺术样式，石窟铭文艺术从空间意义上而言，是固化的、稳定的。这种稳定指的是，其所受的空间限制性较强。再加上书法风格客观意义上的地域性分布，因此石窟铭文艺术与所处地域自然存在一定程度的关联和交互。而这里所谓关联是客观的，交互是有条件的。比如，大足石刻宝顶山书风和文风的形成，虽然决定于赵智凤僧团的整体素质，但也与巴蜀地区书风和文风不无关联。以宝顶山经目塔为例，其中所采用的"国、正、人"三字出自载初元年发布的"武周新字"[56]，学界比较主流的意见是依照可靠的风格纪年材料，将其断代为宋代雕刻。而实质上宋代其他地域"武周新字"已经较为罕见，巴蜀地区因为其相对封闭的区位条件而独有留存，实质上从另外一个角度可以佐证石窟与地域的交互关系。

其三，与迁徙交流活动的相对作用。

石窟铭文艺术的兴衰，是与石窟开凿的规模和程度紧密联系的。而石窟开凿则决定于政治支持、宗教政策、经济支撑等因素。因此，石窟铭文艺术的兴衰必然伴随着僧众、工匠等开凿群体的迁移。上文提到过昙曜"自中山被命赴京，……奉以师礼""和平初（460年左右）……昙曜白帝，于京城西武州塞，凿山石壁，开窟五所"，就直接记述了昙曜僧团的流动轨迹。反观北齐时期，安道壹在泰沂山区之外的活动值得留意。安道壹主要负责泰沂山区的摩崖刻经已是学界定论，但随着新材料的不断发现，其在邺城周边鼓山石窟、滏山石窟[57]等地区的活动也日渐清晰，这无疑指向了安道壹僧团的迁徙或交流。

事实上，任何事物在接纳新事物的同时，也是在进行自我解构并重构。所以，石窟铭文艺术在上述三大因素的共同作用下，不断地接纳其他艺术风格，并以强大的包容性和生命力，重构新的内容和形式。通览中国石窟铭文的发展历程，可以将其归结为：广泛吸纳而异彩纷呈。换句话说，中国石窟铭文艺术正是在不断地接纳不同支流后，融汇为外延丰富而内涵独特的艺术体系。

第四节

精神的坚守：从形式变迁而内涵稳定

从形式和内容的角度来审视石窟铭文，可以直观地看出在其演变历程中，铭文的形式、载体和位置在变化，而内涵愈加丰厚和凝聚。

在几千年的历史长河中，石窟铭文随着时代的演进和自身的发展，产生了造像记、刻经、佛偈、杂刻等一系列艺术"形式"；载体形制层面也出现了碑碣载体、龛窟载体、鸿篇巨制的摩崖载体及随地形刊刻的佛偈与游题；位置也根据掩盖程度，有深窟、浅龛与完全曝于天光之下的摩崖。

反观石窟铭文的内涵，不同于外在形式的多样，其中所蕴含的佛教宗旨和义理随着佛教中国化的历程而逐步深入。北魏时期的宗教狂热，以及北齐时期因"末法"危机笼罩下的刻经热潮，隋唐时期佛教译经兴盛、宗派纷呈，推动佛教哲学的发展不难理解[58]。需要特别关注的是宋朝，情况变得有些复杂[59]。

如果我们考虑到上面提到的"禅净合流"论所指向的佛教各流派相互影响，暂不将南宋大足地区的佛教刊刻全部定性为"密宗"，那么我们会有更多的新见。事实上这条思路也是客观存在的，比如，就有学者认为宝顶山《牧牛图》就是比喻"调伏心意的禅观修证过程"[60]，认为"吸收、融合了义理性佛教如密宗、华严宗、禅宗、净土宗的一些内容"[61]。当我们站到大佛教的概念上来看，无疑各宗派教义和义理的融合本身就是一种质的提升[62]，当然我们需要更多的证据来说明。如果说南宋时期的宗教兴盛程度要超越隋唐乃至之前历史时期，这显然是一个伪命题。但换个角度来看，从石窟铭文中所见，普通民众对于佛教的理解来看，大足石刻所表征的南宋时期，相较于之前的各个历史时期而言，在对佛教义理的理解和阐释上无疑更为本土化，同时也包含更多哲学上的体悟与创见，并无特别的高下之分。

我们尝试着重述一下这个历程：如果说石窟铭文早期的造像记只是"依附于造像而存在"[63]，那么刻经可以理解为对佛教义理的直接关注，佛偈、佛颂则阐发时代思想对于佛教教义和理念的理解。笔者无意论证三者高下之分，事实上不同的形式、载体、位置变迁的背后，是宗教内涵和思想的变化与发展。

第五节

文图的交融：铭文与造像的融合渗透

这里的文图交融，指的是石窟铭文和宗教造像[64]。而铭文和造像两者的关系大致有两个层面的含义：一个是书法与造像——艺术范畴内部两种艺术形式之间的关系；另一个则是跨艺术领域的文本与造像的关系。

其一，先就书法和造像而言，两者同属于艺术的范畴。石涛曾言："笔墨当随时代，犹诗文风气所转"[65]，石窟铭文和宗教图像，在大的趋势上都符合时代的审美特征。比如，北朝时期龙门石窟的造像以"秀骨清相"名世，而铭文则以"斜画紧结"为主要特征，两者皆指向了一种清瘦而高古的艺术意味。反观隋唐时期龙门石窟艺术，刻经的丰润精严与造像的雍容端庄也同样呈现出审美趣味的同归。

除了铭文书法和造像在时代审美下旨趣同归，两者分别有着自身的审美体系和发展规律。我们需要关注的是铭文书法和造像在发展过程中，相互之间的交互感应与相融互渗。同样，以北朝时期为例。"南风北渐"是从书法领域开始的，据研究早在龙门时期就已经有此趋势，随着南北的士族的迁徙、民间交流、僧侣的云游、经文和图本的流传，使得"南风北渐"的艺术风格逐步扩展到造像领域。从书法至造像，在"南风北渐"的影响下，呈现出高度的趋同和相当程度的一同发展。

同样值得关注的是，石窟铭文艺术中刀法的影响。书法与刀法的关系异常紧密，王晓光在《由秦汉简牍具名与书手研究谈起》中如此阐述书法与刻工的关系："碑石刻工之于书迹的表现特征在于'以刀代笔'"，是一种"二度创作"[66]。实质上，书法作为某种意义上的线条艺术，其对于刀法的变化反应是极为灵敏的，因此石窟艺术中的刀法变化多是从线条开始，以铭文的变化为特征，随后随着量变到质变的逐步积累，逐渐扩展到石窟雕塑刻凿刀法之中。这一点从北魏时期到隋唐石窟艺术中呈现得较为明显。

其二，再从文本与造像角度看。苏轼云"诗画本一律，天工与清新"[67]，文本和造像虽然在表达媒介和方式上存在一定差异，但在创作规律、意境追求等方面存在共通之处。

让我们重新着眼于石窟艺术，北朝时期雕塑和造像记拥有各自的图本和范式，"文"与"图"之间的界域是相对分明的。而隋唐时期[68]，龙门石窟的以擂鼓台为代表的东山石窟艺术中，图像与经文共处同一平面，"文"与"图"之间的距离进一步拉近。到了宋代，以大足石刻宝顶山为代表的巴蜀石窟艺术中，以山为卷，以谷为图，构造了"连环画式"的佛教艺术范式：图中有文，文中有图。这里有必要做一下解释：所谓图中有文，指的是此时经文榜题及佛名题刻不再游离于画面之外，而是很好地融入进去，化为画面的一部分[69]；同时文本位置相对"活跃"，成为造像章法的补充和延展。文本内容从某种层面上发挥着类似题跋的功用。而文中有图，则指的是大足石刻有一种特殊的现象，工匠出于美学的考量，在经文周边或内部刻凿火焰纹、蔓草纹等各种纹样，或在经文上方雕刻一列微小佛龛。这不仅发挥着装饰的功能，同时也很好地阐释着经文蕴含的义理，起到了化虚为实的作用[70]。

从宏观来看，石窟艺术的发展有一个整体的趋势或规律：北朝时期的石窟铭文艺术，从最初"类碑版浮雕"的造像记，到"碑形"进一步简化后的平面结构，可以视为"文""图"界域的初步融合[71]。那么文本占主导地位的刻经在以大足石刻为代表的西南地区的复归，并以通俗义理与榜题的形式与造像产生有机结合，则又说明了石窟铭文与造像的交融、互动更加紧密。铭文与图像随着时代演进而渐趋更多元、更深刻的交融。

注　释

1　其发源时间更早,但依据上文讨论,石窟铭文首次比较集中地出现是在北朝时期。同样,宋代以后也有零星建设,但整体而言日渐消逝是一个客观现实。

2　龙门石窟后期和西南地区均有此现象。

3　虽然这是所有石窟造像过程中的共性状态,但有学者认为将极高艺术水准和中心式宗教文化熔于一炉是北朝和盛唐时期中原地区石窟艺术的创建。立论有一定依据,笔者对此持一定程度的赞同。

4　李泽厚:《美的历程》,文物出版社1981年版,第107页。

5　北朝龙门石窟一节已做阐述,兹不展开。

6　《佛地经论》云:"于一切法、一切种相,能自开觉,亦能开觉一切有情(众生),如睡梦觉,如莲花开,故名为佛地。"(参见〔宋〕真宗皇帝等撰,张景岗点校:《四十二章经注疏》,线装书局2016年版,第276页)肇其源流。《佛说大般泥洹经》云:"一切众生皆有佛性,在于身中,无量烦恼悉除灭已,佛便明显,除一阐提。"(参见汤用彤:《汉魏两晋南北朝佛教史》,商务印书馆2017年版,第522页)

7　方立天指出:"唐代,尤其是唐中期以后,在社会历史发生重大变化的条件下,惠能的禅宗盛行。禅宗以明心见性、顿悟成佛为宗旨,道生的思想时为禅宗的渊源,因而它也伴随着禅宗的流行间接影响中国思想界、学术界达三百年之久。"(参见方立天:《魏晋南北朝佛教论丛》,中华书局1982年版,第57~65页)

8　《北本涅盘经》卷七"如来性品之四"云:"一切众生皆有佛性,除一阐提""除一阐提,其余众生闻是经已,悉皆能作菩萨"。(参见赖永海:《佛法真义》,商务印书馆2019年版,第204页)

9　《孟子·告子下》云:"曹交问曰:人皆可以为尧舜,有诸?孟子曰:然。"(参见黄荣华、李郦编选:《义者之言:〈孟子〉选读》,复旦大学出版社2012年版,第18页)

10　石窟造像的题材选择,也经历了从佛到菩萨到世俗人物的变化过程。

11　宋真宗《四十二章经注疏》藏摄条曰:"三藏者,谓经藏、律藏、论藏也。于三学中,经诠定学,律诠戒学,论诠慧学。"(参见〔宋〕真宗皇帝等撰,张景岗点校:《四十二章经注疏》,线装书局2016年版,第71页)

12　田真在《世界三大宗教与中国文化》中将佛教"三藏"分为四类:第一类是关于佛教基础知识的入门书;第二类是关于佛教戒律的规范;第三类是关于佛的传记及本生故事;第四类是关于佛教的宗教理论。(参见田真:《世界三大宗教与中国文化》,宗教文化出版社2002年版,第36页)

13　欧阳竟无《何为佛法》。(参见虚云法师等著、黄河选编:《佛家二十讲》,华夏出版社2008年版,第50页)

14　"律"可能在原始儒学中无比拟的对象,但在宋后儒教中有存在的痕迹。

15　《熊十力全集》中转述了这样一种情况:"民国以来,中国佛学界受日本学界研究风气的影响,针对:《楞严经》《大乘起信论》《圆觉经》等传译有争论的典籍,掀起了'批判''伪经''伪论'的风潮。"(参见熊十力:《熊十力全集》附卷(上),湖北教育出版社

2001年版,第445页)

16 皮锡瑞《经学历史·经学统一时代》:"案:著书之例,注不驳经,疏不驳注,不取异义,专宗一家。"(参见〔清〕皮锡瑞著,周予同注释:《经学历史》,中华书局2004年版,第201页)

17 "再诠释"实质上是对佛教原始教义和戒律的反思。

18 蒋述卓《佛经翻译理论与中古文学、美学思想》。(参见蒋述卓:《蒋述卓自选集》,中山大学出版社2017年版,第17页)

19 马祖毅《中国翻译简史》增订版,详细记载了译场分工。(参见马祖毅:《中国翻译简史:"五四"以前部分(增订版)》,中国对外翻译出版公司2004年版,第18~35页)

名称	别名	工作内容
译主	译场主持人	主持译经工作
证义	证梵文	协助译主处理译经工作
证文	证梵本	听译主诵读梵文,对照原文,核准提醒
书字	度语、译语、传语	根据梵文字音转写成汉字,不失梵音
笔受	无	把录下的梵音按句式,转梵为汉
缀文	次文	整理笔受记录,按照汉语习惯调整文辞
参译	证译	校勘译文初稿,回证原文是否有误
刊定	校勘、总勘	削冗去芜
润文	润色	润色文辞
梵呗	无	将新译经文唱诵一遍,校验是否顺口顺耳
监护大使	钦命大臣	负责译场日常工作

20 汤用彤:《隋唐佛教史稿》,中华书局1982年版,第105页。

21 释心皓阐述为:"一是高度发展的寺院经济,以确保宗派独立的经济来源,使僧众安住于某一固定场所学修;二是系统的学说体系,以保证自宗在思想理论上的独立地位,形成一定的特色,并由此而与其他宗派区别开来;三是相对固定的传教区域,即以某祖庭或大型寺院为中心,造成一定的势力范围,以利于自宗学说的区域性流传;四是严格的法嗣制度和寺院生活规范,以行政手段保障自宗的传承延续。"(参见释心皓:《佛教八宗教理行果》,厦门大学出版社2016年版,第9页)

22 上述有并称八大宗派之说,也有学者认为八大宗派无贤首宗,而将密宗详细分为汉密和藏传佛教。

23 此外还有十三宗派之说,即"毗昙、成实、律、三论、涅槃、地论、净土、禅、摄论、天台、华严、法相、真言等",后涅槃宗与天台宗合并,地论宗与华严宗合并,摄论宗与法相宗合并,又称"十大宗派"。(参见王治心编:《中国宗教思想史大纲》(校订版),商务印书馆2017年版,第128页)

24 值得说明的是,宋代大足石刻的偈语和唐代较为主流的石刻经文相比,就多了高僧自己的领悟和理解。从佛经到祖师语录的转变,或许正是石窟铭文本身神性消解和人性觉醒的必然历程。

25　今藏巴黎国家图书馆。

26　郑振铎个人收藏。

27　唐晓军：《甘肃古代石刻艺术》，民族出版社 2007 年版，第 327 页。

28　如《孙秋生造像记》有"愿国祚永隆，三宝弥显"等语。（参见李山：《中国散文通史·魏晋南北朝卷》，安徽教育出版社 2013 年版，第 400 页）同样《比丘惠感造像记》有"愿国祚永隆，三宝弥显"等语。（参见刘正成：《中国书法鉴赏大辞典》上，大地出版社 1989 年版，第 214 页）

29　这里描述的是一个涵盖多数情况的基本范式，在具体情况中也有例外，比如，《广川王祖母太妃侯为幼孙造像记》就先祈愿重病孙儿，后愿"帝祚永隆，弘宣妙法"。（参见黄正明主编，常汉平、吴勇副主编：《中国书法鉴赏》，南京大学出版社 2007 年版，第 153 页）

30　胡彬彬：《湖南佛教造像记十例》，《湖南大学学报（社会科学版）》，2013 年第 27 卷第 1 期。

31　大足石刻宝顶山 18 龛《观无量寿经变》的"十六观"颂词：

位置	名目	颂　词
左壁 1	日观	辗破无明窟，冲开极乐乡。红轮重示处，即此是西（四）方
左壁 2	水观	禅心澄定水，坚住即寒冰。一片常清净，光明直下生
左壁 3	地观	莹彻琉璃地，□□古佛心。正观无□相（像），邪见人□林
左壁 4	树观	五根为道本，七觉是心华。八正菩提果，庄严法界家
左壁 5	池观	彩现金刚底，光翻七宝池（莲）。虽分八功德，只是一根源
左壁 6	总观	遍地林泉景，高楼四望宽。若无向上眼，谁得凭栏杆
左壁 7	宝像观	众生心是佛，想念即菩提。宝像如开眼，分明更是谁
左壁 8	花座观	不存
右壁 1	法身观	且举河沙量，令现法界身。白毫如不昧，诸像自然分
右壁 2	观世音观	观音何所辩，立佛在天冠。五道光中现，慈悲接有缘
右壁 3	大势至观	势至如何别，冠中望宝瓶。无边光照处，智慧摄群生
右壁 4	普观	依正庄严事，花开次第成。坦然心不动，时至佛来迎
右壁 5	丈六金身观	佛智开方便，令观（现）丈六身。观音并势至，化佛亦如云
右壁 6	上品观	上品皆菩萨，初中了正因。第三新发意，一道出风轮
右壁 7	中品观	中品阿罗汉，同起五浊时。开花分早晚，见佛智参差
右壁 8	下品观	下品全凶恶，曾无二利因。遇人称十念，勇猛谢沉沦

32　但其所言"配有四句五言韵文，明显与佛经不合"的论断存在歧义，笔者持保留态度。若胡文和先生指的是文本内容一字不差，那么笔者表示认可。但若说其中意涵与佛经不同，恐怕未必合适。

33　但并不代表就没有意义，事实上，零星散刻和民众杂刻最能体现世俗佛教的基本存在状况和社会对佛教的平均领悟水平。当然，这并非石窟铭文的大规模营建的必要条件，两者并无必然因果。

34　"受持读诵诸佛名者，是人现世安稳，远离诸难，及消灭诸罪，未来当得阿耨多罗三藐三菩提。"参见葛兆光：《中国思想史》第1卷，复旦大学出版社，2001年版，第382页。

35　《妙法莲华经》云："若人为佛故，建立诸形象，刻雕城众相，皆已成佛道。"参见葛兆光：《中国思想史》第1卷，复旦大学出版社，2001年版，第383页。

36　李景林、李祥俊主编：《中国传统价值观与当代社会》，黑龙江人民出版社2016年版，第162~174页。37 诸如称赞大乘、抄写经书、建塔造像等。《道行般若经》"所以作佛像者，但欲使人得其福耳"。（参见葛兆光：《中国思想史》第1卷，复旦大学出版社，2001年版，第383页）

38　《法华经》卷五"清信女姚阿姬题记"："为一切众生顶戴供养，愿所往生处，离苦获安"。（参见张岂之主编，海波著：《佛说死亡：死亡学视野中的中国佛教死亡观研究》，陕西人民出版社2007年版，第177页）

39　《大觉普济玉琳禅师语录》下文下注释云："佛教正、像、末三时之一。意为去佛世长远，而教法转微末的时期。三时有四说。一说正法五百年，像法一千年、末法一万年，多取此说。"（参见曙正校注：《大觉普济玉琳禅师语录》下，宗教文化出版社2018年版，第689页）

40　李泽厚：《美的历程》插图本，广西师范大学出版社2001年版，第146页。

41　不仅指孔丘时代的原始儒学，也包括后世的程朱理学。

42　从禅宗可以看出，"经"和"教"边界的消解，以及从成"佛"到作"祖"的变化与认识。

43　李泽厚：《美的历程》插图本，广西师范大学出版社2001年版，第146页。

44　葛兆光：《中国思想史》第1卷，复旦大学出版社2001年版，第389页。

45　苗春德在《宋代的学术群体及其成因》中论道："标志着宋代科学技术最高水平和成就的活字印刷广泛地应用于刻印书籍，也为学术思想的传递提供了重要媒介和渠道。"（参见苗春德：《苗春德文集》，河南大学出版社2017年版，第325页）

46　葛兆光《中国思想史》第四编第四节。（参见葛兆光：《中国思想史》第1卷，复旦大学出版社2001年版，第389~390页）

47　葛兆光：《禅宗与中国文化》，上海人民出版社1986年版，第7页。

48　徐小跃《对中国民间宗教的一般性探讨》。（参见徐小跃、徐如雷主编：《宗教研究》第1辑，南京大学出版社2006年版，第256页）

49　贾晋华认为《宝林传》所构造的禅宗祖统有着两种目的：其一争取佛教正统地位；其二争取洪州系的正统地位。（参见贾晋华：《古典禅研究：中唐至五代禅宗发展新探（修订版）》，上海人民出版社2013年版，第170页）

50　历来佛说为经，但禅宗确有六祖慧能所撰《坛经》。"祖"著亦能称经，这是具有跨越意义的。

51　徐小跃《对中国民间宗教的一般性探讨》。（参见徐小跃、徐如雷主编：《宗教研究》第1辑，南京大学出版社2006年版，第263页）

52　出自《唐刘居士传》。（参见丁明夷：《佛教新出碑志集萃》，东方出版社2016年版，第276页）

53　胡文和：《四川道教、佛教石窟艺术》，四川人民出版社1994年版，第334页。

54　或史料别称"瑜伽宗"。

55　佛的经文被进行了转化，成为世俗能够接受的方式和理念。

56　胡昭曦：《巴蜀历史考察研究》，巴蜀书社2007年版，第35页。

57　赖非《谈中皇山、鼓山、滏山石窟刻经的书写者》。（参见房山石经博物馆、房山石经与

云居寺文化研究中心编：《石经研究》第1辑，北京燕山出版社2016年版，第292页）

58 北魏、东西魏时期以"造像为中心"，造像记体现的佛教思想，远远不如刻经更为直接和完善。而隋唐佛教流派的兴盛，则与佛经不断传译和阐释密不可分。

59 从大足石刻所见，宋代的宗教信仰是比较复杂的，一方面融合中国传统儒家文化（如孝道思想），将信仰"泛化"（此处无贬义，仅指代信仰状况出现佛教各种流派的交融，各种教义和义理复杂地融合在一起，又以"连环画"一样的方式来呈现，似乎处处都是中心），寻求世俗社会的认可和感情的共鸣；另一方面这种信仰"泛化"和多中心的布局方式，使得信仰的对象被某种程度上消解。

60 李小强：《大足石刻史话》，江苏凤凰美术出版社2019年版，第196页。

61 侯冲《宋代的信仰性佛教及其特点——以大足宝顶山石刻的解读为中心》。（参见侯冲：《云南与巴蜀佛教研究论稿》，宗教文化出版社2006年版，第343页）

62 宗教的交流、融合，带来了教义的提升和义理层面的深入。

63 胡彬彬：《湖南佛教造像记十例》，《湖南大学学报（社会科学版）》，2013年第27卷第1期。

64 雕塑也归属于造像的范畴。

65 《大涤子题画诗跋·卷一·跋画》。（参见周积寅：《中国画论辑要》，江苏凤凰美术出版社2019年版，第374页）

66 并进一步指出与刻工的"技术及审美理念、文化修养"密不可分。（参见王晓光：《由秦汉简牍具名与书手研究谈起》，《中国书法》，2018年第1期）

67 苏轼《书鄢陵王主簿所画折枝二首之一》："论画以形似，见与儿童邻。赋诗必此诗，定非知诗人。诗画本一律，天工与清新。边鸾雀写生，赵昌花传神。何如此两幅，疏澹含精匀。谁言一点红，解寄无边春。"（参见〔宋〕苏轼著，李之亮注评：《苏东坡诗词文精选集》，长江文艺出版社2019年版，第126页）

68 北齐刻经和题记皆为文字，不涉及"文""图"问题，此处不做讨论。

69 当然，这在唐代敦煌石窟已经极为常见，可见大足石刻延续了敦煌的构图。

70 从这个角度来看，经文与经变画并存，本身就是文中有图的最好明证。

71 事实上，铭文在此时还是依托于造像而存在的，本书第四章第四节已做探讨，兹不赘述。

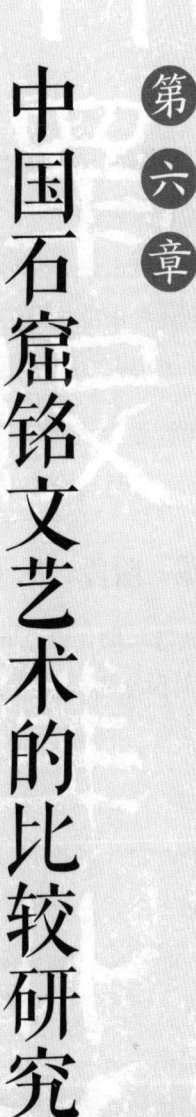

第六章 中国石窟铭文艺术的比较研究

我们前期对不同地域的石窟铭文艺术做了年代判定和基本的分期工作,根据所掌握的各大石窟区域性的基本特征,可以认为中国各大石窟铭文群落既具有各自的个性和特色,又具有着相对的对立性。但由于政治、文化、宗教等多方面原因的共同作用,相互之间又或多或少存在一定的渊源和关联。因此,我们可以在不局限于分期和时代的基础上,采用纵横结合的比较方法,来探求不同地域石窟铭文艺术的共性和差异。

第一节

博雅雄强

——中原地区与平城地区石窟铭文艺术比较

平城地区和中原地区的石窟铭文之间既有客观上的区别，也存在相互的影响关系。正如陈钊所述，石窟铭文艺术在洛阳时期的繁荣蓬勃与平城时期的前期铺垫是分不开的。从这个角度来讲，平城时期的石窟铭文可以直接地反映早期铭文的存在形态。其多元的表现形式和中原地区的造像题记、石质铭文等既存在时间序列上的早晚关系，也在风格和书体上存在一定程度上的源流关系。

黄惇先生将北朝刻石书法分为十六国至迁洛，迁洛至分裂，东西魏至北齐北周三个阶段[1]。但是具体到中原地区与平城地区的石窟铭文上，我们可以将分期细化为四个阶段。

第一阶段：从十六国时期至孝文帝迁都前（张元祖造像记493）

北魏初期，官方的公文诰书多出自以崔玄伯和卢渊为代表的"崔""卢"流派的笔下[2]。其风格古朴厚重、端庄谨严、气象浑穆、笔力雄健，为清代阮元推为"北派书风"。受此影响，平城时期的石窟铭文艺术整体呈现出雄强浑朴之风。

但对比龙门、巩县等中原地区的石窟铭文，显然比平城时更为成熟，特征和风格更为明显。因此，我们可以将平城时期称为草创阶段。正因为其"草创"，故而存在隶意遗存的古雅，以及粗犷雄强的拙稚。呈现出隶书楷体两种书体相互交叉杂糅——或结体为楷，而章法、用笔为隶；或结体为隶，而用笔为楷。整体呈现出"平画宽结"的特征，其中以《太和七年造像题志》（张元祖造像记483）、《太和十三年比丘尼惠定造像记》（张元祖造像记489）、《王伯安造像记》（张元祖造像记490）最具有代表性。该阶段的书体处于隶书与楷书的演变期，摆脱了隶书旧规的羁绊，表现为突破规矩的洒脱随性与强烈的破坏性。于是书家根据自己的审美旨趣来理解和书写点画结体的关系：或涤除笔法的繁芜，仅存隶楷相间的结构，横平竖直，不蔓不枝，如《太和七年造像题志》；或夸张隶书结构，加大波磔而点画对比分明，运用斜向呈现出"翩然欲飞"的丰富动感，如《王伯安造像记》；或点画天真，结构多变，如《太和十三年造像记》。因为逾越隶书规则的藩篱，书家的个人领悟和探寻路径各不相同，想象力和创造力朝各种维度蔓延，呈现出风格多样、变幻莫测的艺术形态。

第二阶段：孝文帝迁都后（493）到公元500年

随着孝文帝迁都，文化、宗教政治中心逐渐迁移到洛阳地区。平城地区的石窟开凿不仅数量上锐减，连石窟铭文的质量也大多沿袭前期。云冈石窟这一时期刊刻的石窟铭文有太和十九年十一月《长乐王丘穆陵亮夫人尉迟为亡息牛橛造像记》（495）、《吴天恩造像记》（495）、《玄律凝寂造像记》（500）。这段时间平城地区的石窟铭文如《吴天恩造像记》《太和十九年妻周氏为亡夫造像记》结体上延续《太和七年造像题志》，唯有《太和十九年妻周氏为亡夫造像记》在笔法上吸纳了"简帛隶书"而有章草的味道。值得注意的是《玄律凝寂造像记》大开大阖，纵横肆意，有《孟璇残碑》和《天发神谶碑》的意味。虽然平城地区在该阶段有了新的艺术趣味申发，但对同时期的龙门石窟来说，更多呈现出因循的意味，和某种程度上乏善可陈的状态。

不同于平城，中原地区随着都城迁移，来自平城的艺术样式（石窟铭文）与中原地区的悠久石刻传统耦合，仿佛激发了整个王朝的艺术思维和创造能力，呈现出豪迈奔放、峭拔刚毅的艺术姿态。龙门石窟在这一时期比较有代表性的铭文有太和十九年十一月《长乐王丘穆陵亮夫人尉迟为亡息牛橛造像记》（495）、《一弗为张元祖造像记》（496）、《北海王元详造像记》（494）、《始平公造像记》（498）、《解伯达造像记》（499）、《孙保造像记》（499）。或"体方笔厚，画平竖直"，点画规整，如太和十九年十一月《长乐王丘穆陵亮夫人尉迟为亡息牛橛造像记》；或结体端庄，洒脱遒劲，如《一弗为张元祖造像记》；或森严方朴，婉畅流动，如《始平公造像记》；或结体变换灵动，用笔遒劲峭拔，如《解伯达造像记》；或肆意烂漫，变中求稳，用笔瘦硬遒劲，如《孙保造像记》。整体来看，这段时间龙门石窟的书体发展已经有了相对稳定的方向：一方面开始注意到书写的连续性，最明显的是横画的收笔由上挑改为下顿；另一方面则表现为"魏碑体"书写规范的形成。

对比该时期平城地区与中原地区，可以直观地看出两者之间既有继承又有创新的复合关系。从书法角

图6-1 《张元祖造像记》

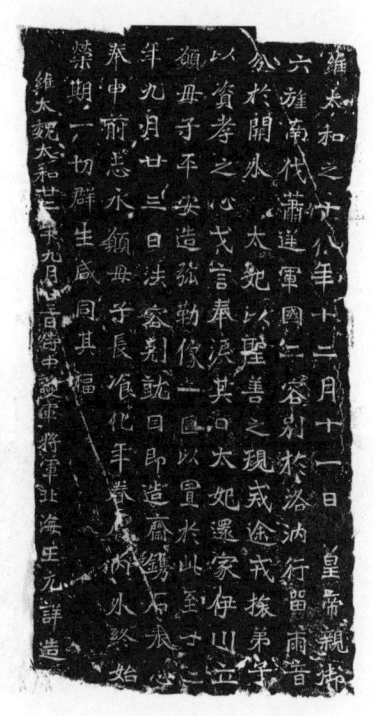

图6-2 《北海王元详造像记》

图 6-3 《始平公造像记》（局部）　　　图 6-4 《解伯达造像记》（局部）

度宏观来看，该时期是"魏碑体"不断走向规范化和整饬化的发展期。而具体来看，是平城地区"横画宽结"到龙门地区"斜画紧结"的重要转变期。当然，此刻平城与洛阳存在比较明显的差距，一方面是迁都造成的经济文化重心的转移，另一方面则是中原地区固有碑刻传统在新的艺术样式下得以迸发的内在因素。

第三阶段：公元 501 年至公元 510 年

中原地区的书风有了新的发展。以《孙秋生造像记》（502）为代表的石窟铭文不但隶意的波磔完全消失，而且结体也由欹侧恣肆转而为博雅大方。其他有代表性的铭文有：《郑长猷造像记》（501）、《孙秋生造像记》（502）、《高树造像记》（502）、《惠感造像记》（502）、《广川王祖母太妃侯为亡夫贺兰汗造像题记》（502）、《马振拜造像记》（503）、《广川王祖母太妃侯为幼孙造像记》（503）、《比丘法生造像记》（503）、《杨大眼为孝文皇帝造像记》（506）、《元燮为亡考亡妣造像记》（507）。或结体"欹而不斜"，布白齐而不滞，笔法凝重，刀意丰满，豪放旷达，如《孙秋生造像记》《高树造像记》《杨大眼为孝文皇帝造像记》；或结体朴实浑厚，用笔方健有力，拙趣天成，如《郑长猷造像记》《惠感造像记》；或大刀阔斧，因地制宜，行距摇摆，古拙天成，如《广川王祖母太妃侯为亡夫贺兰汗造像题记》《马振拜造像记》；或行笔自然，曲折合度，斜中蕴正，峻峭挺劲，如《广川王祖母太妃侯为幼孙造像记》《元燮

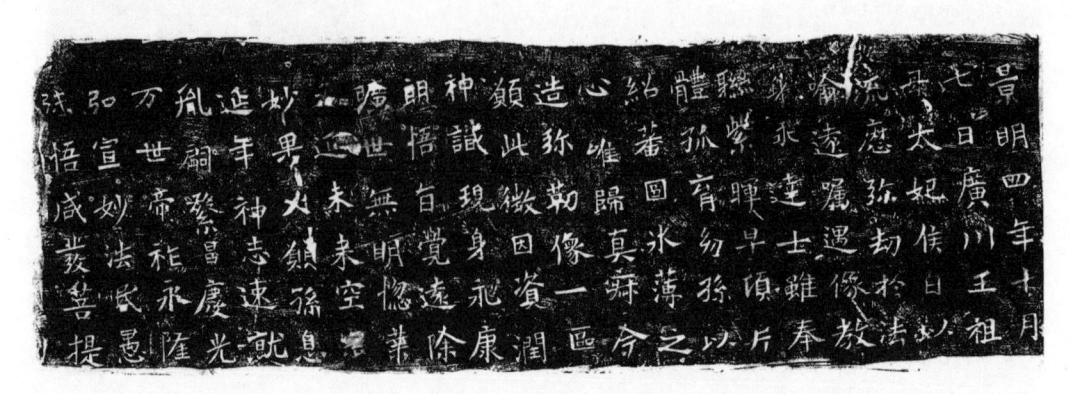

图 6-5 《广川王祖母太妃侯为幼孙造像记》（局部）

图6-6 《杨大眼为孝文皇帝造像记》

图6-7 《杨大眼为孝文皇帝造像记》全窟拓本

图6-8 《元燮为亡考亡妣造像记》

为亡考亡妣造像记》。特别值得注意的是《比丘法生造像记》布白匀称，用笔内敛，转角圆浑，不仅有南北书风融合的迹象，更蕴含着魏碑向法度谨严的唐楷过渡的意味。

对比云冈石窟同时期的《比丘尼昙媚造像记》（503），不仅结体上也呈现出"斜画紧结"的趋势，而且用笔点画内敛，特别是"人"字头的捺画有内收的趋势，与同时期中原地区上个时期的《北海王元详造像记》相近。可以看出中原地区的书风已经日渐成熟，并对平城地区的石窟铭文艺术产生了一定影响。也就是说，迁都之后，随着文化中心的南移，承继平城地区书风的中原龙门石窟铭文艺术得以独立发展，并回传和反向影响了云冈石窟的铭文艺术。

第四阶段：公元510年至北魏分裂前（534）

该时期的书风有了质的变化，彻底涤除了隶书的影响以及残存的蒙昧野蛮：书风由粗犷朴拙走向精雅遒劲，结字由欹侧险峻走向浑厚平稳，用笔由棱角顿挫走向方圆融合。

该时期比较有代表性的是《齐郡王元祐造像记》（517）、《比丘尼慈香、慧政造像记》（520）、《魏灵藏薛法绍造像记》（不详）、《宋景妃造像记》（527）、《比丘道匠造像记》《张元祖造像记》（496）。或质朴古逸，朴拙天成，如《宋景妃造像记》；或气象浑穆，沉着痛快，如《魏灵藏薛法绍造像记》；或布白疏朗，方笔凝重，如《比丘道匠造像记》；或分行工整，婉约流畅，秀劲隽永，如《齐郡王元祐造像记》；或结体潇洒奔放，用笔圆畅爽利，融入行书意味，如《比丘尼慈香、慧政造像记》。

图6-9 《比丘尼慈香、慧政造像记》

值得注意的是，石窟铭文书风呈现出"蜕变"的趋势，或返本归元，或兼采南风，或融入行法。虽然该时期的石窟铭文艺术有"多变"的趋势，但整体趋向于整饬化和规范化是可以肯定的。造成这种转变的原因是多方面的，一个是学界公认的"南风北渐"效应——南朝书风对北朝的影响；另外一个则是北魏末年的民间起义加之河阴之变，造成宗室官宦大量亡故，带来了墓志书法的跨越式发展。或许正是大量刊刻墓志给书家、刻手的实践训练，促成了魏碑书体的规范化和精美化。

图6-10 《宋景妃造像记》

整体来讲，中原地区的龙门时期书风在承继平城的基础上，发生了较大的变化。结体仍保持隶书的体格之外，点画已经不存在明显的波磔。更有南方书风的"北渡"，横画一拓直下，改平城惯例的"平画宽结"为"斜画紧结"。虽然用笔的撇捺落笔略长而

图6-11 《魏灵藏薛法绍造像记》旧拓、新拓

微有隶意，整体上则可以划为一种方峻雄强的新体，其雄强刚健、奇逸峥嵘的美学特点的规范和定型，表征着石窟铭文的鼎盛状态。

第二节

刀意肃穆
——中原地区与山东地区石窟铭文艺术比较

根据黄惇先生的魏碑分期第三阶段（东魏、西魏至北齐、北周时期），结合中国石窟铭文的分布及自身客观情况，中原地区的石窟铭文实质上可以细化为北魏时期的龙门石窟与东西魏时期的巩县石窟。因此，中原地区石窟铭文与山东地区铭文的比较，本质上可以阐释为：北魏后期的龙门石窟与东西魏时期的巩县石窟以及北齐、北周时期的山东铭文之间的关系。

如上所述，中原地区的第四阶段（张元祖造像记510—534）的书风有了质的变化，彻底涤除了隶书的影响以及残存的蒙昧野蛮：书风由粗犷朴拙走向精雅遒劲，结字由欹侧险峻走向浑厚平稳，用笔由棱角顿挫走向方圆融合。

而山东在这个时期比较有代表性的是郑道昭[3]在山东掖县云峰山的摩崖书刻《郑文公碑》（511）[4]。学界对于云峰山刻石是否出于郑道昭之手向来颇有争议，大多数遵循传统认定为郑道昭作品[5]，也有认为是郑述祖或其"属吏"所作[6]。综合上述观点，将云峰山刻石作者定位在包括郑道昭、郑述祖父子及其门客属吏的荥阳郑氏书家群体是比较合适的。云峰摩崖刻石可以分为两种风格：一种点画圆劲高古，起收朴实无华，中段寓直于曲，结体舒张开展，如《郑文公碑》《论经书诗》等；另一种夸饰两端，极重细部，

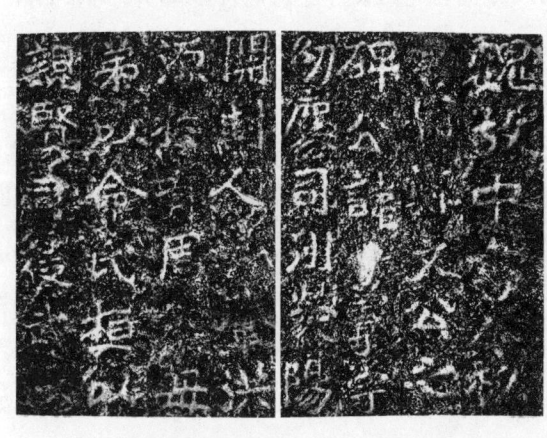

图6-12　《郑文公上碑》（局部）　　　　图6-13　《郑文公下碑》（局部）

笔势连带，委婉遒劲，如《游白驹谷题名》。第一类作品已经有了篆法用笔的意味，而第二类作品则是龙门《魏灵藏薛法绍造像记》《韩曳云司徒端等造优填王造像记》在连带关系加强后的行书化样式。这与郑氏书家群体出身中原地区的荥阳不无关联。

清末康南海在《广艺舟双楫》之《余论第十九》里曾经谈道："魏碑大种有三：一曰龙门造像，一曰云峰刻石，一曰冈山、尖山、铁山摩崖，皆数十种同一体者。龙门为方笔之极轨，云峰为圆笔之极轨，二种争盟，可谓极盛。"[7]可谓比较敏锐地指出了该时期中原地区和山东地区书风的差异，并较为合理地概括为"方笔""圆笔"两种类型。除了探讨"方""圆"之别，我们也注意到云峰刻石的第二类作品对中原地区的石窟铭文艺术有明显的承继痕迹。

图6-14 《魏灵藏薛法绍造像记》（局部）

中原地区的石刻铭文艺术因为墓志书法的崛起而转移阵地，加上北魏王朝灭亡、造像功德主体的没落等诸多因素，该地区的石窟铭文艺术呈现出比较低迷的状态。虽有"南风北渐"的可喜现象，也出现了潦草的行书化和朴拙随性的"返祖"现象。比较有代表性的是巩县石窟《天保二年三月九日造像记》《天保二年元月二十一日造像记》《天保二年三月二十四日造像记》《天保二年四月八日造像记》《天保二年四月十五日造像记》《天保二年四月二十八日造像记》《天保二年六月十三日造像记》《比丘道匠造像记》《沙弥道荣造像记》《崔宾先造像记》（551）、洛阳《仁义等造像记》（560）、巩县石窟《天保四年十二月造像记》（553）、巩县石窟《比丘道邕为亡师造像记》（558）、安阳灵泉寺《方法师造窟题记》《华严经偈赞》《大般涅槃经·圣行品》（555）、巩县石窟《天统二年二月造像记》《天统二年七月振为皇帝造像记》（566）、洛阳《法晕造像记》（566）、《姚景等四十人造像记》（567）、巩县石窟《比丘僧護造像记》（566）、《天统四年二月十五日造像记》（568）。或沿袭"斜画紧结"的传统，但有行书笔画掺杂其间，如《沙弥道荣造像记》《崔宾先造像记》等；或风格婉畅清秀，结体协调，如《姚景等造像记》；或用笔圆劲舒展，结字疏朗，空间紧凑，随性自在，朴拙烂漫中带来强烈的视觉冲击，如《天统二年七月振为皇帝造像记》《比丘僧護造像记》等。

图6-15 《比丘明藏造像记》

图6-16 《沙弥道荣造像记》

图6-17 《仁义等造像记》

反观山东地区，该时期以摩崖刻经为主体。比较优秀的是《泰山经石峪金刚经》（550—559）、《尖山大空王佛名》（575）、《峄山文殊师利所说摩诃般若波罗蜜经》（不详）、《峄山河清三年题刻》（564）、《岗山入楞伽经》（580）。四山摩崖用笔大多采用篆书的"使转"之法，起承转合无较大起伏，不顿不按，一气呵成。因此，线条浑圆，平稳匀称而力道内蕴。体势则以宽博平正为基调，重心居上，结体呈现出安稳和谐之态。比较特殊的《岗山入楞伽经》多用方笔，起收提按极为鲜明，承转也有明显顿按，结体则取方势，重心位于中下部。

黄惇先生论及北齐、北周山东地区的《泰山经石峪金刚经》《四山摩崖刻经》，认为是北魏楷书发展到顶峰后，又"出现了楷隶交混甚至掺杂古文字的复古回潮"[8]。反观中原地区的巩县石窟，与山东地区不同，在南方书风不断北渐的趋势下，"南北融合"更加明显。

从艺术的主体性而言，造像记要服从于造像的雕塑艺术，而刻经显然不同，本身就是主体。从艺术来源而言，造像记书法源于中原碑刻艺术传统与平城新样式的耦合，而山东摩崖刻经则主要源于写经体等宗教书风。从环境关系而言，造像记局限于造像后的留白空间，故能表现出细节；佛经刊刻在万丈崖壁，故能表现出气魄。相较而言，无论从主体性还是环境关系来看，中原地区和山东地区之间的差异还是比较明显的。

从上述分析可以看出，一方面北魏末期的龙门石窟与东西魏时期的巩县石窟方笔较多，加上刀斧气息更浓重，因此整体更加峥嵘刚健；北齐、北周时期的山东摩崖刻经则圆笔较多，整体上更加浑融圆通。

另一方面中原地区的巩县石窟铭文更多偏向于受到南朝书风的影响，而山东地区的摩崖刻经则呈现出复古风气与抄经体的综合影响。但两者之间也各有优势，巩县石窟铭文在气魄上不如山东摩崖刻经的浑融肃穆，而山东摩崖刻经在气韵上则不如巩县石窟铭文的典雅灵动。

第三节
工稳朴茂
——中原地区与巴蜀地区石窟铭文艺术比较

因为巴蜀地区石窟大多开凿于隋代之后，且铭文类别丰富多样，所以比较的基点可以定位到隋唐至宋的同类型石窟铭文研究。在比较过程中，考虑到时代有唐、宋之分；地域有巴、蜀之别；艺术样式有造像记、刻经、榜题、佛偈之类。基于上一章的探讨，安岳卧佛院刻经代表了巴蜀地区唐代的杰作，大足石刻宝顶山佛偈则代表了巴蜀地区宋代的样式。所以在巴蜀地区与中原地区的比较研究过程中，可以落实为下面两个角度来进行：第一，安岳卧佛院刻经与唐代龙门石窟刻经比较；第二，大足石刻佛偈与宋代龙门石窟铭文比较。

一、安岳卧佛院刻经与唐代龙门石窟刻经比较

首先，从书风层面来看，安岳卧佛院题刻是"川内规模最大的唐代刻经工程"[9]，因此其书法整体呈现出一种系统性和平衡性。无论是第59窟的《大般涅槃经》还是第46窟的《金刚般若波罗蜜经》，并没有书法水平上的较大差距，整体呈现出较为整饬、一致的书法风格。

反观同时期的洛阳刻经，既有常才刻《金刚经》、擂鼓台中洞《付法藏因缘传》、净土堂《菩萨诃色欲法经》的结体严谨、用笔精妙，也有皇甫元亨书《般若波罗蜜多心经》、莲花洞《般若波罗蜜多心经》的结体疏散随性、用笔拙稚天真。但有精妙之处也有拙

图6-18　擂鼓台前壁右侧《金刚经》（局部）

稚之处，千人千面、各有千秋。

值得注意的是，该时期龙门石窟铭文与时代书风遥相呼应。龙门石窟的常才刻《金刚经》与唐代褚遂良《伊阙佛龛之碑》相近，而擂鼓台中洞《付法藏因缘传》则与《大卢舍那像龛记》相似。而安岳卧佛院则出现了颜体楷书的书风，比如，《大般涅槃经·如来性品第四》的横折和竖钩都有颜体楷书圆润外拓的弧线形特征。对比唐代中原地区与巴蜀地区的石窟铭文，无论系统规划还是师法对象都有比较明显的差别。

其次，因为大足以宋刻为主，在唐代最需要注意的是安岳卧佛院与龙门石窟的关系。根据安岳卧佛院所刻《一切经论目序》记载："大唐东京大敬爱寺释静泰撰"，明确

图6-19　擂鼓台前壁右侧《金刚经》（局部）（拓本）

指出安岳刻经的版本来自当时大唐都城——"东京洛阳"[10]。而大足石刻的136窟"绍兴十三年（张元祖造像记1143年）……颍川镌匠胥安"工匠题名[11]，以及资中第28窟"广政十五年（张元祖造像记952年）……亡婆颍川郡陈氏"的功德主题名[12]都可以佐证巴蜀石窟营建过程中与中原的关联。同时需要注意的是，从洛阳到巴蜀，刻经的底稿是通过纸本方式传递的，这也造成巴蜀地区刻经客观上存在受到唐代"写经体"的影响的可能。

二、大足石刻佛偈与宋代龙门石窟铭文比较

反观龙门石窟铭文与大足石刻的佛偈，两者的对比研究，才能更多涉及其他的问题。

宋代处于中国书法史上字体发展完备后走向雅致化和内涵化的重要阶段。因此，巴蜀地区的大足石刻和宋代龙门石窟都比较大量地出现了行书——以前石窟铭文中鲜少出现的书体。

就龙门石窟而言，唐代基本停止了大规模的开凿工程，所以宋代铭文以游题形式出现且为数不多但水平较高：陈抟的《十字卷》以及文彦博的《题龙门奉先寺》两例可资参证。

如果说宋代龙门石窟的游题能够反映士大夫阶层的审美趣味，那么大足石刻则反映了三教合一的世俗审美。同时期，当整个中国石窟都陆续停滞和没落之后，以大足石刻为代表的巴蜀石窟奇峰崛起，延续了中国石窟铭文系统的纪年。对比龙门，大足石刻的书体既符合石窟铭文发展的客观规律——一方面楷行兼备，另一方面普遍偏向世俗审美意向。世俗化很重要的一个向度是装饰性的不断加强。值得注意的是，根据庄重程度不同，大足石刻的偈语分三个层面：最为重要的用空心双钩楷体，其次用大字行书，普通内容则用楷体。比如，《三圣御制佛牙赞》《丈六金身观颂词》就极为集中地反映了以上三种层次的应用。另一方面极具特色的是字体装饰性的加强：首先是因为双钩本身就具有强烈的装饰性，其次则是大字行书笔画的夸张和拉伸。当然装饰性的加强，既有以《经石峪摩崖》为代表的山东摩崖刻经传统的自身，也与大足石刻世俗化发展的艺术路向密不可分。

综合看来，唐代巴蜀地区石窟铭文在吸纳中原铭文书风、唐代"写经体"，再结合巴蜀石刻传统的基础上，形成了具有时代与地方风格的铭文样式。

图 6-20　龙门石窟《十字卷》陈抟

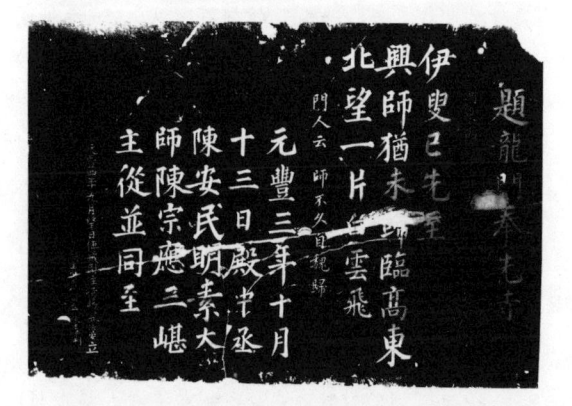

图 6-21　文彦博与僧惠然同立《题龙门奉先寺》

图 6-22　文彦博与僧惠然同立《题龙门奉先寺》（局部）

注　释

1　黄惇：《秦汉魏晋南北朝书法史》，江苏美术出版社2009年版，第312~316页。

2　刘涛：《魏晋书风》，广东人民出版社2019年版，第128页。

3　郑道昭时任光州刺史，同期刻《论经书诗》《观海童诗》《游白驹谷题铭》《登太基山诗》。刘国庆《云峰诸山北朝刻石书法》。（参见国际书法家联合总会、中国书法家协会编：《国际书法》第1辑，书法出版社2015年版，第77页）

4　翁阁运《云峰诸山北魏刻石与郑道昭》。（参见书法研究编辑部：《书法研究·总第19辑·1985年第1期》，上海书画出版社1985年版，第48页）

5　王思礼《对云峰刻石诗文作者及书丹人的几点看法》。（参见山东石刻艺术博物馆、中国书法家协会山东分会编：《云峰刻石研究》，齐鲁书社1992年版，第101页）

6　黄惇：《秦汉魏晋南北朝书法史》，江苏美术出版社2009年版，第352~360页。

7　〔清〕康有为原著，李廷华辨析：《〈广艺舟双楫〉辨析》，上海书画出版社2017年版，第153页。

8　大足石刻研究院：《安岳卧佛院考古调查与研究》。（参见大足石刻研究院等著：《安岳卧佛院考古调查与研究》，科学出版社2015年版，附录一）

9　胡文和：《西南石窟文献》第八卷。（参见胡文和：《西南石窟文献》第8卷，兰州大学出版社2003年版，第1~23页）

10　汪毅著，王达军摄影：《安岳石刻艺术》，巴蜀书社2019年版，第27页。

11　参见胡文和、胡文成：《巴蜀佛教雕刻艺术史》下，巴蜀书社2015年版，第423页。

12　参见胡文和、胡文成：《巴蜀佛教雕刻艺术史》下，巴蜀书社2015年版，第263页。

第七章 中原地区石窟铭文在中国石窟铭文艺术发展中的意义

正如逄成华先生所言："洛阳为前朝文化古都，先后有东周、东汉、曹魏、西晋在此建都。"社会意识形态有着世代承袭的铭石文化及刊刻风气。特别是孝文帝迁都及改制后，汉民族文化在文化生活及意识形态中"占据了主要地位"[1]。所以，在历史积淀、文化改制及地理环境适宜等条件的综合作用下，中原地区成为中国石窟铭文艺术的重镇，不仅创造和保留了多样化的时代范式，并一度将中国石窟铭文推向顶峰。

整体看来，龙门石窟铭文艺术可以分为三个大的阶段：北魏时期；隋唐时期；宋及以后。龙门初期的石窟铭文古朴浑穆，较多地表现出承继平城风格的痕迹。迁都洛阳后的近 20 年间，形成了以皇室造像记为代表的结体宽博、点画俊逸、体态端庄、雕刻精美的时代书风，一扫北魏平城时期的朴茂古拙，呈现出令人耳目一新的别致特点。

从龙门石窟铭文第二、第三阶段（孝文帝迁都后张元祖造像记 493 到张元祖造像记 510）可以明显发现，该类型多用方笔，横画出锋略向上倾，收笔下顿；竖画多下顿而后向左方平出；撇画突出，收笔平挑；捺画雄劲，收笔平出。结体取横式而偏扁，整体呈现出"斜画紧结"的欹侧之态。用笔刚劲洒脱，纵横来去，如长枪大戟，刀劈斧凿之间呈现出道劲浑穆之意。

关于中原地区主体——龙门石窟铭文的本体研究可以分三个部分来探讨：

首先，是对龙门石窟铭文的系统概述。此类研究成果相当丰硕，比如，孙贯文的《龙门造像题记简介》、龙门保管所的《龙门石窟》等皆归入该范畴。

其次，是针对龙门石窟铭文的客观存在状况进行分类。学界大致有两种看法：其一是以贺玉萍为代表的学者群体将石窟铭文从表现形式上分为造像碑记、造像题记、榜题三类[2]；其二还是贺玉萍先生所提出的，从石窟题记形制上分为单独刻名、榜题、义邑刻名、合作造像刻名、洞主或窟主单刻、其他造像分刻六类[3]。上述两种分类方法都是基于具体的研究语境，所以其分类就显得较为有局限性。第三种分类方法是宫大中在《龙门石窟艺术》中提出的将石窟铭文分为造像题记、刊经、药方和游题四类[4]。这种分类方法基本上延续了传统上对石刻文献的分类法[5]，又兼顾了龙门石窟的特殊性（药方、诗词题咏等题材），就显得比较科学和严谨。综合来讲，我们将龙门石窟铭文分为信仰性铭文（包括造像题记、石刻佛经）、应用性铭文（诏命、封禅、祭祀、药方）和文艺性铭文（游览题记等）三类。

最后，是铭文的文史意义和所蕴含的佛典精神。文学意义主要指的是文体、文法结构，及文字特点（包括字体简化等）等具体问题，贺玉萍和宫大中先生已经做了详尽的描述。[6] 史学意义则包括其所反映的北魏社会情况和形态（包括北魏佛教信仰状态、佛教流行情况、社会政治发展情况等），比较有代表性的有孙贯文的《龙门造像题记简介》[7]、陈玉女的《龙门石窟佛教信仰圈之探讨——以清陆蔚庭稿本〈龙门造象目录〉为分析依据》[8]以及侯旭东的专著《五、六世纪北方民众佛教信仰——以造像记为中心的考察》等。

第一节
中原地区石窟铭文在中国石窟铭文发展中的意义

一、破而后立——突破局限促进南北融合

中原地区魏碑书风的出现，表征着文字的双重身份，一方面表征着文字本身发展的规律，另一方面代表着当时书法发展探索的向度。正如楚默先生所说："书体的演变是革命性的"[9]，所以从文字本身发展的规律来看，从隶书到楷书，不论是笔法、结体还是章法，都存在着天壤之别。而南北朝时期竟然逐步实现了两者之间的潜移默化演变，当然一方面得益于南朝以士大夫为代表的书家群体的努力；另一方面则在于魏碑以雄强博大的书风冲破隶书章法、笔法、结体的局限，迎来了新发展。

从书法发展探索角度而言，南朝书家群体对章草乃至行书等书体进行了探索，并获得了铭载书史的丰硕成果。但毕竟章草和行书与楷书之间存在着非常大的差异。反观北朝地区，以中原地区为中心的北朝书家群体以迥异的风格和思路，探索出魏碑体的基本的笔法和章法规律，为南北融合后唐楷的昌盛铺平了道路。

整体而言，中原地区石窟铭文艺术以迥异于南朝风流的雄强书风冲破阻碍，促进南北融合的到来。北朝时期以中原地区为中心的石窟铭文体系乃至墓志、摩崖等其他艺术形式，在"破而后立"、跨越书体鸿沟的目的上形成合力，推进了石窟铭文艺术的历史进程。

二、中和圆融——融静穆与灵动于一体

龙门石窟铭文艺术则在多元化和极致化的审美趣味中寻求两者的平衡。静穆与灵动在中原地区的石窟铭文体系中并未体现出过多的对立意义，而是具有更加丰富的艺术内涵。

从北魏龙门石窟的铭文书风可以明显地看出，书家与工匠在虔诚的宗教氛围下，将生命追求灌注进铭文的创作之中。石窟铭文也因宗教的内动力与信众的虔诚同归而肃穆，

因民众生命渴望和纯粹的生命态度而精神飞扬。不以静穆和灵动本身的艺术性为追求，而以其生命与虔诚为指归，体现出艺术的内在诉求与哲学成因，于是中原地区的石窟铭文艺术的内蕴更加深厚，层次也更加丰富。

中原地区石窟铭文在"中和圆融"哲学理念下的静穆与灵动的和谐统一，既是具有生命性和有机性的生命体认，也是艺术理论的有效实践和对石窟铭文艺术内在规律的阐释。

三、平正精严——以精微彰显唐法谨严

书法能够源远流长的原因，不仅仅在于其形式上的美感，更在于其文化的特质，以及与时代发展相互协调的律动。于是南北朝的悍厉，孕育了魏书的雄浑峻峭；大唐的威严，酝酿了楷书的华贵谨严[10]；宋的世俗化浪潮，成就了楷行的自适安乐。

中原地区的石窟铭文以一种卓然的姿态，脱胎于造像记与刻经的体统，又汲取时代楷书的精妙严整，归于质朴简约、含蓄平和。更值得注意的是，中原地区的石窟铭文不仅与时代的富强开放相协调，并且以兼容并包的姿态，对各种书法风格乃至佛教经系书风吸纳融合。正是这种开放包容的艺术心态，成就了一种宁静而精严、博大而清远的艺术境界。

第二节
中原地区石窟铭文在中国书法史中的意义

一、但开风气——昭启后世碑学

回顾中国几千年的书体演变，魏晋南北朝无疑是一个极为重要的阶段，起着承前启后的关键作用。从"魏碑"创生、繁盛、转变的生命过程中我们可以管见特殊文化历史背景下中国书体演变的历史规律。在历史上，从"汉隶"至"魏碑"的实践过程中，书体发生剧变，呈现出纷繁复杂的多样性风格，成为后世碑学创生和发展的重要源泉。

迨至明末，以"龙门二十品"为代表的中原地区石窟铭文体系，从客观上启迪了整个清代书法取向对传统帖学的突破，撼动了近千年"书法正统"的审美取向，确立了碑学的地位，并发展出自身的语汇网络、审美规则与美学体系。[11]

历史已经证明，石窟铭文艺术以其朴拙美、金石味为核心的"方正劲健、拙朴险峭、紧结瘦硬、倔强硬朗"审美趣味为书法的发展注入鲜活的能量，形成了一种基于传统的"复古而开新"。复古不仅仅是局限于简单意义上对铭文碑版的机械摹写，而是吸纳其宏大碑刻铭文资源本质的古典精神，更要借鉴其经过历代学者、书家不懈努力而来的优秀艺术传统。

中原地区石窟铭文发展给我的启示在于：唯有充分尊重传统的"复古"基础，结合当今的时代特征和审美趣味，才能推动书法自身的变革，促进书法艺术范式的进一步发展。

二、泽被后世——滋养当代书坛

造像记书法以其广阔的民众参与度、丰富的样本库、多元的审美向度，为传统书法带来了极大冲击和新的发展机遇。毋庸置疑，虽然民间书风具有着返璞归真的自然趣味和雄健悍然的质朴意味，却一直处于精英审美标准的视野之外。直到明末清初，因为时代机遇和审美趣味的转向而迈入书法史的中心。民间书风的介入，给予了传统书法从笔法到章法的全面冲击，同时为书法提供了不同的发展向度。

正如逢成华所阐述的那样:"从我们今天的审美立场上看,造像记具有足够的艺术魅力,与中国其他传统的书法艺术风格相互辉映,给人以美的享受,亦为后代人创新提供了丰富的资源和营养及许多有益的启示。"[12]

无论从时空关系,还是发展变化模式看,中原地区作为中国石窟铭文艺术体系的关键节点,为当时乃至后世书法艺术的发展提供了重要动力。

注 释

1. 逄成华《北朝造像题记书法研究》，原载《历届书法专业硕士学位论文选》。（参见荣宝斋出版社编:《历届书法专业硕士学位论文选》第3卷，荣宝斋出版社2010年版，第1~28页）

2. 贺玉萍：《北魏洛阳石窟文化研究》，河南大学出版社2010年版，第38页。

3. 贺玉萍：《北魏洛阳石窟文化研究》，河南大学出版社2010年版，第125页。

4. 官大中：《龙门石窟艺术》（增订本），人民美术出版社2002年版，第408页。

5. 比较典型的是《碑刻文献学通论》的碑碣、石阙、摩崖、墓志、经幢及石柱铭刻、造像题记、石刻画像题字分类方法。（参见毛远明：《碑刻文献学通论》，中华书局2009年版，第27页）

6. 值得注意的是，侯旭东在佐藤智水研究基础上将造像题记的文字结构进行的A、B两种结构分类具有重要的"范式性"价值。A型结构包括造像时间、造像者身份、造像者、造像对象、造像题材、发愿对象、祈愿内容。B型结构包括造像之佛法意义、造像者身份、造像者、造像动机、造像对象、造像题材、发愿对象、祈愿内容、造像时间。（参见侯旭东：《五、六世纪北方民众佛教信仰：以造像记为中心的考察》，中国社会科学出版社1998年版，第87页）

7. 孙贯文《龙门造像题记简介》。（参见龙门石窟研究所编：《龙门石窟研究论文选》，上海人民美术出版社1993年版，第109页）

8. 陈玉女《龙门石窟佛教信仰圈之探讨——以清陆蔚庭稿本〈龙门造象目录〉为分析依据》。（参见李振刚：《2004年龙门石窟国际学术研讨会文集》，河南人民出版社2006年版，第245页）

9. 楚默：《佛教书法史》，上海书店出版社2014年版，第152页。

10. 大唐的石窟铭文虽然留存不多，但是其呈现的审美趣味，则透露出大唐盛世"楷法精严"的时代气象。

11. 需要指出的是，清代碑学的成立和发展很大程度上基于北魏书体的多样性、再造性、不定性。所以从另一个角度来看，以中原地区为中心的魏碑体为碑学所做的贡献可以概括为"但开风气"。

12. 逄成华《北朝造像题记书法研究》。（参见荣宝斋出版社编：《历届书法专业硕士学位论文选》第3卷，荣宝斋出版社2010年版，第1页）

第八章 中国石窟铭文的数字化应用建设

——基于 Canny 算法的造像记拓本边缘检测及提取方法研究

在逐步推进文化遗产保护进程中，凭借超越时空界限的数字化手段更好地保护、展示、利用和分享人类的共同遗产具有重大的战略意义。造像记是石窟文化遗产体系的重要组分之一，具有非常重要的艺术价值、文献价值和历史价值。而基于造像记拓本——古老而传统的文物保护手段，利用数字化手段，特别是边缘识别和轮廓修复的技术运用，充分发挥拓本素材所具有的完整性、定格性、清晰性，为石窟铭文艺术的保护提供了实践空间和拓展基础。

图像边缘是一个比较广泛的称谓，蕴含着二维图像的边缘、拐点、纹理等基元信息，并通过样本点周围像素灰度值的跃变反映不连续性变化。那么所谓边缘检测，可以理解为利用离散化的梯度参数逼近函数，然后基于二维灰度矩阵构造的梯度向量来嗅探图像中的灰度跃变所在位置，最后将这些灰度跃变点连接起来构成图像边缘。换句话说，基于二维灰度矩阵边缘嗅探的方法本质上是通过灰度差异的跃变来进行边缘点和背景点的判定。

边缘提取技术经过长期发展，在实用性学科和工学相关度较高的学科已经形成较为完整的系统。但在艺术学领域，特别是从书法与数字化角度研究的成果在学界还是比较少见，目前尚处于探索阶段。其中比较有代表性的有 Xiaoqing Wang 在 "Triangular Mesh Based Stroke Segmentation for Chinese Calligraphy" 中提出的，针对中国书法的特殊性，将汉字进行三角形网格化，通过使用 Canny 轮廓检测和 Delaunay 三角测量生成，并基于此三角形网格化的笔画提取方法，进而建模恢复异常区域和损坏区域的笔画轮廓的方法。该方法的 Canny 检测主要针对具体的笔画进行专门研究，具有重要的价值和意义。同样张伟在其硕士论文的研究基础上，将核心部分概括并发展为利用 Canny 算法，通过人机交互和轮廓填充等技术达到修复目的[1]。上述书法与数字化结合的研究着眼于数字修复及展现比较能够反映目前艺术数字化的研究趋势，值得注意的是，书法碑刻不同于其他艺术形式，自然因素造成的时间痕迹是另一种意义上的艺术再创造[2]——同样具有艺术的意味和内涵。所以本书并不着眼于修复，而希望提取碑刻与时间痕迹相融合的"再创造"艺术形式。

另外，其他较为成熟的领域的研究成果——比如交通及农业部门就利用遥感地图通过 Canny 边缘检测算法对道路以及线状工程地物的提取的方法，已经开展了大量研究，形成了相对积极的研究趋势。虽然对象方面有所差异，但这类研究成果也可以为造像记拓本边缘检测和提取提供技术层面的借鉴。

第一节
研究对象、边缘检测及提取算法的原理

一、研究对象

研究对象选取时需要考虑到两方面的因素:其一,时间的变迁对碑刻所造成的病害以及捶拓和其他人为因素所造成的损害,严重影响到碑文的清晰程度。相对于色度[3]区分度不高的碑版而言,黑白分明的拓本,无论从色度区分度还是文本辨识度来衡量,都更适合作为边缘识别和提取的对象。实践证明,拓本比碑版本身具有更优越的清晰度和辨识度。其二,因为书法本身具有非常强的艺术化和个性化特点,所以书法字体随之呈现出多样性和不稳定性等特征。而上述特性将在断点连接过程中,影响函数运算的判断准确性。所以应当选取边缘较为规整,呈现出相对连续性和稳定性的书法字体作为测试对象。

二、边缘检测及提取算法的原理

构造并利用一阶导数构成的梯度算子,来确定图像 $f(x, y)$,在点 (x, y) 的梯度:

$$\nabla f(x, y) = G(x, y) = [G_x, G_y]^T = \left[\frac{af}{ax}, \frac{af}{y}\right]^T \quad (1)$$

进而可以表示出梯度大小 $|\nabla f(x, y)|$ 方向 $\theta(x, y)$ 。

$$\begin{cases} |\nabla f(x, y)| = \sqrt{G_x^2 + G_y^2} = \sqrt{\left(\frac{af}{ax}\right)^2 + \left(\frac{af}{y}\right)^2} \\ \theta(x, y) = arctan\left(\frac{G_y}{G_x}\right) \end{cases} \quad (2)$$

所谓边缘是图像 $f(x, y)$ 的灰度值发生激烈变化(跃变)的地方,该变化可以借助一阶导数所反映的图像 $f(x, y)$ 斜率变化来表征。也就是说,边缘检测算法的核心理念在于构造并计算一阶导数的极大值或二阶导数的零点所反映的斜率上的变化,来确定灰度跃变点的集合——图像的轮廓线。在实际操作中,为了提取较为高质量的目标边界线,通常采用的算法有两类:(1)基于一阶梯度最大值的检测算子主要有:Roberts, Sobel, Prewitt。(2)基于二阶导数过零点检测的检测算子主要有:Marr 和 Hildreth 所提出的 LoG 算子。

第二节
造像记拓本边缘检测及提取算法设计

一、流程设计

基于后面的实验需要，预处理部分的操作情况将作为实验变量，进而衡量实验结果的有效性和准确性。所以整个处理流程分为三个部分：第一部分为灰度化处理[4]；第二部分为预处理，包括对比度处理和滤波处理；第三部分为 Canny 算法处理[5]。

二、预处理

预处理即在 Canny 算法进行前的前期图像处理工作，在本书中主要指的是对比度算法和滤波算法处理。由于捶拓这种传统操作的人工因素介入，不可避免造成拓本在墨色上存在差异，这种差异会导致边缘的误判，所以需要采用对比度处理来减少误判事件的发生。另外，碑刻在时间流逝过程中因为风雨侵蚀等各种不可控的自然因素，形成噪声干扰，故而需要采取滤波处理来排除噪声干扰。

对比度算法公式（matlab）：

$$f_1 = imadjust(f[x_1, x_2], [y_1, y_2]); x_1 < x_2; y_1 < y_2 \quad (3)$$

高斯滤波算法公式：

笔者运用高斯滤波函数进行处理。利用高斯 $G(x, y, \sigma)$ 构造滤波器。

$$G(x, y, \sigma) = \frac{1}{2\pi\sigma^2} exp\left(-\frac{x^2+y^2}{2\sigma^2}\right) \quad (4)$$

对图 $f(x, y)$ 进行去噪处理，获得图像 $g(x, y)$。

$$g(x, y) = G(x, y, \sigma) \times f(x, y) \quad (5)$$

即：$f_1 = imnoise(f, 'gaussian', m, var)$（matlab 算法公式） （6）

这两种算法的加入不仅丰富了整个处理流程，更给后期的图像处理提供了稳定的前提和基础，保障了改进的 Canny 算法的准确性和高效性。

三、Canny 算法的实现

John Canny 的 Canny 算子依据最优化的算法思想，具有较为良好的信噪比、定位精准度、单边缘响应等优点。

（一）计算梯度增幅和方向

根据高斯函数的可分性，将其分解到行列两个向度之后，分别计算 X 和 Y 两个方向上的一阶偏导：

$$\begin{cases} \dfrac{\delta G}{\delta x} = kx \cdot exp\left(-\dfrac{x^2+y^2}{2\sigma^2}\right) \\ \dfrac{\delta G}{\delta y} = ky \cdot exp\left(-\dfrac{x^2+y^2}{2\sigma^2}\right) \end{cases} \quad (7)$$

将（3）（4）式与 $f(x, y)$ 进行卷积运算，得 X 方向上的卷积 Ex 和 Y 方向上的卷积 Ey：

$$\begin{cases} Ex = \dfrac{aG}{ax} \times f(x,y) \\ Ey = \dfrac{aG}{ay} \times f(x,y) \end{cases} \quad (8)$$

梯度增幅 $H(x, y)$ 和 $\theta(x, y)$ 分别为：

$$\begin{cases} H(x, y) = \sqrt{Ex(x, y)^2 + Ey(x, y)^2} \\ \theta(x, y) = tan^{-1} \dfrac{Ex(x,y)}{Ey(x,y)} \end{cases} \quad (9)$$

（二）非极大抑制

当然仅仅根据全局梯度增幅 $H(x, y)$ 和 $\theta(x, y)$ 是不能够确定图像 $f(x, y)$ 的轮廓线的，还需要利用运算抑制非极大值，保留局部范围内梯度最大点，连接这些点就可以形成边缘线。

选取 $H(x, y)$ 上的任意点 $h_o(x, y)$ 与相邻区域内点 $h_o(x \pm 1, y \pm 1)$ 的像素进行比较：若该点梯度增幅没有随着梯度方向的两个相邻点像素大，即 $h_o(x, y)$ 像素 $< h_o(x \pm 1, y \pm 1)$ 点的像素值，则说明 $h_o(x, y)$ 的梯度值并不是局域内最大值，需要做背景化处理。如此运算后，可以得到候选边缘线 $T(x, y)$。

（三）双阈值检测与连接

分别设定上下阈值 t_{up} 和 t_{down}，选取 $T(x, y)$ 上任意点 $t_o(x, y)$，则有下面三种情况：

第一，该点大于上阈值（$t_o(x, y) > t_{up}$），则该点保留；第二，该点小于下阈值（$t_o(x, y) < t_{down}$），则该点排除；第三，该点处于两个阈值之间（$t_{down} < t_o(x, y) < t_{up}$），则需要进行坐标系内八个向度的判定，若存在（$t_o(x±1, y±1) > t_{up}$），则 $t_o(x, y)$ 保留。当然也有学者针对第三种情况提出了另一种算法，基于 3×3 矩阵最少两元连续有效值的情况下，按照延伸方向的 0°、±45° 三种向度进行搜索。虽然减少了搜索向度，但两元连续有效值的确定需要增加额外的运算步骤。所以整体考量并结合实验来看，还是借助坐标系把各项度判定比较优越。

第三节
仿真证明

基于上述理论依据，为证明 Canny 算法在造像记拓本边缘检测过程中的有效性，还需要进行相关实验。实验采用的数据源是龙门石窟古阳洞《孙秋生造像记》拓本局部，并在 matlab R2016a 环境下搭建用于边缘检测的实验平台。

一、实验一

分别采用传统算法和改进的 Canny 算法进行边缘提取实验。将两种方法的实验效果进行比对，对比结果见传统算法图和改进算法图所示。

图 8-1　拓本（局部）原图[6] 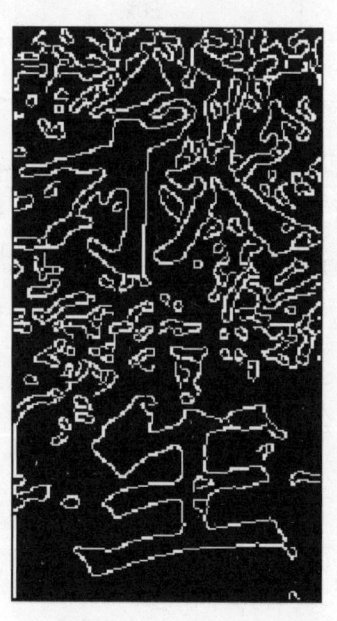　　图 8-2　传统方法边缘提取效果 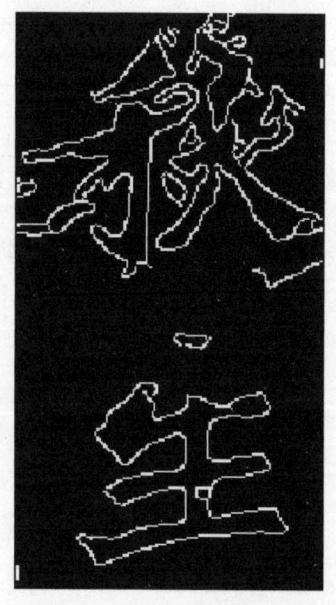　　图 8-3　改进的 Canny 算法边缘提取效果

综合比较两图，可以比较直观地看出，改进的 Canny 算法在边缘提取效果上要优于传统算法。这主要是进行了对比度和滤波等预处理，给 Canny 处理提供了良好的运算基础，从而保障了提取效果的相对完整性和准确性。当然，我们还可以注意到，预处理过程中的降噪在精确提取边缘的同时，损失了许多点画的细节。相互比较之下，就线

条质量的完整性和区分度以及书法艺术韵味的留存度而言,改进的 Canny 算法对造像记拓本边缘检测及抽取具有整体优越性。

二、实验二

在结果分析时,要比较边缘检测及提取算法的效率,不能寄托于直观判断,还需要基于实验对两种不同算法进行科学的分析和判定。分别利用传统算法和改进后的 Canny 算法对 100 幅取自《孙秋生造像记》[7]的局部样本进行边缘检测与提取实验。通过比对两组实验结果的差异,进而评判不同算法的效率与实用性。对比结果见表 8-1。

表 8-1 两种算法的实验结果对比

比较项目	传统算法	改进的 Canny 算法
样本数量	100	100
正确率	67%	95%
失败率	20%	3%
误检率	13%	2%

通过表可以说明,改进的 Canny 算法对造像记拓本边缘的检测和提取的准确度要高于传统算法。这主要是进行了对比度处理和滤波处理。其中,对比度处理主要针对因为捶拓过程中墨色分布不均所造成的边缘误判现象;而滤波处理主要排除拓本本身在时间演变中形成的噪点干扰,两者结合在一起,保障改进的 Canny 算法的效果。

第四节

小结

针对造像记拓本文字边缘的相对连续性和稳定性，笔者提出了一种基于 Canny 的延伸算法，通过形态处理、断点处理等方法达到边缘检测和提取的目的。利用笔者所采用的 Canny 算法和边缘匹配算法对造像记拓本所进行的提取实验结果表明，该算法能够快速、高效地提取出文字边缘。

当然该算法还存在一些不足之处：第一，文字提取精度依赖于边缘检测算法，如果因为拓片本身的残缺造成的噪点，或因为边缘黏合非需求性冗余，则需要人机互动的方式进一步处理；第二，该算法是针对清晰度、对比度较高的拓本开展的，在具体操作过程中，涉及拓本边缘模糊或原石残损严重的情况，会影响算法的识别正确率；第三，该算法没有考虑到书体差异以及不同书法家之间的风格问题，也没有将文字解离成具体的笔画进行研究。考虑到这些问题，还需要继续对算法进行相对应的改进。

注 释

1. 成都理工大学的张伟在 2008 年硕士论文《简牍图像中文字修复的研究与应用》中比较全面而系统地提出了简牍文字虚拟修复的方法,在第三章基础上阐发为《Canny 边缘算子在简牍文字修复中的应用》。(参见张伟:《简牍图像中文字修复的研究与应用》,硕士学位论文,成都理工大学,2008 年,第 14~15 页)
2. 所谓"金石气"就是其中的一个指向。
3. 色度蕴含了色调和饱和度等概念,是量化分析色彩的范畴。
4. Canny 只能处理灰度图,即通过 RGB 通道进行采样和加权平均运算,运用人眼视觉模式 Gray=0.299R+0.587G+0.114B。
5. 本章所有图表系笔者用 EdrawMax 绘制。
6. 全称《孙秋生刘起祖等二百人造像记》,旧名《新城县功曹孙秋生造像记》。(参见徐自强主编,阎文儒、常青:《龙门石窟研究》,书目文献出版社 1995 年版,第 18 页)
7. 《孙秋生刘起祖等二百人造像记》,位于古阳洞南壁。(参见徐自强主编,阎文儒、常青:《龙门石窟研究》,书目文献出版社 1995 年版,第 18 页)

结 语

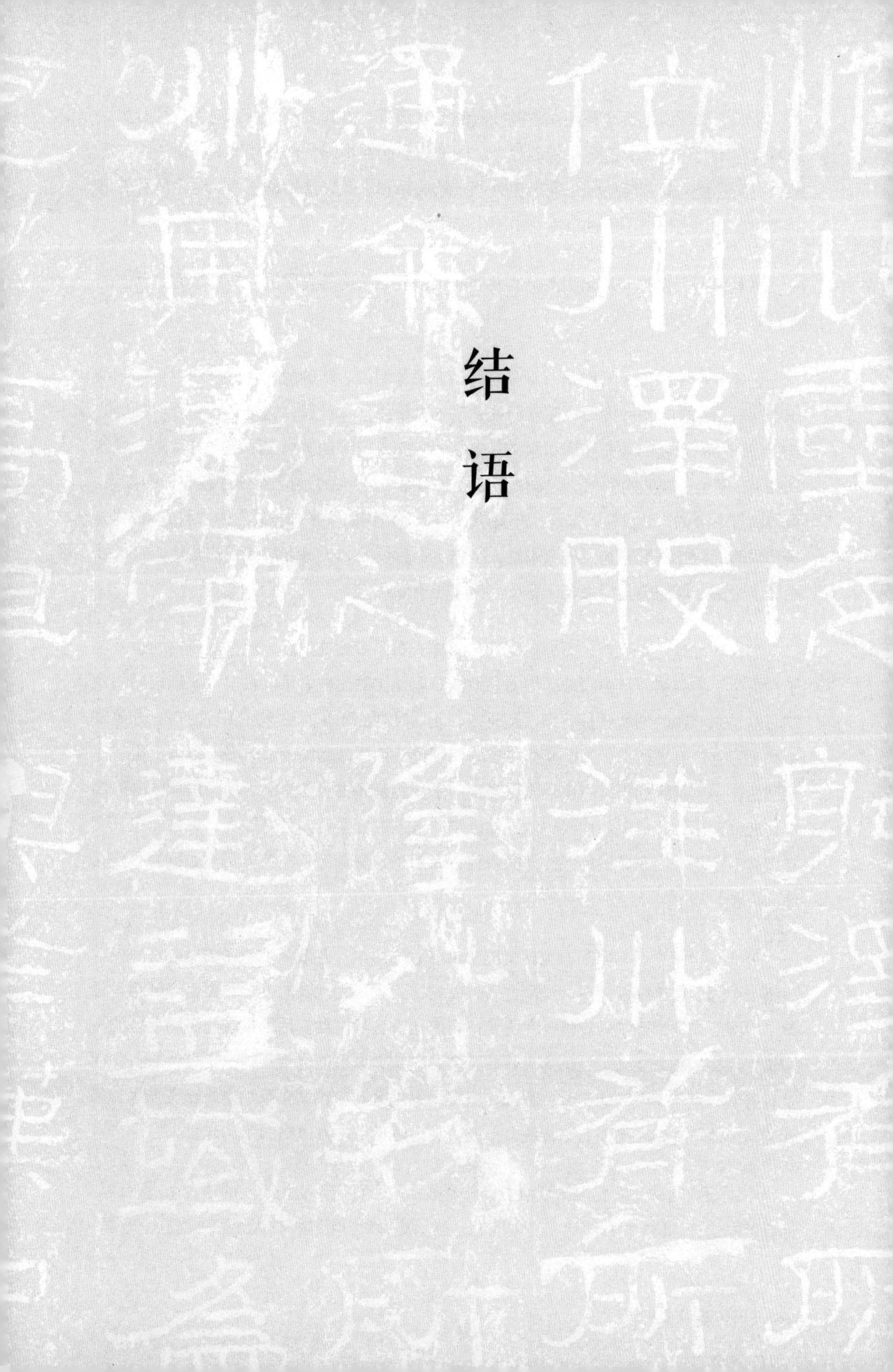

中国石窟铭文的历史是一部波澜壮阔的艺术历程。她包罗着神州大地无数灿若星辰的石窟艺术文化宝库，蕴含着佛教教义、图像、思想在中国的传播和发展并最终走向三教合一的过程，见证了中国不同历史时期政教关系和宗教理念的调整，同时也阐释着佛教文化在神州大地上不断世俗化、中国化的历程。

纵观中国石窟铭文从北朝至宋的发展变化，我们认为其发展历程是复杂的、动态的和具有生命意义的。

公元 5 世纪末期，早期龙门石窟的造像记来源明确。从确凿的年代排序中可以归纳出中国石窟铭文起源并发展成完善而独立艺术风格的整体过程，这对墓志和其他种类的铭文研究具有重要的补充和启示意义。中原地区的龙门时期书风在承继平城时期书风的基础上，发生了较大的变化。结体仍保持隶书的体格之外，点画已经不存在明显的波磔。更有南方书风的"北渡"，横画一拓直下，改平城惯例的"平画宽结"为"斜画紧结"。虽然用笔的撇捺落笔略长而微有隶意，整体上仍可以划为一种方峻雄强的新体，其雄强刚健、奇逸峥嵘的美学特点表征着石窟铭文的重要范式。

到公元 5 世纪中后期，石窟铭文的艺术样式有了多元的发展，而艺术风格则也呈现出"南化"的趋势。从中原地区与山东地区石窟铭文的比较中可以看出，北魏末期的龙门石窟与东西魏时期的巩县石窟以及北齐、北周时期的山东摩崖刻经相较而言，方笔较多加上刀斧气息更浓重，因此整体更加峥嵘刚健；而后二者则圆笔较多，整体上更加浑融圆通。中原地区的巩县石窟铭文更多偏向于受到南朝书风的影响，而山东地区的摩崖刻经则呈现出复古风气与抄经体的综合影响。气韵方面两者亦各有胜场，巩县石窟铭文在气魄上远不如山东摩崖刻经的浑融肃穆，而山东摩崖刻经在气韵上则不如巩县石窟铭文的典雅灵动。

公元 6 世纪之后，中国石窟铭文绽放出最后的灿烂，并渐渐消逝在历史的长河中。当整个中国石窟都陆续停滞和没落之后，以安岳、大足为代表的巴蜀石窟奇峰崛起，延续了中国石窟铭文系统的辉煌。对比龙门石窟而言，从早期安岳卧佛院与洛阳地区的石窟铭文风格相类，到大足石刻的书体既符合石窟铭文发展的客观规律——楷行兼备，而且普遍偏向世俗审美意向，综合看来，唐代巴蜀地区石窟铭文在吸纳中原铭文书风、唐代"写经体"并结合巴蜀石刻传统，形成了具有时代与地方风格的铭文样式。

中国石窟铭文的发展规律是相当复杂而多元的，我们无法用有限的语言来进行详尽而完备的论证。但纵观石窟铭文在中国的发展历史，我们可以将其大致归纳为五个方面：

神性的消解——铭文中人性因素的觉醒；重心的转移——从祈祝转向义理的探求；书风的重构——吸纳支流而融为一体；精神的坚守——书法形式变迁而灵魂稳定；文图的交融——铭文与图像的交融和渗透。在这样一个过程中，我们可以明确地发现中国石窟铭文的发展历程，是随着其中国化程度的不断演进，而逐步地走向人间化，世俗化。但无论是神性的消解，还是重心的转移，或者是书风的重构等，其所蕴含的逻辑都建立在其不断地吸纳外来的文化，并且时刻在进行着中国化的艺术演进历程；时刻地根据中国文化精神的内涵和特质，不断地调适着自己的进程和步伐，并最终演变为与中国本土文化思想相适应和匹配的特定艺术形态。

在石窟铭文艺术与中国本土文化思想相适应的发展过程中，在不同的历史时期产生了互有差异，又相互联系的"石窟艺术范式"。通过对中原地区与平城地区、山东地区、巴蜀地区的石窟铭文的比较，我们可以从时序发展的角度，形成三个基本判断：

从平城到中原，中原地区随着都城迁到洛阳，平城带来的艺术样式（石窟铭文）与中原地区石刻的悠久传统耦合，呈现出豪迈奔放、峭拔刚毅的艺术姿态，不断走向规范化和整饬化，是平城地区"横画宽结"到龙门地区"斜画紧结"的重要转变期。随着文化中心的南移，中原龙门石窟铭文艺术得以独立发展，并回传和反向影响了云冈石窟的铭文艺术。

从中原到山东，郑氏书家群体出身中原地区的荥阳，使得山东地区初期摩崖刻经存在师法中原地区石窟铭文的痕迹。之后中原地区因王朝灭亡和墓志书法的崛起而转移阵地，石窟铭文艺术呈现出比较低迷的状态。后期因中原地区"南风北渐"的影响和山东地区"复古风气"的笼罩，山东摩崖刻经胜在浑融肃穆；而中原巩县石窟铭文则优于典雅灵动。

从中原到巴蜀，刻经的底稿是通过纸本方式传递的，这也造成巴蜀地区刻经比较直接受到唐代中原"写经体"的某些影响。但不同于龙门刻经的千人千面，安岳刻经因系统性统筹而表现出整饬与一致。在北方石窟铭文沉寂之后，大足石刻奇峰崛起，以富有装饰性和世俗性的审美趣味，形成具有时代和地方风格的铭文样式。

参考文献

一、古代史料

（一）正史、档案、文集等

[1]　〔汉〕司马迁：《史记》（中），团结出版社 2002 年版。
[2]　〔汉〕司马迁著，〔明〕童养正编纂，师帅、马雅琴整理：《史汉文统·史记统》，商务印书馆 2019 年版。
[3]　〔汉〕班固：《汉书》卷八八，中华书局 2007 年版。
[4]　〔后晋〕刘昫等：《旧唐书》卷一一卷三五，吉林人民出版社 1995 年版。
[5]　〔西晋〕陈寿著，刘建生编译：《三国志精解》精装版，海潮出版社 2012 年版。
[6]　〔北齐〕魏收：《魏书》，吉林人民出版社 1995 年版。
[7]　《续修四库全书》委员会：《续修四库全书·905·史部·金石类》，上海古籍出版社，1996 年版。
[8]　〔北齐〕魏收：《魏书》，延边人民出版社，出版年份不详。
[9]　〔北齐〕魏收著，付艾琳编：《魏书》，克孜勒苏柯尔克孜文出版社、新疆青少年出版社 2006 年版。
[10]　〔南齐〕萧子显著，徐克谦译注：《南齐书选译》，巴蜀书社 1994 年版。
[11]　〔唐〕李百药：《北齐书》，华雅士书店 2002 年版。
[12]　〔宋〕真宗皇帝等撰，张景岗点校：《四十二章经注疏》，线装书局 2016 年版。
[13]　〔宋〕司马光著，傅春晓译注：《资治通鉴精华》（下），辽宁人民出版社 2018 年版。
[14]　〔元〕脱脱等：《宋史》1 卷，大众文艺出版社 1999 年版。

（二）史料笔记

[1]　〔齐梁〕释僧祐：《弘明集校笺》，上海古籍出版社 2013 年版。
[2]　〔南朝梁〕刘勰著，李平、桑农导读：《文心雕龙导读》，安徽师范大学出版社 2018 年版。
[3]　〔唐〕张彦远辑，洪丕谟点校：《法书要录》，上海书画出版社 1986 年版。
[4]　〔明〕张岱著，云告点校：《琅嬛文集》，岳麓书社 2016 年版。
[5]　〔清〕方若著，王壮弘增补：《增补校碑随笔》，上海书画出版社 1981 年版。
[6]　〔清〕皮锡瑞著，周予同注释：《经学历史》，中华书局 2004 年版。
[7]　〔清〕陆增祥：《八琼室金石补正》，文物出版社 1985 年版。
[8]　〔清〕康有为原著，李廷华辨析：《〈广艺舟双楫〉辨析》，上海书画出版社 2017 年版。

（三）报刊、书札、日记等

[1]　〔汉〕许慎撰，〔清〕段玉裁注：《说文解字注》，上海古籍出版社 1981 年版。
[2]　〔唐〕柳宗元著，张洲导读注译：《柳宗元集》，岳麓书社 2018 年版。
[3]　〔宋〕苏轼著，李之亮注评：《苏东坡诗词文精选集》，长江文艺出版社 2019 年版。

二、外文资料

（一）外文原文资料

[1]　O Siren, *A History of Early Chinese Art*, Hacker Art Books, 1970.

[2] William Willetts, *Chinese Sculpture from the Fifth to the Fourteenth Century*, Reprinted by Hacker Art Books, 1970.

[3] Sullivan, Michael. William Willetts : Chinese art. (Pelican Books, A 358, 359.) 2vols.:xxxv, 392 pp.; vi, 393 - 802 pp.; 64 plates, map. Harmondsworth: Penguin Books, 1958. 15s., Bulletin of the School of Oriental & African Studies, Vol.22, No.1, 1959.

（二）外文译著资料

[1] 〔英〕文森特·亚瑟·史密斯著，高迎慧译：《阿育王：一部孔雀王国史》，华文出版社2019年版。

[2] 〔美〕乔迅著，刘芝华、方慧译：《魅惑的表面：明清的玩好之物》，中央编译出版社2017年版。

[3] 〔德〕J. 赫尔曼、许理和：《人类文明史3：公元前7世纪至公元7世纪》，译林出版社2015年版。

[4] 〔法〕丹纳著，傅雷译：《艺术哲学》，江苏凤凰文艺出版社2018年版。

[5] 〔法〕勒内·格鲁塞著，常任侠、袁音译：《东方的文明》上，商务印书馆2017年版。

[6] 〔日〕宇井伯寿著，汪兆玉译：《阿育王法敕刻文》，现代佛教学会1951年版。

[7] 〔日〕常盘大定、〔日〕关野贞著，王铁钧、孙娜译：《晚清民国时期中国名胜古迹图集》（全本精装版）第2卷，中国画报出版社2019年版。

[8] 〔日〕久保田量远著，胡恩厚译：《中国儒道佛交涉史》，金城书屋1986年版。

[9] 〔日〕陈舜臣著，齐膺军译：《桃李章》，中国画报出版社2019年版。

[10] 〔韩〕李正晓著并译：《中国早期佛教造像研究》，文物出版社2005年版。

[11] 〔巴基斯坦〕穆罕默德·瓦利乌拉·汗著，陆水林译：《犍陀罗：来自巴基斯坦的佛教文明》，五洲传播出版社2009年版。

三、近人研究著作

（一）石窟艺术类

[1] 白文：《从缘起到广布：古印度佛教艺术》，陕西师范大学出版总社有限公司2010年版。

[2] 陈丽萍、王妍慧编：《中国石窟艺术》，时代文艺出版社2007年版。

[3] 陈明光：《大足石刻考古与研究》，重庆出版社2001年版。

[4] 大足石刻研究院等，秦臻、张雪芬、雷玉华：《安岳卧佛院考古调查与研究》，科学出版社2015年版。

[5] 房山石经博物馆、房山石经与云居寺文化研究中心：《石经研究》第1辑，北京燕山出版社2016年版。

[6] 房山石经博物馆、房山石经与云居寺文化研究中心：《石经研究》第2辑，华夏出版社2018年版。

[7] 高翙：《元明清时期天水地区的佛教艺术》，甘肃人民出版社2015年版。

[8] 宫大中：《龙门石窟艺术》，人民美术出版社2002年版。

[9] 国家文物局教育处：《佛教石窟考古概要》，文物出版社1993年版。

［10］ 河南省文物研究所：《中国石窟·巩县石窟寺》，文物出版社1989年版。
［11］ 贺玉萍：《北魏洛阳石窟文化研究》，河南大学出版社2010年版。
［12］ 胡文和、胡文成：《巴蜀佛教雕刻艺术史》下，巴蜀书社2015年版。
［13］ 胡文和：《四川道教、佛教石窟艺术》，四川人民出版社1994年版。
［14］ 胡文和：《西南石窟文献》第8卷，兰州大学出版社2003年版。
［15］ 金建荣：《中国南北朝时期佛教造像背光研究》，东南大学出版社2016年版。
［16］ 荆三林：《中国石窟雕刻艺术史》，人民美术出版社1988年版。
［17］ 雷玉华、罗春晓、王剑平：《川北佛教石窟和摩崖造像研究》，甘肃教育出版社2016年版。
［18］ 雷玉华：《巴中石窟研究》，民族出版社2011年版。
［19］ 李巳生：《禅密造像艺术精华（两宋至明清时期）》，河南大学出版社2012年版。
［20］ 李素明：《中国石窟——建筑艺术欣赏》，大连出版社1996年版。
［21］ 李小强：《大足石刻史话》，江苏凤凰美术出版社2019年版。
［22］ 李裕群：《北朝晚期石窟寺研究》，文物出版社2003年版。
［23］ 李裕群：《山野佛光：中国石窟寺艺术》，四川人民出版社2004年版。
［24］ 梁思成：《佛像的历史》图文版，中国青年出版社2010年版。
［25］ 梁思成：《中国雕塑史》，生活·读书·新知三联书店2011年版。
［26］ 刘慧：《中原北方早期弥勒造像艺术研究》，上海三联书店2016年版。
［27］ 刘景龙、李玉昆主编：《龙门石窟碑刻题记汇录》，中国大百科全书出版社1998年版。
［28］ 罗叔子：《北朝石窟艺术》，上海出版公司1955年版。
［29］ 马世长：《中国佛教石窟考古文集》，商务印书馆2014年版。
［30］ 宁强：《敦煌石窟寺研究》，甘肃人民美术出版社2012年版。
［31］ 秦臻：《田野、实践与方法：美术考古与大足学研究》，重庆大学出版社2016年版。
［32］ 沙武田著，敦煌研究院编：《归义军时期敦煌石窟考古研究》，甘肃教育出版社2017年版。
［33］ 山东石刻艺术博物馆编：《山东佛教刻经全集》上卷，山东美术出版社2015年版。
［34］ 山东石刻艺术博物馆、中国书法家协会山东分会编：《云峰刻石研究》，齐鲁书社1992年版。
［35］ 孙熙汝：《妙乐寺》，宗教文化出版社2013年版。
［36］ 孙英民：《佛国墨影——巩县石窟寺拓片萃编》，大象出版社2014年版。
［37］ 唐晓军：《甘肃古代石刻艺术》，民族出版社2007年版。
［38］ 汪毅著、王达军摄影：《安岳石刻艺术》，巴蜀书社2019年版。
［39］ 王欣：《中国古代石窟》，中国商业出版社2015年版。
［40］ 温玉成：《中国石窟与文化艺术》，上海人民美术出版社1993年版。
［41］ 吴军、刘艳燕：《敦煌古代石刻艺术》，甘肃人民出版社2016年版。
［42］ 肖宇窗：《神话在人间：大足石窟艺术及其文化阐释》，中国戏剧出版社2011年版。
［43］ 宿白：《中国佛教石窟寺遗迹——3至8世纪中国佛教考古学》，文物出版社2010年版。
［44］ 宿白：《中国石窟寺研究》，文物出版社1996年版。
［45］ 徐自强主编，阎文儒、常青：《龙门石窟研究》，书目文献出版社1995年版。
［46］ 阎文儒：《中国石窟艺术总论》，广西师范大学出版社2003年版。
［47］ 杨雄、胡良学、童登金：《大足石窟与敦煌石窟的比较》，巴蜀书社2008年版。

[48] 于向东：《中华图像文化史》佛教图像卷（上），中国摄影出版社 2017 年版。

[49] 张宝玺：《河西北朝石窟》，上海古籍出版社 2016 年版。

[50] 李裕群：《古代石窟》，文物出版社 2003 年版。

[51] 赵瑞娟、赵志策、马凤娟：《世俗性的宋代佛像雕刻研究》，中国广播电视出版社 2015 年版。

[52] 赵一德：《云冈石窟文化》，北岳文艺出版社 1998 年版。

[53] 郑炳林主编，吴荭：《北周石窟造像研究》，甘肃教育出版社 2017 年版。

[54] 中国书法家协会山东分会、山东石刻艺术博物馆编：《北朝摩崖刻经研究》，齐鲁书社 1991 年版。

[55] 朱旧雄：《世界美术史·第四卷（古代中国与印度的美术）》，山东美术出版社 1990 年版。

[56] 王镛：《印度美术史话》，人民美术出版社 1999 年版。

（二）造像铭文类

[1] 重庆大足石刻艺术博物馆、重庆市社会科学院大足石刻艺术研究所编：《大足石刻铭文录》，重庆出版社 1999 年版。

[2] 侯旭东：《五、六世纪北方民众佛教信仰》，中国社会科学出版社 1998 年版。

[3] 李晓敏：《世情与佛理：隋唐佛教造像题记研究》，人民出版社 2018 年版。

[4] 孙英刚、何平：《犍陀罗文明史》，生活·读书·新知三联书店 2018 年版。

[5] 王恒：《云冈石窟名称和铭文碑记》，山西人民出版社 2006 年版。

[6] 西北大学考古专业，日本赴陕西佛教遗迹考察团，麟游县博物馆：《慈善寺与麟溪桥：佛教造像窟龛调查研究报告》，科学出版社 2002 年版。

[7] 员小中：《云冈石窟铭文楹联》，山西科学技术出版社 2014 年版。

[8] 郑炳林主编，郭俊叶：《敦煌莫高窟第 454 窟研究》，甘肃教育出版社 2016 年版。

[9] 郑炳林、张景峰：《敦煌石窟彩塑艺术概论》，甘肃教育出版社 2016 年版。

（三）金石学类

[1] 中央电视台《国宝档案》栏目组：《国宝档案·叁·书法碑刻石刻案》，中国民主法制出版社 2009 年版。

[2] 《续修四库全书》编纂委员会：《续修四库全书 901·史部·金石类》，上海古籍出版社 1996 年版。

[3] 黄永年：《古文献学讲义》，中西书局 2014 年版。

[4] 李全中主编，吴景山：《泾川金石校释》，甘肃文化出版社 2016 年版。

[5] 陆和九：《中国金石学讲义》上，北京图书馆出版社 2003 年版。

[6] 马衡：《凡将斋金石丛稿》，中华书局 1977 年版。

[7] 马衡：《马衡讲金石学》，凤凰出版社 2010 年版。

[8] 毛远明：《碑刻文献学通论》，中华书局 2009 年版。

[9] 唐晓军：《甘肃古代石刻艺术》，民族出版社 2007 年版。

[10] 新文丰出版公司编辑部：《石刻史料新编》第一辑第 12 册，台湾新文丰出版股份有限公司 1982 年版。

［11］ 朱剑心：《金石学》，文物出版社 1940 年版。

（四）历史类

［1］ 《中国史籍精华译丛》编委会：《中国史籍精华译丛·三国志、晋书、南史、北史、隋书》，青岛出版社 1993 年版。

［2］ 《中华全二十六史》编委会编译：《中华全二十六史·第 3 册·宋书、南齐书、梁书、陈书、魏书、北齐书》，中国华侨出版社 2002 年版。

［3］ 白玉林、曾志华、张新科主编：《北朝史解读》，云南教育出版社 2011 年版。

［4］ 卜宪群：《中国通史 2·秦汉魏晋南北朝》大字本，华夏出版社 2017 年版。

［5］ 曾国藩：《经史百家杂钞》上册，世界书局 1935 年版。

［6］ 陈寅恪：《隋唐制度渊源略论稿》，生活·读书·新知三联书店 1954 年版。

［7］ 陈寅恪著，万绳楠整理：《魏晋南北朝史讲演录》，贵州人民出版社 2012 年版。

［8］ 陈寅恪著，陈美延编：《读书札记一集》，生活·读书·新知三联书店 2001 年版。

［9］ 邓之诚：《中华二千年史·卷 2·两晋及南北朝》，东方出版社 2013 年版。

［10］ 杜士铎主编：《北魏史》，北岳文艺出版社 2011 年版。

［11］ 范文澜、蔡美彪：《中国通史·第 2 册》，人民出版社 2008 年版。

［12］ 胡昭曦：《巴蜀历史考察研究》，巴蜀书社 2007 年版。

［13］ 李文才：《两晋南北朝十二讲》，中国国际广播出版社 2009 年版。

［14］ 门岿主编：《二十六史精粹今译》，人民日报出版社 1991 年版。

［15］ 钱穆：《国史大纲》上，商务印书馆 1996 年版。

［16］ 王仲荦：《魏晋南北朝史》，上海人民出版社 2016 年版。

［17］ 许嘉璐主编，周国林分史主编：《二十四史全译·魏书》第 4 册，汉语大词典出版社 2004 年版。

［18］ 严可均：《全上古三代秦汉三国六朝文》第二册，中华书局 1958 年版。

［19］ 姚薇元：《武汉大学百年名典·北朝胡姓考（修订本）》，武汉大学出版社 2013 年版。

［20］ 于立文主编：《四库全书·史部》，北京艺术与科学电子出版社 2007 年版。

［21］ 曲金良主编，朱建君、修斌分册主编：《中国海洋文化史长编·魏晋南北朝隋唐卷》，中国海洋大学出版社 2013 年版。

（五）文化类

［1］ 高明主编，林尹编：《两汉三国文汇》，集成图书公司 1960 年版。

［2］ 郭绍林：《隋唐历史文化》，中国文史出版社，2005 年版。

［3］ 黄荣华、李郦编选：《义者之言：〈孟子〉选读》，复旦大学出版社 2012 年版。

［4］ 蒋述卓：《蒋述卓自选集》，中山大学出版社 2017 年版。

［5］ 李山：《中国散文通史·魏晋南北朝卷》，安徽教育出版社 2013 年版。

［6］ 李修生、朱安群主编：《四书五经辞典》，中国文联出版公司 1998 年版。

［7］ 刘典立总编，洛阳市大河文化研究院编纂：《洛阳大典》下，黄河出版社 2008 年版。

［8］ 刘精诚：《公元 317 年至公元 589 年的中国故事》上，上海文化出版社 2016 年版。

［9］ 马祖毅：《中国翻译简史——"五四"以前部分》，中国对外翻译出版公司 2004 年版。

[10] 孟庆远主编：《新编中国文史词典》，中国青年出版社 1989 年版。

[11] 苗春德：《苗春德文集》，河南大学出版社 2017 年版。

[12] 秦川：《郭沫若评传》，中国文联出版社 2016 年版。

[13] 司马朝军、赵争主编：《文献辨伪学引论》，武汉大学出版社 2020 年版。

[14] 王俊义主编：《炎黄文化研究·第 3 辑》，大象出版社 2006 年版。

[15] 王凯符：《古代文章学概论》，武汉大学出版社 1983 年版。

[16] 吴晓亮：《中国七大古都名胜与文化》，云南大学出版社 2000 年版。

[17] 熊十力：《熊十力全集》附卷（上），湖北教育出版社 2001 年版。

[18] 闫春新：《兰陵萧氏与中古文化研究》，山东人民出版社 2013 年版。

[19] 张文萍选注，侯超英、刘福兴主编：《洛阳历代文选》，九州出版社 2003 年版。

[20] 中国人民政治协商会议四川省内江市委员会文史资料研究委员会：《内江文史资料》第 1 辑，内江新华印刷厂 1986 年版。

[21] 周绍良主编：《全唐文新编·第三部》第三册，吉林文史出版社 2000 年版。

（六）社会学类

[1] 葛兆光：《中国思想史》第 1 卷，复旦大学出版社 2001 年版。

[2] 李景林、李祥俊主编：《京师中国哲学（第六辑）·中国传统价值观与当代社会》，黑龙江人民出版社 2016 年版。

[3] 李晓：《宋代工商业经济与政府干预研究》，中国青年出版社 2000 年版。

[4] 马新、贾艳红、李浩：《中国古代民间信仰：远古—隋唐五代》，上海人民出版社 2010 年版。

[5] 沙武田：《榆林窟第 25 窟：敦煌图像中的唐蕃关系》，商务印书馆 2016 年版。

[6] 汪圣铎：《宋代政教关系研究》，人民出版社 2010 年版。

[7] 王铭铭：《人类学讲义稿》，世界图书出版公司北京公司 2011 年版。

[8] 徐杰舜主编：《雪球——汉民族的人类学分析》，上海人民出版社 1999 年版。

[9] 徐苹芳：《丝绸之路考古论集》，上海古籍出版社 2017 年版。

[10] 杨军：《宋元三教融合与道教发展研究》，巴蜀书社 2009 年版。

[11] 葛兆光：《中国思想史》第 2 卷《七世纪至十九世纪中国的知识、思想与信仰》，复旦大学出版社 2001 年版。

[12] 张践：《中国古代政教关系史》下，中国社会科学出版社 2012 年版。

[13] 钟泰：《中国哲学史》，湖南师范大学出版社 2018 年版。

[14] 周群华、叶冲：《古代海上丝绸之路》，大连海事大学出版社 2020 年版。

[15] 邹荣、马建军：《"一带一路"倡议下宁夏区域文化研究》第 2 辑，阳光出版社 2018 年版。

（七）宗教类

[1] 丁明夷：《佛教新出碑志集萃》，东方出版社 2016 年版。

[2] 方立天：《魏晋南北朝佛教论丛》，中华书局 1982 年版。

[3] 葛兆光：《禅宗与中国文化》，上海人民出版社 1986 年版。

[4] 葛壮：《宗教与中国社会述论》，上海人民出版社 2015 年版。

[5] 河北省佛教协会编：《大正新修大藏经》，河北省佛教协会 2005 年版。

［6］ 侯冲：《云南与巴蜀佛教研究论稿》，宗教文化出版社 2006 年版。

［7］ 贾晋华：《古典禅研究：中唐至五代禅宗发展新探（修订版）》，上海人民出版社 2013 年版。

［8］ 赖永海：《佛法真义》，商务印书馆 2019 年版。

［9］ 罗世平、如常主编：《世界佛教美术图说大典·雕塑 1》，湖南美术出版社 2017 年版。

［10］ 彭无情：《西域佛教演变研究》，巴蜀书社 2016 年版。

［11］ 阮荣春、张同标：《从天竺到华夏：中印佛教美术的历程》，商务印书馆 2017 年版。

［12］ 山东石刻艺术博物馆编：《山东佛教刻经全集》上，山东美术出版社 2015 年版。

［13］ 释心皓：《佛教八宗教理行果》，厦门大学出版社 2016 年版。

［14］ 曙正校注：《大觉普济玉琳禅师语录》下，宗教文化出版社 2018 年版。

［15］ 汤用彤：《汉魏两晋南北朝佛教史》，武汉大学出版社 2008 年版。

［16］ 汤用彤：《隋唐佛教史稿》，中华书局 1982 年版。

［17］ 田真：《世界三大宗教与中国文化》，宗教文化出版社 2002 年版。

［18］ 王永会：《中国佛教僧团发展及其管理研究》，巴蜀书社 2003 年版。

［19］ 王治心著，赵建功校：《中国宗教思想史大纲》校订版，商务印书馆 2017 年版。

［20］ 温玉成等：《河洛文化与宗教》，河南人民出版社 2010 年版。

［21］ 虚云法师等著，黄河选编：《佛家二十讲》，华夏出版社 2008 年版。

［22］ 徐小跃、徐如雷主编：《宗教研究》第 1 辑，南京大学出版社 2006 年版。

［23］ 詹石窗总主编：《百年道学精华集成·第 10 辑·道学旁通》卷 3，上海科学技术文献出版社 2018 年版。

［24］ 张曼涛主编：《印度佛教史论》（印度佛教专集之二），北京图书馆出版社 2005 年版。

［25］ 张岂之主编，海波：《佛说死亡：死亡学视野中的中国佛教死亡观研究》，陕西人民出版社 2007 年版。

（八）艺术类

［1］ 韩丛耀主编，邵晓峰：《中华图像文化史·宋代卷》上，中国摄影出版社 2016 年版。

［2］ 赖非：《赖非美术考古文集》，齐鲁书社 2014 年版。

［3］ 李泽厚：《美的历程》，文物出版社 1981 年版。

［4］ 龙红：《冷月孤舟：中国书画艺术专题研究》，安徽美术出版社 2008 年版。

［5］ 阮荣春、张同标、刘慧等：《美术考古一万年》上，上海大学出版社 2008 年版。

［6］ 孙永：《消费语境下广告的图像叙事与审美》，中国书籍出版社 2018 年版。

［7］ 谢凝高主编：《人类的财富与骄傲：中国瑰宝》，上海文艺出版社 2007 年版。

［8］ 谢委主编：《艺术概论》，西南交通大学出版社 2017 年版。

［9］ 张宝洲、范白丁选编：《图像与题铭》，中国美术学院出版社 2011 年版。

［10］ 周积寅：《中国画论辑要》，江苏凤凰美术出版社 2019 年版。

［11］ 宗白华：《美学散步》，上海人民出版社 1981 年版。

（九）书法类

［1］ 曹利华、乔何：《书法美学资料选注》，陕西人民出版社 2009 年版。

[2] 陈振濂主编：《书法学》上，江苏凤凰美术出版社 2019 年版。

[3] 楚默：《楚默全集·佛教书法史》，上海书店出版社 2014 年版。

[4] 崔树强：《百代书迹：中国书法简史》，江西美术出版社 2017 年版。

[5] 华人德：《华人德书学文集》，荣宝斋出版社 2008 年版。

[6] 黄惇：《秦汉魏晋南北朝书法史》，江苏美术出版社 2009 年版。

[7] 黄正明主编：《中国书法鉴赏》，南京大学出版社 2007 年版。

[8] 孔静：《中国书法概览》，光明日报出版社 2015 年版。

[9] 李芝岗：《中国雕刻书法艺术》，陕西师范大学出版总社有限公司 2014 年版。

[10] 刘涛：《魏晋书风：魏晋南北朝书法史札记》，广东人民出版社 2019 年版。

[11] 刘正成：《书法艺术概论》，商务印书馆 2014 年版。

[12] 刘正成主编：《中国书法鉴赏大辞典》上，大地出版社 1989 年版。

[13] 张金梁著，卢辅圣主编：《中国书法史绎·卷三》，上海书画出版社 2014 年版。

[14] 张金梁著，卢辅圣主编：《中国书法史绎·卷四》，上海书画出版社 2014 年版。

[15] 施安昌：《善本碑帖论稿》，上海书画出版社 2017 年版。

[16] 陶小军、王菡薇主编：《中国书画鉴藏文献辑录》，南京师范大学出版社 2017 年版。

[17] 王世征等：《中国书法理论纲要》，湖南美术出版社 2018 年版。

[18] 吴晓懿：《战国书法研究》，山东教育出版社 2018 年版。

[19] 杨素芳、后东生：《中国书法理论经典》，河北人民出版社 1998 年版。

[20] 殷宪、殷亦玄：《北魏平城书迹研究》，商务印书馆 2016 年版。

[21] 尹维新主编：《中国传世书法》上，中央编译出版社 2020 年版。

[22] 张同印：《隶书津梁》，高等教育出版社 2001 年版。

[23] 张永基、刘云鹏：《中国书法全史·甘肃卷》，书法出版社 2014 年版。

[24] 祝遂之编：《沙孟海学术文集》，中国美术学院出版社 2018 年版。

（十）其他类别

[1] 姜晨光主编：《土木工程专门地质学》，国防工业出版社 2016 年版。

四、近人研究论文

（一）硕博论文

[1] 邓星亮：《安岳卧佛院石窟刻经研究》，硕士学位论文，四川大学，2012 年。

[2] 逄成华：《北朝造像记书法研究》，硕士学位论文，苏州大学，2002 年。

[3] 桂恒：《书法碑帖字的数字化复原研究》，硕士学位论文，南昌大学，2013 年。

[4] 郭晨燕：《涉县北齐刻经笔形系统研究》，硕士学位论文，河北师范大学，2020 年。

[5] 郭琦：《河北地区佛教刻经书法研究》，硕士学位论文，河北大学，2020 年。

[6] 李沛：《基于图像技术的古代碑文处理及展示研究》，硕士学位论文，西安电子科技大学，2012 年。

[7] 李雅梅：《南宋川南墓葬石刻艺术与计算机图像识别应用的研究》，博士学位论文，重庆大学，2008 年。

[8] 刘莉莉：《河洛地区北朝佛教造像碑研究》，硕士学位论文，郑州大学，2004 年。

[9]　刘梦婷:《基于深度卷积神经网络的甲骨文字识别研究》,硕士学位论文,郑州大学,2020年。
[10]　马健中:《巩县石窟北朝造像题记及其书法研究》,硕士学位论文,河南大学,2012年。
[11]　潘振赣:《基于模糊聚类的碑文拓片图像分割算法研究》,硕士学位论文,苏州大学,2010年。
[12]　乔丽丽:《唐朝书法与唐朝社会的关系研究》,硕士学位论文,云南师范大学,2014年。
[13]　孙进:《碑帖图像文字切割方法研究》,硕士学位论文,天津大学,2019年。
[14]　王永会:《中国佛教僧团发展及其管理研究》,博士学位论文,四川大学,2001年。
[15]　张彪:《北齐篆隶复古现象刍议》,硕士学位论文,中国艺术研究院,2018年。
[16]　张俊松:《书法碑帖图像去噪、轮廓拟合及纹理建模研究》,博士学位论文,浙江大学,2007年。
[17]　张伟:《简牍图像中文字修复的研究与应用》,硕士学位论文,成都理工大学,2008年。
[18]　张羽翔:《龙门北魏造像题记书法研究》,博士学位论文,中央美术学院,2010年。
[19]　赵浩民:《北朝时期泰山地区佛教石刻研究》,硕士学位论文,广东技术师范大学,2019年。
[20]　李著文:《基于汉画像拓片恢复三维浮雕效果》,硕士学位论文,浙江大学,2010年。
[21]　赵梦提:《画像石拓片线描图提取算法研究与实现》,硕士学位论文,河南大学,2018年。
[22]　郑文君:《北魏书法艺术风格研究》,硕士学位论文,山东师范大学,2012年。

(二)论文集、论著

[1]　《纪念岑仲勉先生诞辰130周年国际学术研讨会论文集》编委会编:《纪念岑仲勉先生诞辰130周年国际学术研讨会论文集》,中山大学出版社2019年版。
[2]　首都师范大学中国书法文化研究院研究生会编:《第四届全国书法研究生书学学术周论文集》,首都师范大学出版社,2008年版。
[3]　中国书法家协会编:《全国第十一届书学讨论会论文集》,上海书画出版社2018年版。
[4]　段文杰等编:《敦煌学国际研讨会文集:石窟艺术编》,辽宁美术出版社1995年版。
[5]　国际书法家联合总会、中国书法家协会编:《国际书法》第1辑,书法出版社2015年版。
[6]　李振刚主编:《2004年龙门石窟国际学术研讨会文集》,河南人民出版社2006年版。
[7]　龙门石窟研究所:《龙门石窟研究论文选》,上海人民美术出版社1993年版。
[8]　秦明主编,故宫博物院编:《内涵暨外延:故宫黄易尺牍研究国际学术研讨会论文集》,故宫出版社2018年版。
[9]　荣宝斋出版社编:《历届书法专业硕士学位论文选·第3卷》,荣宝斋出版社2010年版。
[10]　书法研究编辑部:《书法研究·1985年第1期》,上海书画出版社1985年版。
[11]　魏瑾主编:《丝绸之路暨秦汉时期固原区域文化国际学术研讨会论文集》,宁夏人民出版社2016年版。
[12]　颜廷亮、王亨通主编:《炳灵寺石窟学术研讨会论文集》,甘肃人民出版社2003年版。
[13]　彭贵军主编:《中国创意设计年鉴·2013》,四川美术出版社2014年版。
[14]　云冈石窟文物研究所编:《云冈百年论文选集》(一),文物出版社2005年版。

(三)期刊论文(社科类)

[1]　曹丹:《安岳卧佛院卧佛刻经与题记》,《四川文物》1990年第2期。
[2]　陈俊堂:《北魏平城时期书法管窥——以云冈石窟三则太和造像题记为例》,《中国美术》

2021 年第 2 期。

[3] 陈龙国：《大足石刻的民间书法》，《文艺研究》2011 年第 11 期。

[4] 宫大中：《从皇家石窟群到民间造像龛——巩县石窟寺皇家、民间相继共存的奇特景观》，《中国书法》2019 年第 24 期。

[5] 郭洪义：《重庆大足石刻疑难字的类型及其成因初探》，《宜春学院学报》2018 年第 40 卷第 1 期。

[6] 韩有成：《须弥山石窟碑刻题记的史料价值》，《固原师专学报》2000 年第 5 期。

[7] 何利群：《从北吴庄佛像埋藏坑论邺城造像的发展阶段与"邺城模式"》，《考古》2014 年第 5 期。

[8] 何志国：《安县与城固摇钱树佛像的比较研究》，《敦煌研究》2004 年第 4 期。

[9] 何志国：《摇钱树佛像身份探微——与温玉成先生商榷》，《江苏大学学报（社会科学版）》2007 年第 4 期。

[10] 何志国：《摇钱树佛像与印度初期佛像的关系》，《美术研究》2005 年第 2 期。

[11] 胡彬彬：《湖南佛教造像记十例》，《湖南大学学报（社会科学版）》2013 年第 27 卷第 1 期。

[12] 胡文和：《安岳、大足"柳本尊十炼图"题刻和宋立〈唐柳居士传〉碑的研究》，《四川文物》1991 年第 3 期。

[13] 黄文昆：《回顾敦煌文物出版工作》，《敦煌研究》1988 年第 3 期。

[14] 霍巍：《中国西南地区钱树佛像的考古发现与考察》，《考古》2007 年第 3 期。

[15] 雷雨：《柳本尊密法源头初探》，《碑林集刊》（十四），陕西人民美术出版社 2009 年集刊。

[16] 李建欣：《佛教传说中的转轮圣王阿育王对隋文帝的影响》，《宝鸡文理学院学报（社会科学版）》2017 年第 37 卷第 5 期。

[17] 李林昊：《从北朝的佛教造像记看女性的造像活动和社会地位》，《殷都学刊》2019 年第 1 期。

[18] 李熙：《隋唐时期佛教造像记中的文体、身份与信仰》，《学术研究》2021 年第 6 期。

[19] 李晓男：《龙门二十品书法艺术浅探》，《洛阳理工学院学报（社会科学版）》2009 年第 24 卷第 4 期。

[20] 刘灿辉、黄燕：《龙门石窟擂鼓台中洞武周时期佛教书刻研究》，《中国国家博物馆馆刊》2021 年第 1 期。

[21] 龙红：《中国早期佛教传播路线与摇钱树佛像——大足石刻艺术的历史成因探析》，《青海社会科学》2008 年第 3 期。

[22] 龙红：《北魏龙门石窟造像和书迹艺术研究》，《东南大学学报（哲学社会科学版）》2006 年第 5 期。

[23] 罗操：《论北朝时期的民间组织与地方自治——以造像记为中心》，《郑州大学学报（哲学社会科学版）》2019 年第 3 期。

[24] 邵正坤：《造像记所见北朝民众的佛教信仰与拟血缘群体》，《学习与探索》2010 年第 1 期。

[25] 宋莉：《从造像记看五至七世纪关中地区的妇女造像》，《西北美术》2019 年第 4 期。

[26] 王晓卫：《南齐宗室成员的诗赋作品及创作心态》，《常州工学院学报（社会科学版）》2009 年第 27 卷第 3 期。

[27] 王学仲：《碑·帖·经书分三派论断》，《中国书法》1986 年第 3 期。

[28]　王振国:《龙门石窟刻经研究》,《华夏考古》2006年第2期。

[29]　魏永杰:《北朝基层社会中的造像活动——以孟县地区为例》,《华夏考古》2021年第2期。

[30]　温玉成:《用"仙佛模式"论说钱树老君》,《新疆师范大学学报(哲学社会科学版)》2006年第27卷第1期。

[31]　吴焯:《四川早期佛教遗物及其年代与传播途径的考察》,《文物》1992年第11期。

[32]　宿白:《四川钱树和长江中下游部分器物上的佛像——中国南方发现的早期佛像札记》,《文物》2004年第10期。

[33]　张方:《略论关中地区道教造像碑的史料价值》,《中国道教》2009年第3期。

[34]　张伟然:《关于山东北朝摩崖刻经书丹人"僧安道壹"的两个问题》,《文物》1999年第9期。

[35]　张永强:《山东境内北朝佛教摩崖刻经考察》,《中国书法》2015年第9期。

[36]　刘景龙:《龙门石窟的造像艺术与题记书法》,《中国书法》2012年第3期。

[37]　王晓光:《由秦汉简牍具名与书手研究谈起》,《中国书法》2018年第1期。

(四)期刊论文(理工类)

[1]　胡春涛:《山西石刻艺术的数字化建设——以造像碑为例》,《史志学刊》2015年第2期。

[2]　李永杰:《建设可靠、完备、实用的商周金文集成数据库》,《中国社会科学报》2013年11月1日。

[3]　梁金星、万晓霞、孙志军、李婵、李俊锋:《敦煌壁画颜料颜色数据库构建方法》,《敦煌研究》2017年第1期。

[4]　刘芳、李华飙、马晋、闫升、金沛然:《基于MaskR-CNN的甲骨文拓片的自动检测与识别研究》,《数据分析与知识发现》2021年第12期。

[5]　王宝义、侯文芳:《莫高窟保护档案数据库系统》,《敦煌研究》1996年第2期。

[6]　王旖旎:《基于极值检测算法在甲骨拓片图像双边滤波方法的应用》,《菏泽学院学报》2019年第41卷第5期。

[7]　杨祥民、刁朦:《南朝石刻艺术数字化建设与展示研究》,《南京邮电大学学报(社会科学版)》2019年第21卷第4期。

[8]　袁玉红:《国家图书馆石刻拓片的数字化》,《图书馆理论与实践》2014年第5期。

[9]　《宋代墓志铭数据库》,《中国出版》2018年第17期。

图版注释

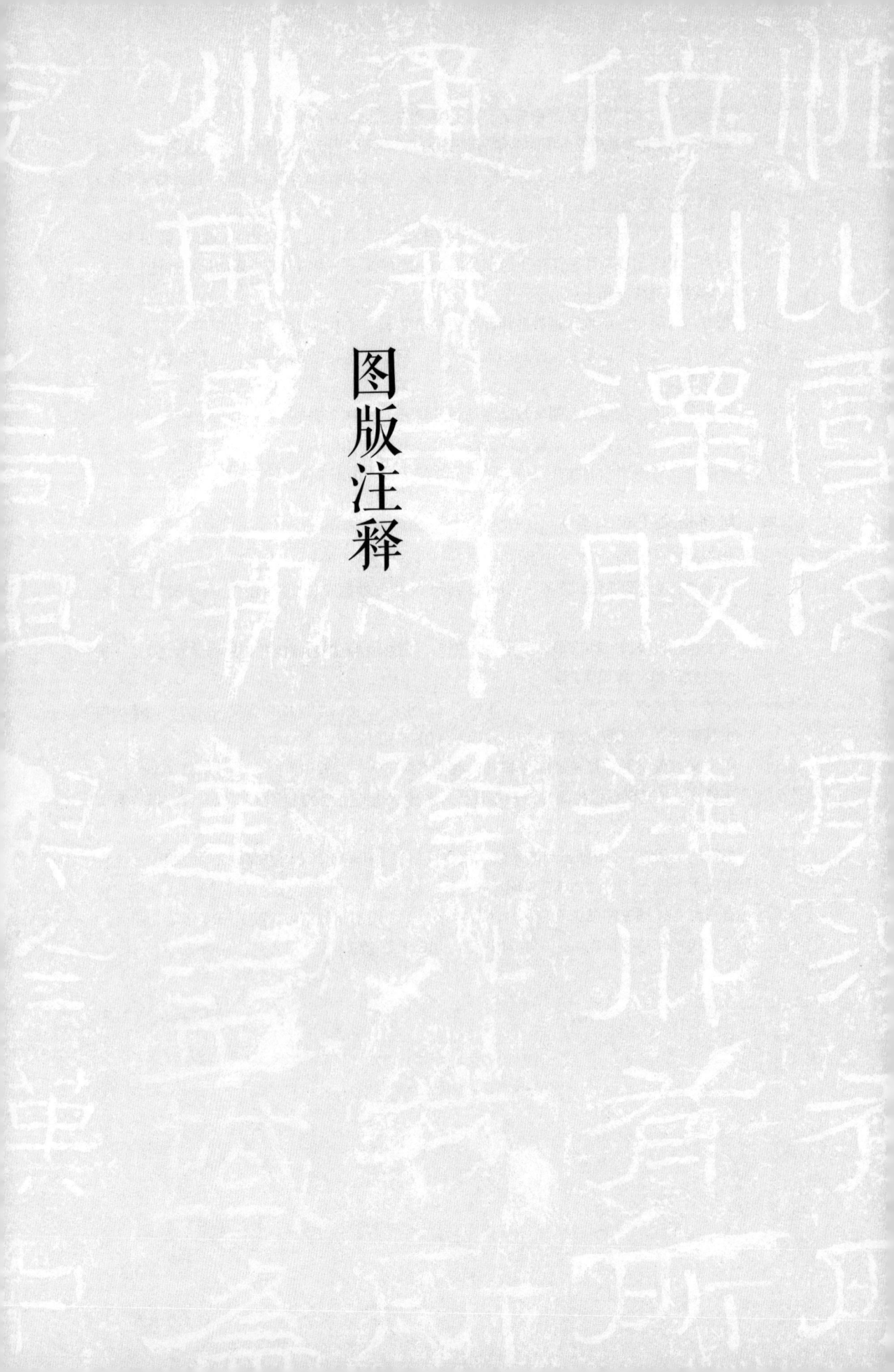

1.【熹平石经（局部）】

东汉熹平年间（172—177）

尺寸：高 333cm 左右，宽 133cm 左右

原石共 46 块，为汉灵帝召集蔡邕等人正定六经文字，将《周易》《尚书》《鲁诗》《仪礼》《公羊传》《论语》《春秋》刻石立于太学。本拓本为《尚书·周书》多士、无逸、君奭三章。

《多士》章（王若曰："尔殷多士，今惟我周王丕灵承帝事，有命曰：'割殷，'告敕于帝。惟我事不贰适，惟尔王家我适。予其曰惟尔洪无度，我不尔动，自乃邑。予亦）念天，即于殷大戾，肆不正。"

王曰："猷！告尔多士，予惟时其迁（居西尔，非我一人奉德不康宁，时惟天命。无违，朕不敢有后，无我怨。惟尔知，惟殷先人有册有典，殷革夏命。今尔又曰：'夏迪）简在王庭，有服在百僚。'予一人惟听用德，肆予敢求尔（于天邑商，予惟率肆矜尔。非予罪，时惟天命。"）

（王曰："多士，昔朕来自奄，予大降尔四国民命。我乃明致天罚，移尔遐逖，比）事臣我宗多逊。"

王曰："告尔殷多士，今予惟不尔杀，予惟（时命有申。今朕作大邑于兹洛，予惟四方罔攸宾，亦惟尔多士攸服奔走臣我多逊。尔乃尚有尔土，尔用尚宁干止，尔克敬，天惟畀矜尔；尔不克）敬，尔不啻不有尔土，予亦致天之罚于尔躬！今尔惟时（宅尔邑，继尔居；尔厥有干有年于兹洛。尔小子乃兴，从尔迁。"）

（王曰："又曰时予，乃或言尔攸居。"）

《无逸》章（周公曰："呜呼！君子所，其无逸。）先知稼穑之艰难，乃逸，则知小人之依。相小人，厥父母（勤劳稼穑，厥子乃不知稼穑之艰难，乃逸乃谚。既诞，否则侮厥父母曰：'昔之人无闻知。'"

（周公曰："呜呼！我闻曰：昔在殷王中宗，严恭寅畏，天命自度，治民祗惧，不敢荒宁。肆中宗之享国七十有五年。其在高宗，时旧劳于外，爰暨小人。作其）即位，乃或亮阴，三年不言。其惟不言，言乃雍。不敢荒宁，（嘉靖殷邦。至于小大，无时或怨。肆高宗之享国五十年有九年。其在祖甲，不义惟王，旧）为小人。作其即位，爰知小人之依，能保惠于庶民，不敢侮鳏寡。肆祖（甲之享国三十有三年。自时厥后立王，生则逸，生则逸，不知稼穑之艰难，不闻小人之劳，惟耽乐之从。自时厥后，亦罔或克寿。或十年，或七八年，或）五六年，或四三年。"

周公曰："呜呼！厥亦惟我周太王、王季，（克自抑畏。文王卑服，即康功田功。徽柔懿恭，怀保小民，惠鲜鳏寡。自朝至于日中昃，不遑暇食，用咸和万民。文王不敢盘于游田，以庶邦惟正）之共。文王受命惟中身，厥享国五十年。"周公曰："呜呼！继自（今嗣王，则其无淫于观、于逸、于游、于田，以万民惟正之供。无皇曰：今日耽乐。乃非民攸训，非天攸若，时人丕则有愆。无若殷王受之迷乱，酗于酒）德哉！"周公曰："呜呼！我闻曰：古之人犹胥训告，胥保惠，胥教（诲，民无或胥诪张为幻。此厥不听，人乃训之，乃变乱先王之正刑，至于小大。民否则厥心违怨，

图版注释 | 199

否则厥口诅祝。"周公曰:"呜呼!自)殷王祖甲及中宗及高宗及我周文王,兹四人迪哲。厥(或告之曰:小人怨汝詈汝。则皇自敬德。厥愆,曰:朕之愆。允若时,不啻不敢含怒。此厥不听,人乃或诪张为幻,曰小人怨汝詈汝,则)信之,则若时,不永念厥辟,不宽绰厥心,乱罚无罪,杀(无辜。怨有同,是丛于厥身。"周公曰:"呜呼!嗣王其监于兹。")

《君奭》章(召公为保,周公为师,相成王为左右。召公不说,周公作《君奭》。周公若曰:"君奭!弗吊天降丧)于殷,殷既坠厥命,我有周既受。我不敢知曰厥其永孚于(休。若天棐忱,我亦不敢知曰其终出于不详。呜呼!君已曰时我,我亦不敢宁于上帝命,弗永远念天威越我民;罔尤违,惟人。在我后嗣)子孙,大不克恭上下,遏佚前人光在家,不知命不易,(天难谌,乃其坠命,弗克经历。嗣前人,恭明德,在今予小子旦非克有正,迪惟前人光施于我冲子。"又曰:"天不可信,我道惟宁王德延,天不庸释于文王受命。")

2.【李斯泰山刻石(局部)】

李斯(传)
秦始皇二十八年(前219)刻
尺寸:高87cm,宽64cm

又名《封泰山碑》,原石现存山东泰安市泰山岱庙东御座院。《始皇刻辞》曰:"皇帝临立,作制明法,臣下修饬。廿有六年,初并天下,罔不宾服。亲巡远黎,登兹泰山,周览东极。从臣思迹,本原事业,祇诵功德。治道运行,诸产得宜,皆有法式。大义箸明,垂于后嗣,顺承勿革。皇帝躬听,既平天下,不懈于治。夙兴夜寐,建设长利,专隆教诲。训经宣达,远近毕理,咸承圣旨。贵贱分明,男女体顺,慎遵职事。昭隔内外,靡不清净,施于昆嗣。化及无穷,遵奉遗诏,永承垂戒。"

《二世诏书》曰:"皇帝曰:'金石刻尽始皇帝所为也。今袭号,而金石刻辞不称始皇帝,其于久远也,如后嗣为之者,不称成功盛德。'丞相臣斯、臣去疾、御史大夫臣德昧死言:'臣请具刻诏书金石刻,因明白矣。臣昧死请。'制曰:'可。'"本书所选拓片为《二世诏书》结尾部分。

3.【李斯琅琊台刻石(局部)】

李斯(传)
秦始皇二十八年(前219)刻,秦二世元年(前209)补刻
尺寸:高129cm,宽67.5cm,厚37cm

原石位于山东诸城琅琊台,1949年移至山东博物馆,现藏于中国国家博物馆。《琅琊台刻石》为七处秦始皇巡游刻石中硕果仅存的秦代原刻。通碑四面皆有字迹,每面13行,每行8字。现仅存秦二世诏书残痕,其余三面漫漶不可察。《始皇颂词》曰:"维二十六年,皇帝作始。端平法度,万物之纪。以明人事,合同父子。圣智仁义,显白道理。东抚东土,以省卒士。事已大毕,

乃临于海。皇帝之功，勤劳本事。上农除末，黔首是富。普天之下，抟心揖志。器械一量，同书文字。日月所照，舟舆所载。皆终其命，莫不得意。应时动事，是维皇帝。匡饬异俗，陵水经地。忧恤黔首，朝夕不懈。除疑定法，咸知所辟。方伯分职，诸治轻易。举错必当，莫不如画。皇帝之明，临察四方。尊卑贵贱，不逾次行。奸邪不容，皆务贞良。细大尽力，莫敢怠荒。远迩辟隐，专务肃庄。端直敦忠，事业有常。皇帝之德，存定四极。诛乱除害，兴利致福。节事以时，诸产繁殖。黔首安宁，不用兵革。六亲相保，终无寇贼。欢欣奉教，尽知法式。六合之内，皇帝之土。西涉流沙，南尽北户。东有东海，北过大夏。人迹所至，无不臣者。功盖五帝，泽及牛马。莫不受德，各安其宇。维秦王兼有天下，立名为皇帝，乃抚东土，至于琅琊。列侯武城侯王离、列侯通武侯王贲、伦侯建成侯赵亥、伦侯昌武侯成、伦侯武信侯冯毋择、丞相隗状、丞相王绾、卿李斯、卿王戊、五大夫赵婴、五大夫杨缪从，与议于海上。曰：古之帝者，地不过千里，诸侯各守其封域，或朝或否，相侵暴乱，残伐不正，犹刻金石，以自为纪。古之五帝三王，知教不同，法度不明，假威鬼神，以欺远方，实不称名，故不久长。其身未殁，诸侯倍叛，法令不行。今皇帝并一海内，以为郡县，天下和平。昭明宗庙，体道行德，尊号大成。群臣相与诵皇帝功德，刻于金石，以为表经。"

《二世诏书》曰："五大夫杨缪，皇帝曰：'金石刻尽始皇帝所为也，今袭号，而金石刻辞不称始皇帝，其于久远也，如后嗣为之者，不称成功盛德。'丞相臣斯、臣去疾、御史大夫臣德昧死言：'臣请具刻诏书金石刻，因明白矣。臣昧死请。'制曰：'可。'"本书所选为《二世诏书》，内容与泰山刻石无异，而保存较为完整。

4.【桑奇大塔】

阿育王时期（前 3 世纪）
尺寸：高 16.5m，直径 36.6m

位于印度中央邦博帕尔东北角的桑奇山上。底部为半圆形坟丘，上方为平台，台上有方坛一座，矗立伞形柱。象征佛教世界观，分别象征须弥山、太阳、时间和佛法等。其塔门雕刻，饰以药叉女、鹿野苑的狮子柱头，帕鲁德围栏浮雕，萃集印度早期佛教之精华。

5.【玄律凝寂造像记】

书刻者不详
北魏景明元年（500）
尺寸：高 40cm，宽 44cm

原石位于山西大同云冈石窟第 12—1 窟下方。因石质原因，造像记铭文泐灭殆尽，仅余 14 字。文曰："玄律凝寂□现其深□□以显□□以内□□□造像□□□□元□□□。"

6.【比丘尼惠定造像记】

　　书刻者不详

　　北魏太和十三年（489）

　　尺寸：高 27cm，宽 60cm

　　原石位于山西大同云冈石窟第 17 窟明窗东壁。此刻刻凿时预留位置较大，铭文集中在右侧，左侧有大片留白，学界有观点认为是认购补刻之因。共有 11 行，每行 9 字。文曰："大代太和十三年，岁在己巳，九月壬寅朔，十九日庚申，比丘尼惠定身遇重患，发愿造释加、多宝、弥勒像三区。愿患消除，愿现世安稳，戒行猛利，道心日增，誓不退转。以此造像功德，逮及七世父母、累劫诸师、无边众生，咸同斯庆。"

7.【宋绍祖墓砖铭】

　　书刻者不详

　　北魏太和元年（477）

　　尺寸：高 30cm，宽 15cm

　　原石出土于山西大同市御河东岸。共有 3 行，每行 8 字。阴刻赤字，文曰："大代太和元年岁次丁巳幽州刺史敦煌公敦煌郡宋绍祖之柩。"

8.【屈突隆业墓砖铭】

　　书刻者不详

　　北魏太和十四年（490）

　　尺寸：不详

　　原石共有 2 行，每行 12 字，阴刻 18 字。文曰："太和十四年十一月三日屈突隆业冢也，故记。"

9.【叱干渴侯墓砖铭】

　　书刻者不详

　　北魏天安元年（466）

　　尺寸：高 28cm，宽 16cm

　　原石共有 3 行，首行 13 字，二行 12 字，三行 10 字，阴刻 35 字。文曰："天安元年，岁在丙午十一月，甲申朔廿六日己酉。苌安人京兆郡苌安悬民叱干渴侯冢铭。"

10.【太和十九年妻周氏为亡夫造像记】

书刻者不详

北魏太和十九年（495）

尺寸：高 18cm，宽 31cm

原石位于山西大同云冈石窟第 11 窟明窗东壁。题记原载水野清一、长广敏雄 1955 年所著《云冈石窟》第二卷《云冈金石录》中，现已模糊难辨。共有 10 余行，每行 9 字。文曰："□□□□□比丘□□比丘惠空侍佛。唯大代太和十九年四月廿八日，律仲吕思昏七妻周，为亡夫故常山太守田文彪、亡息思须、亡女阿觉，释迦文佛、弥勒二躯。又为亡夫、亡息、亡女，生□□值，庆遭三宝，弥勒下生，□□道。若堕三途，速合解脱。问法解之，悟无生忍□时，一切普三，有同福庆。所愿如此。比丘尼□□比丘尼法□比丘□□比丘阿道。"

11.【比丘尼昙媚碑】

书刻者不详

北魏景明四年（503）

尺寸：高 30cm，宽 28cm

原石位于山西大同云冈石窟第 20 窟附近。右上角略有残损。碑文并非明确个人意愿的发愿文，而是带有歌颂性质的文章。共有 10 行，每行 12 字。文曰："□□灵镜觉，凝寂迭代。照周群邦，感垂应物。利润当时，泽潭机季。慨不邀昌辰，庆钟播末；思恋灵福同，拟状金石。冀瞻容者加极虔，想像者增忻希。生生资津，十方齐庆。颂曰：灵虑巍疑，悟岩鉴觉。寂绝照周，蠢趣澄浊。随像拟仪，瞻资懿渥。生生邀益，十方同沐。景明四年四月六日，比丘尼昙媚造。"

12.【为吴天恩造像记】

书刻者不详

北魏太和十九年（495）

尺寸：高 65cm，宽 105cm

原石位于山西大同云冈石窟第 38 窟窟口上方。曾于 1958 年塌落，于 1975 年黏回原位。因风雨侵蚀，文字漫漶，行列之数已不可辨。文曰："夫幽宗玄明，非□无以光其化；真容冲隐，非图像莫能辟其迹。于是令颜□□，长夜启正觉之悟；遵仪滋□，□以留叙□之敬。于是□于无岁，德谈来世者矣。含生有识，莫不兴慈以树善，积福以资常。卷舒待时，屈指常湛。皇上圣历穹宇，化超唐虞。况乃世荫灵征，津沐玄□者哉。吴氏忠伟，为亡息冠军将军、华□侯吴天恩造像并窟，得侬岩侧，妙姿□□。洸洸焉，鉴真容之在于虚空；丽□□，□释迦平生。借此微福，愿亡儿生生遇□，长辞□□，腾神净土，□化弥隆，三法□敷，万累消融。寻吴氏家先，忠和著□，□孝并举。至子孙兴茂，绍隆家嗣，□□□助，雕（凋）零而立，惟孤惟念，□微□□，□□单志,书颂于玄石。其辞曰:辽辽真道,貌貌玄冻,非声非□,非□□知。化由物感,兹应迪昭,光融□□,□□九居。后宁熟世,兴由帝王,非定□□,□□□□。薄有深悟,□石□光,依岩□□,□□□□。愿□亡儿常谒□应生□□□……。"

13.【牛橛造像记】

书刻者不详
北魏太和十九年(495)
尺寸:高100cm,宽34cm

又称《长乐王丘穆陵亮夫人尉迟为亡息牛橛造像记》。原石位于河南洛阳龙门石窟古阳洞北壁上方。共有7行,每行16字。文曰:"太和十九年十一月,使持节司空公长乐王丘穆陵亮夫人尉迟,为亡息牛橛请工镂石,造此弥勒像一区,愿牛橛舍于分段之乡,胜游无碍之境,若存托生,生于天上诸佛之所,若生世界妙乐自在之处,若有苦累,即令解脱三涂恶道,永绝因趣,一切众生,咸蒙斯福。"

14.【始平公造像记】

朱义章书,孟达撰文
北魏太和廿二年(498)
尺寸:高75cm,宽39cm

又称《比丘慧成为亡父始平公造像记》。原石位于河南洛阳龙门石窟古阳洞。孟达撰文,朱义章书丹。拓本现藏中国国家图书馆。共有10行,每行20字。文曰:"夫灵踪□启,则攀宗靡寻;容像不陈,则崇之必□。是以真颜著于上龄,遗形敷于下叶。暨于大代,兹功厥作。比丘慧成,自以影濯玄流,邀逢昌运,率竭诚心,为国造石窟寺,诚系答皇恩,有资来业。父使持节、光禄大夫、洛州刺史始平公,奄焉薨放,仰慈颜,以摧躬□,匪乌在□,遂为亡父造石像一区。愿亡父神飞三智,周十地,□玄照,则万有斯明;震慧向,则大千斯瞭。元世师僧,父母眷属,凤翥道场,鸾腾兜率。若悟洛人间,三槐独秀,九棘云敷,五有群生,咸同斯愿!太和廿二年九月十四日讫。朱义章书,孟达文。"

15.【孙秋生、刘起祖二百人等造像记】

萧显庆书,孟广达文
北魏景明三年(502)
尺寸:高153cm,宽50cm

全称《新城县功曹孙秋生、刘起祖二百人等造像记》,原石位于河南洛阳龙门石窟古阳洞南壁。共有13行,每行约9字。文曰:"大代太和七年,新城县功曹孙秋生、刘起祖二百人等敬造石像一区，愿国祚永隆，三宝弥显。有愿弟子荣茂春葩，庭槐独秀，兰条鼓馥于昌年，金晖诞照于圣岁。现世眷属万福云归，洙输叠驾。元世父母及弟子等来身神腾九空，迹登十地，五道群生，咸同此愿。孟广达文，萧显庆书。"下有题名若干。

16.【崔宾先造像记】

书刻者不详
北齐天保二年（551）
尺寸：高 68cm，宽 45cm

原石位于河南巩义巩县石窟后坑崖第 261 龛左侧。共有 5 行，每行 15 字。文曰："□□昌郡中正智府长史□□□年三月三日清河故人崔宾先愿造像一区，今德成就愿生西方妙洛国土供养诸佛后愿一切众生同获此福愿从心。"

17.【赵胜荣造像记】

书刻者不详
大魏天平三年（536）
尺寸：高 32cm，宽 42cm

原石位于河南巩义巩县石窟第 3 窟外壁。共有 6 行，每 4 字。文曰："天平三年中赵胜荣愿身平安，敬造像一区，愿一切众生，普蒙斯福。"

18.【比丘道邕造像记】

书刻者不详
北齐天保九年（558）
尺寸：高 68cm，宽 45cm

原石位于河南巩义巩县石窟第 1 窟外壁。共有 6 行，每行 10 字。文曰："天保九年二月九日比丘道邕谨为亡师造像，愿亡师净土弥勒佛一区，同州石匠武遇、河府石匠松福。"

19.【魏文显造像记】

书刻者不详
西魏大统四年（538）
尺寸：高 68cm，宽 45cm

原石位于河南巩义巩县石窟第 3 窟外壁第 310 龛。共 6 行，每行 9 字。文曰："大统四年三月八日，佛弟子魏文显为身病患，愿造像一区，愿伯病永除，众耶弥散上为亡父母下为妻子眷属并为一切众生共成佛道。"

20.【北魏秦州刺史司马升墓志】

书刻者不详
北魏天平二年（535）
尺寸：高 29cm，宽 15.5cm

乾隆二十年原石在河南孟州东北八里蒿村出土，曾先后递藏于刘铁云、端方、王绪祖之手，后流落日本，藏于日本书道馆。共 26 行，每行 21 字。文曰："魏故南秦州刺史司马使君之墓志铭。君讳升，字进宗，河内温县孝敬里人也。其先晋帝之苗裔。曾祖彭城王，擅金声于晋阁，作藩牧于家邦。祖荆州，才地孤雄，震玉誉于江左，来宾大魏，为白驹之客。始践北都，进授侍中、持节征南大将军，开府仪同三司、十州诸军事、封琅琊王，后迁司徒公。父镇剖陇西关右，著雄良之绩。君纂帝王之资，凭万乘之胤，凤慧早成，绝于群辈。君志性贞明，禀操鲠直，又能孝敬闺门，肃雍九族。鸿才峻迈，声溢洛中。以孝昌二年，释褐太尉府行参军，又除怀县令。虽牛刀耻鸡，且锦游邦里，莅政未几，礼教大行。君临兹百里，承流敷化，故能申述典谟，奉遵皇猷。使盗息如奸藏，令行如禁止。怀邑之民，咸称良干。方縻好爵，而躬仕路，极缨冕以官王寮，如天道无征，吊善徒言，遘疾一朝，哲人云亡。以天平二年，岁次乙卯，二月二十一日，春秋四十有一，薨于怀县。赠使持节冠军将军、都督南秦州刺史。以其年十一月七日葬于温县。但以日月不停，迁窆有期，墓门刊志，勒铭泉扉。其词曰：盛矣修源，发业晋轩，陇西之子，琅琊之孙。如冰斯洁，如玉之温，往贤谢美，今俊何言。墓式彭城，承流全晋，万乘之胄，龙德之胤。辰极方高，苍海比润，崇基卓立，郁矣孤峻。少播令闻，弱冠飞声，克在集誉，赞彼槐庭。帝嘉明德，作邑怀城，义风烟舒，道化云行。才明不寿，自古在先，颜生二九，萎哲歼贤。之子之亡，如仕之年，永辞白日，茂归黄泉。远送平原，葬于温县，陇树冬寒，夏凝霜霰。勒铭德埏，志其乡县，万岁千龄，谁闻谁见。"

21.【北魏孙彦同墓志】

书刻者不详
北魏天平三年（536）
尺寸：高 60.3cm，宽 58.1cm

清道光二十二年原石在河北沧县南王寺镇出土，递藏于王国均、张权之手。共 26 行，每行 26 字。文曰："魏故四门小学博士赠扬烈将军安州刺史孙君墓志铭。君讳彦同，字立和。世居武邑之武遂县，晋长秋卿孙道恭之八世孙也。经师代擅，名重郡国。家法相传，交称特达。祖惠蔚承继七叶□替三朝本先喆之轨物定当代之典礼，邀请封男爵，赐谥曰：戴父伯礼袭封学通诸经。涌濡浹邃，为国子博士,赠辅国将军、巴州刺史。君袭封,幼育家学,禀质聪敏。读书则十行一目,临文则下笔千言。年未弱冠,已于《孝经》《论语》《诗》《书》《易》《礼》《左氏春秋》研练大义,咸能贯通。门内著其修行,遐迩播其誉望。然性闲旷,不乐仕进。惟禀遗经,聚学徒教授里中。于是承学之士,接踵门墙,就其受业者,岁有百数。孝昌之后,四方不靖,学制渐弛。儒学诸生,虽于群经大义尽承师说,而六艺之文多有疑滞。自君置馆,育才为标,宗旨有所折衷。前后学徒千百,成业者众,由是畿内学风翕然复光矣。而君犹复怀甘节之吉,履幽人之贞,体德乐道,必尚友乎?古有不随时俗,如夷齐者,则友之以同其清。古有不忤于物,如展禽者,则友之以同其和。古有箪瓢晏然不改其乐,如颜渊者,则友之以同其淡泊。凡所植志,励行旷迈。高出传所谓:太上立德者,君其有焉。天平三年正月,郡举孝廉,授四门小学博士,未几以病归。呜呼,天命靡常,哲人多厄。华莞沉痼,溢焉物化。卒于是年八月十八日,春秋三十有二。赠扬烈将军,安州刺史。君家世绵延,学行标茂,尤留心游艺之事。故于篆隶字体,浃得秦汉笔法。并解音律,五音之作,犹擅于时。顾其凤慧,曾不中寿。可哀也。已葬于武强山南凌消村南原之新阡。铭曰:片玉辉含,一枝秀起。崑山桂林,爰怀君子。君子氏孙,乐安苗裔。袭封前微,积学早岁。博通群经,襟怀高洁。为己既充,及人则悦。朋来远方,英才济济。教思无穷,悱发愤启。非尚标榜,与古为徒。岂期荐擢,而德不孤。胡德之劭,胡学之勤。胡促其算,胡厄其身。岫云忽颓,魄月遽缺。疾名不称,为灵不灭。以奠树浆,以妥幽宫。勒铭藏穴,识封之崇。"

22.【北魏平南将军元玕墓志】

书刻者不详
北魏天平二年(535)
尺寸:高74.16cm,宽75.02cm

原石出土于河南洛阳,递藏于江苏武进陶兰泉。共有25行,每行25字。文曰:"魏故平南将军太中大夫元君墓志铭。君讳玕,字叔珍,河南洛阳人也。高祖广平王,烈祖道武皇帝之第七子也;曾祖,仪同、南平康王。祖,尚书、南平安王。父炖煌镇将,兄光州刺史、南平王。伯父,太傅、司徒、京兆王。世以左戚右贤,出为蕃,入为辅。君资生膺积德之门,立身禀为善之教,容止每摄威仪,进退不逾规矩。至乃贤贤于受体,非日用其三牲;怡怡于同胞,乃投八力于四海。纷纶琴书,会文当世,慷慨弓马,慕气终古。盖兼资之伟人,岂偶觉而已哉。起家为秘书郎中,俄兼中书舍人。综协皇言,吐纳是司。后转光禄丞。雕薪画卵,竭心尽诚。属泮宫初构,璧水将澄。君从父兄领军尚书令叉为营明堂大将。君为主簿,寻以忧解,乃兼司州别驾。威恩相济,赞翼有声,复除司徒府从事中郎。毗宣五教,雅爱四民。剖符任重,共治为难。非简英规,莫允斯寄。遂行荥阳郡事,当郡都督。义感还雉,威逾却波,改授宁远将军、太尉(参军)。属于时戎马生郊,职司殷掌,君临事不或,应机能断,除平南将军、太中大夫、武卫将军。负剑星闱,承神月户,出入青蒲,往来紫阁。冀享期颐,以彰厥善,而上天不吊,遘疾云亡。春秋卅四,以天平二年四月十四日,薨于洛阳之正始里,葬于景陵东山之处。逝者如斯,由来尚矣,朝露溘临,夜台何已。其词曰:清源浩荡,派流仍浚,直置自衷,匪求爰进。衮职伊补,犬牙为镇,任重名扬,德尊身润。建社相传,分珪世袭,天割星河,地封原隰。亲贤两兼,功名载立,嘉庆有钟,淑人兹诞。文武不坠，忠贞克缵，忘怀荣辱，遗情长短。赞鼎播声，临邦有称，仕以学优，战唯道胜。去来泉石，流连比兴，谓善必征，福兮斯应。何言天道，非仁若是，过隙忽焉，逝川俄尔。眇谢龙光，讵悲簪履，宛异百年，冥同一指。大魏天平二年七月朔廿八日壬申窆。"

23.【北魏梁州刺史元演墓志】

书刻者不详
北魏延昌二年（513）
尺寸：高63cm，宽55cm

清末出土于河南洛阳城北张羊村，递藏于义州李氏。共有18行，每行23字。文曰："皇魏故卫尉少卿、谥镇远将军、梁州刺史元君墓志铭。君讳演，字智兴。司州河南洛阳穆族里人也。道武皇帝之胤，文成皇帝之孙，太保冀州刺史齐郡谥顺王之长子。禀性机明，仪容端湛；规动冲祥，矩正方密；嚣言莫乱，耶行无干；渊霞虽远，藏之于寸心；幽晓理微，该之于掌握。是以早步华朝，夙登时政，初除太子洗马，流声东朝；转拜中垒将军、散骑侍郎，起誉西禁；寻授卫尉少卿，屡宣忠绩。用能扬盛德于九服之遥埋，声烈光于八荒之修坯，虽姬旦之翼周图，良何之赞汉篆，准古方今，蔑以逾也。而天不报善，逸翮中摧，春秋卅有五，延昌二年岁次癸巳二月丙辰朔六日辛酉薨于位，赠梁州刺史。其年三月乙卯朔七日辛酉葬于西陵高祖孝文皇帝之兆域。其辞曰：分波洪渊，承瑞海汭；构基天宗，绍皇七世；厥考伊王，厥祖维帝，威揔猛功，明鉴道艺；武无遗裁，文无不制，匪贤匪亲，非礼不惠；英殒独秀，与俗遥裔；庶延遐龄，永植兰桂；皓天不吊，生荣长逝；二耀惭光，白日昏星；浮云惨踪，翔鸟悲嘤；玉渎哀流，良岳酸彤；临穴思仁，荡魂丧精；命也可赎，人百残倾；摧芳烬菊，没有余名。故镂石标美，万代流馨。呜呼哀哉！"

24.【响堂山石窟《胜鬘经》（局部）】

书刻者不详
北齐天保年间（550-559）
尺寸：高136cm，宽68cm

文曰："（摄受章第四）此奇特□□□（希有功）德。世尊，大宝藏者，即是摄受正法。世尊，摄受正法，摄受正法者，无异正法，无异摄受正法，正法即是摄受正法。世尊。无异（波罗蜜，无异摄受正法，摄受正法即是波罗蜜。何以故？摄受正法善男子、善女人，应以施成熟者以施成熟，乃至舍身支节），将护彼意而成熟之，彼所成熟众生建立正法，是名檀波罗蜜。应以戒成熟者，以守护（六根净身口意业，乃至正四威仪，将护彼意而成熟之。彼所成熟众生建立正法，是名尸波罗蜜。应以忍成熟者，若彼众生骂詈毁辱诽谤恐怖，以无恚心、饶益心、第一忍）力乃至颜色无变，将护彼意而成熟之。彼所成熟众生建立正法，是名羼提波罗蜜。应□□（以精）进成熟者，于（彼众生不起懈心，生大欲心第一精进，乃至若四威仪，将护彼意而成熟之。彼所成熟众生建立正法，是名毗梨耶波罗蜜。应以禅成熟者，于彼众生以不乱心、)不外向心、第一正念乃至□（久）

时所作久时所说终不忘失，将护彼意口（而）成熟之，彼所成熟众生建立正法，（是名禅波罗蜜。应以智慧成熟者，彼诸众生问一切义，以无畏心而为演说一切论、一切工巧、究竟明处乃至种种工巧诸事，将护彼意而成熟之。彼所成熟众）生建立正法，是名般若波罗蜜。是故，世尊，无异波罗蜜。无异摄受正法，摄受正法即是波罗蜜。

世尊，我今（承佛威神更说大义。佛言：便说。胜鬘白佛：摄受正法，摄受正法者，无异摄受正法，无异摄受正法者。摄受正）法善男子、善女人，即是摄受正法。何以故？若摄受正法善男子、善女人，为摄受正法舍三种分。何等为三？谓身、命、财。善男子、善女人舍身者，生口（死）后际等离老病（死，得不坏常住无有变易不可思议功德如来法身。舍命者，生死后际等毕竟离死，得无边常住不可思议功德。通达一切甚深佛法。舍财者，生死后际等得不共）一切众生无尽无减毕竟常住不可思议具足功德，得一切众生殊胜口（供）养。世尊，如是口（舍）三分善男子、善（女人，摄受正法，常为一切诸佛所记，一切众生之所瞻仰。世尊。又善男子、善女人摄受正法者，法欲灭时，比丘、比丘尼、优婆塞、优婆夷，朋党诤讼破坏离散，以）不谄曲、不欺诳、不幻伪、爱乐正法，摄受正法，入法朋中。入法朋口口（者。必）为诸佛之所授记。世尊。我见摄受正法（如是大力。佛为实眼实智，为法根本，为通达法，为正法依，亦悉知见。尔时，世尊于胜鬘所说摄受正法大）精进力，起随喜心，如是胜鬘，如汝所说，摄受正法大精进力。如大力士少触身分生大苦痛，如是胜鬘，少摄受正法口（令）魔口口（苦恼）。我不见余一善法令魔忧苦如少（摄受正法。又如牛王形色无比胜一切牛，如是大乘少摄受正法，胜于一切二乘善根，以广大故。又如须弥山王端严殊特胜于众山，如是大乘舍身命财，以）摄取心摄受正法，胜不舍身命财初住大乘口（一）切善根，何况二乘！以广大故。是故胜鬘，当以摄受正法，开（示众生，教化众生，建立众生。如是胜鬘，摄受正法，如是大利，如是大福，如是大果。胜鬘，我于阿僧祇阿僧祇劫说摄受正法功德义利不得边际，是故摄受正法，有）无量无边功德。

（一乘章第五）佛告胜鬘：汝今更说一口口口（切诸）佛所说摄受正法。胜鬘白佛：善哉！世尊，口（唯）然受教。即白（佛言：世尊，摄受正法者是摩诃衍。何以故？摩诃衍者，出生一切声闻、缘觉、世间出世间善法。世尊，如阿耨大池出八大河，如是摩诃衍，出生一切声闻、缘觉、世间、出世间）善法，世口口（尊。又）如一切种子皆依于地而得生长；如是一切声闻、缘觉、口（世）间、出世间善法，口（依）于大乘而得（增长。是故，世尊，住于大乘摄受大乘。即是住于二乘摄受二乘一切世间出世间善法。如世尊说六处。何等为六？谓正法住、正法灭、波罗提木叉、比尼、出家、受具足。为大）乘故说口口口（此六处）。何以故？正法住者，为大乘故说。大乘住者，即正法口（住），正法灭者，为大乘故说；大乘灭（者，即正法灭，波罗提木叉、比尼，此二法者，义一名异，比尼者即大乘学。何以故？以依佛出家而受具足，是故说大乘威仪戒是比尼，是出家，是受具足。是故阿罗汉），口（无）出家受具足。何以故？阿罗汉依如来出家受具足故，阿罗汉归依于佛，阿罗汉有口口（恐怖）。何以故？阿罗（汉于一切无行怖畏想住，如入执剑欲来害己，是故阿罗汉无究竟乐。何以故？世尊，依不求依，如众生无依彼彼恐怖，以恐怖故则求归依。如阿罗汉有怖畏，以怖畏故，依于如来。世尊），阿罗汉辟支佛有怖畏，是故阿罗汉辟支佛，有余生法不尽口口口口（故，有生有余梵）行（不成故，不纯事不究竟故，当有所作；不度彼故，当有所断；以不断故，去涅槃界远。何以故？唯有如来应正等觉得般涅槃，成就一切功德故，阿罗汉辟支佛，不成就一切功德，言得涅槃者，是佛方便）。唯有如来得般涅槃，成口口口口（就无量功德故）；阿罗汉辟支佛，成口口口口（就有量功德），言得（涅槃者，是佛方便。唯有如来得般涅槃，成就不可思议功德故；阿罗汉辟支佛，成就思议功德，言得涅槃者，是佛方便。唯有如来得般涅槃，一切所应断过皆悉断灭，成就第）一清□□□□□□□□□（净；阿罗汉辟支佛有余过），非第一清净，言得涅槃（者，是佛方便。唯有如来得般涅槃，为一切众生之所瞻仰，出过阿罗汉辟支佛菩萨境界，是故阿罗汉辟支佛，去涅槃界远。言阿罗汉辟支佛观察解脱四智究竟得苏息处者，亦是如来方便，有余不了义说。何以故？有二种死。何等为二。谓）分段死、□□□（不思议）变易死。"

25.【中皇山娲皇宫《深密解脱经卷第三》（局部）】

书刻者不详

北齐天保年间（550—559）

尺寸：高78cm，宽28cm

原石位于河北涉县娲皇宫。共有8行，每行23字。文曰："佛言：弥勒！善伏睡眠，如是名为善能清净奢摩他道。（弥勒菩萨言：世尊！云何善清净毗婆舍那道？佛言：弥勒！若能善断掉、悔二盖，如是则名善能清净毗婆舍那道。弥勒菩萨言：世尊！菩萨修行奢摩他、毗婆舍那行，有几种法能知心散乱不名相应？佛言：弥勒！菩萨知五种法，所谓：正念散乱、外心散乱、内心散乱、相散乱、烦恼散乱。弥）勒！若菩萨舍正念大乘相应相，随念声闻、辟支佛相应念相，（弥勒！是名菩萨正念散乱。弥勒！若菩萨著外五欲、乐愦闹处、著诸觉观、随顺烦恼相念，是名外心散乱。弥勒！若菩萨为睡不利、心著三昧及馀三昧三摩婆提、染于所染，弥勒！是名内心散乱。弥勒！若菩萨依外相、内身三昧境界相思惟，是名心散乱。弥勒！若菩萨依内心思惟因缘，生）觉观烦惚（恼），如是心是我。弥勒！是名烦惚（恼）散乱心。弥勒菩萨（言：世尊！奢摩他、毗婆舍那，从初菩萨地乃至如来地，对治何等过？佛言：弥勒！奢摩他、毗婆舍那于初地中对治恶道业生烦恼染；第二地中对治微细过失；第三地中对治欲得善法过；第四地中对治爱三摩拔提心过；第五地中对治世间涅槃一向现前、不一向现前过；第六地中对治）诸相行过；第七地中对治微细相行过；第八地中对治无相（行、自然行过；第九地中对治一切种说法不得自在过；第十地中对治未得满足法身过；弥勒！第十一地中对治细极微细细智障。弥勒！菩萨断彼一切障已，得无障碍一切智处，成就所求法，得清净法身。弥勒菩萨言：世尊！云何菩萨修行奢摩他、毗婆舍那得阿耨多罗三藐三）菩提？佛言：弥勒！菩萨修行奢摩他、毗婆舍那，依七种真如为（本，如闻思法入于定心，即念彼法，如闻、思慧，善思惟内心差别，观彼真如。菩萨观彼真如之法，尚舍微细修行之心，何况粗法？弥勒！何者是微细修行心相？所谓生心识、受心识、染净识、内、外及彼二，彼行利益一切众生，真如智，苦、集、灭、道，有为、无为，常、无常，苦集不异自性，业有为相），一切人无我、法无我相，如是等法修行舍心。弥勒！菩萨（如是发心修行。如是多修行，刹那刹那离一切盖得清净心，得清净心已入七种真如，内身证彼七种觉相应知，弥勒！是名菩萨摩诃萨善得见道。菩萨得彼见道智已，名定聚菩萨，生在佛家，受用初地，利益欢喜。是菩萨先已修行奢摩他、毗婆舍那道，于此始得事究竟观；是菩萨复）于上上地中修行，念彼二种观故，离诸微细相。弥勒！（譬如有人巧以细楔出彼粗楔。弥勒！菩萨修行亦复如是，观内心相，离彼一切诸染相分；离染相分已，离取一切诸善法相；离取一切诸善法相已，离一切相。如是次第，上上地中念相似法，内心清净乃至证阿耨多罗三藐三菩提，得所作修行观行成就。弥勒！菩萨如是修行，得阿耨）多罗三藐三菩提。弥勒菩萨言：世尊云何？菩萨摩诃……"

26.【铁山摩崖刻经《大集经》并《颂文》（局部）】

安法师书
北周大象元年（579）
尺寸：不详

　　原石位于山东邹城铁山南侧石坪上。石坪南北广66米，东西宽13米许。左侧刻《颂文》，右侧刻《大集经》，经文下有题名。本书所选为《颂文》，经文漫漶，难以辨识。笔者就日本东京都立神代高等学校北岛信一的释文为原本，进行解读。文曰："观世下白泡之水，澹清波而难守赤，雷之兴，震火光而易灭。但四毒缠躯，八疵萦骨，秽纳皆罗，孰有谁无，自非体括三乘，身苞十力，诟辩□□之章，焉知救护之品者哉。是以有信佛弟子匡喆及弟显□祖珍，汉丞相衡之苗裔也。秀德自天，英姿独拔，知宏纲尚决，察地纽方倾。叹沧海犹迁，嗟太山言落。遂弃乌涂而在怀，收清骹而□府于是。乃与同义人李桃汤耿奴等，可谓门抽杞梓，家握芳兰，飒爽龙腾，豁然凤举。乃率邑人敢欲寄柏天沼，共汲无竭之津。寻财法肆，同以永用之宝，仍割家财，舍如霜叶在□。皇周大象元年，岁大渊献八月庚申朔十七日丙子，瑕丘东南大岗山南岗之阳，前观邾峄峨峨，睹拂汉之峰，却瞻岱嶽巍巍，眺排云之岳，兼复左顾昌岩，右临车驿。表里山川，林茫文映。于是有齐大沙门安法师者，道鉴不二，德悟一原。匪直仪相咸，韬书工尤最，乃请神毫，于四显文中，敬写《大集经穿菩提品》九百卅字。路斯胜句，以□拔世，遂乃约石图碑，焕炳常质。六龙上绕，口蒙五彩之云。双龟下蟠，甲负三阶之路。纵使昆仑玉谍，道观金兰，周穆记功，秦皇勒绩。兹今胜迹，譬彼蔑如也。□释迦本演之世，工时十二那由他，众生发菩提心一万六千天，子得无生法忍，况此群英联珪共琲，同发善心。采斑倕之巧，成斯福业者乎。徙今镌搆，逢劫火而莫烧。神仙□□，对炎风而常住。尔其丹青□雄，所以图其盛法。金石长存，□以观之不朽。此岩不瑑，后叶何观璋。才同返驽，藻谢归犹览。此征诚何堪抃跃，聊措寡毫，以申短韵。乃作颂粤：茫茫大道，非若□□。空来寂住，能卷能舒。想□□崖，远离陷途。称肌代鸟，放鸽残躯。六度常满，三空不缺。敢缉遗训，式彰余烈。缣竹易销，金石难灭。托以高山，永存不绝。寻师宝翰，区悬独高。精跨义诞，妙越英䂮。如龙蟠雾，似凤腾霄。圣人幽轨，神芝秘法。从兹虎相，树标永劫。"

27.【水牛山《文殊般若经碑》（局部）】

书刻者不详
北齐天保年间（550—559）
尺寸：高200cm，宽86cm

　　原碑位于山东汶上水牛山。共有10行，每行30字。文曰："尔时，文殊师利白佛言：世尊，我观正法，无为无相，无得无利，无生无灭，无来无去，无知者，无见者，无作者。不见般若波罗蜜，亦不见般若波罗蜜境界。非证非不证，不作戏论无有分别。一切法无尽离尽。无凡夫法，无声闻法，无辟支佛法、佛法。非得非不得，不舍生死，不证涅槃，非思议非不思议，非作非不作，法相如是。不知云何当学般若波罗蜜？尔时，佛告文殊师利：若能如是知诸法相，是名学般若波罗蜜。菩萨摩诃萨若欲学菩提自在三昧，得是三昧已，照明一切甚深佛法及知一切诸佛名字，亦悉了达诸佛世界（无有障碍，当如文殊师利所说般若波罗蜜中学）。文殊师利白佛言：世尊，何故名般若波罗蜜？佛言：般若波罗蜜，无边无际，无名无相，非思量，无归依，无洲无渚，无犯无福，无晦无明，如法界无有分齐亦无限数，是名般若波罗蜜。亦名菩萨摩诃萨，行处非行非不行处，悉入一乘，名非行处。何以故？无念无作故。"

28.【泰山经石峪《金刚经》（局部）】

安道一（传）

北齐天保年间（550—559）

尺寸：高56m，宽36m

原石位于山东泰安泰山斗母宫东北山谷大石坪上。每字50cm见方，现存1067余字。本书节选四部分，内容分别为："如是我闻一时""佛在舍卫国只""树给孤独园与""谛听当为汝说"。

29.【云峰山《观海童诗》】

郑道昭

北魏永平四年至延昌元年（511—512）

尺寸：高2.2m，宽3.5m

全称《郑道昭登云峰山观海童诗》，原石位于山东掖县云峰山西峰崖壁。共有12行，每行8字。文曰："诗五言登云峰山观海童，郑道昭作。山游悦遥赏，观沧眺白沙。云路沈仙驾，灵童飞玉车。金轩接日彩，紫盖通月华。腾龙蔼星水，翻凤映烟家。往来风云道，出入朱明霞。雾帐芳宵起，蓬台（插）汉邪。流精丽旻部，低翠曜天葩。此瞩宁独好，斯见理如麻。秦皇非徒驾，汉武岂空嗟。"

30.【白驹谷题刻】

郑道昭

北魏年间（515）

尺寸：分别为高123cm、宽42cm和高250cm、宽115cm。

原石位于山东掖县云峰山白驹谷。共分两块：其一1行共4字，文曰："此白驹谷"；其二共3行，每行5字，文曰："中岳先生荥阳郑道昭游槃之山谷也。"

31.【北齐《大般涅槃经》（局部）】

书刻者不详

乾明元年（560）

尺寸：不详

"卢舍那佛惠无寻诸吉祥中最无上，彼佛曾来入此室，是故此处最吉祥。《大般涅槃经·圣行品》复次，善男子，菩萨摩诃萨圣行者，观察是身，从头至足，其中唯有发毛爪齿、不净垢秽、皮肉筋骨、脾肾心肺、肝胆肠胃、生熟二藏、大小便利、涕唾目泪、肪膏脑膜、骨髓脓血、脑骸诸脉。菩萨如是专念观时：'谁有是我？我为属谁？住在何处？谁属于我？'复作是念：骨是我耶？离骨是耶？菩萨尔时除去皮肉，唯观白骨，复作是念：骨色相异，所谓青黄白色、鸽色，如是骨相亦复非我。何以故？我者亦非青黄白色及以鸽色。菩萨系心作是观时，即得断除一切色欲。复作是念。如是骨者从因缘生。依因足骨以拄踝骨。依因踝骨以拄䯊骨。依因䯊骨以拄膝骨。依因膝骨以拄髀骨。依因髀骨以拄髋骨。依因髋骨以拄腰骨。依因腰骨以拄脊骨。依因脊骨以拄肋骨。复因脊骨上拄项骨。依因项骨以拄颔骨。依因颔骨以拄牙齿。上有髑髅。复因项骨以拄䯊骨。依因䯊骨以拄臂骨。依因臂骨以拄腕骨。依因腕骨以拄掌骨。依因掌骨以拄指骨。菩萨摩诃萨如是观时身所有骨一切分离。得是观已即断三欲。一形貌欲。二姿态欲。三细触欲。菩萨摩诃萨观青骨时。见此大地东西南北四维上下悉皆青相。如青色观黄白鸽色亦复如是。菩萨摩诃萨作是观时。眉间即出青黄赤白鸽等色光。是菩萨于是——诸光明中见有佛像。见已即问。如此身者不净因缘和合共成。云何而得坐起行住屈伸俯仰。视瞬喘息悲泣喜笑。此中无主。谁使之然。作是问已。光中诸佛忽然不现。复作是念或识是我。故使诸佛不为我说。复观此识次第生灭犹如流水亦复非我。复作是念。若识非我出息入息或能是我。复作是念。是出入息直是风性。而是风性乃是四大。四大之中何者是我。地性非我水火风性亦复非我。复作是念。此身一切悉无有我。唯有心风因缘和合示现种种所作事业。譬如咒力幻术所作。亦如箜篌随意出声。是故此身如是不净假众因缘和合共成。而于何处生此贪欲。若被骂辱复于何处而生嗔恚。而我此身三十六物不净臭秽。何处当有受骂辱者。若闻其骂即便思惟。以何音声而见骂耶。——音声不能见骂。若一不能多亦不能。以是义故不应生嗔。若他来打亦应思惟。如是打者从何而生。复作是念。因手刀杖及以我身故得名打。我今何缘横嗔于他。乃是我身自招此咎。以我受是五阴身故。譬如因的则有箭中。我身亦尔有身有打。我若不忍心则散乱。心若散乱则失正念。若失正念则不能观善不善义。若不能观善不善义则行恶法。恶法因缘则堕地狱畜生饿鬼。菩萨尔时作是观已得四念处。得四念处已则得住于堪忍地中。菩萨摩诃萨住是地已。则能堪忍贪欲恚痴。亦能堪忍寒热饥渴蚊虻蚤虱。暴风恶触种种疾疫。恶口骂詈挝打楚挞。身心苦恼一切能忍。是故名为住堪忍地。偈赞：我今得见佛，所得三业善，愿以此功德，回向无上道。我今所供养，佛法及众僧。愿以此功德，三宝常在世。我今所当得，种种诸功德。愿以此破坏，众生四种魔。我遇恶知识，造作三世罪。今于佛前悔，愿后更莫造。愿诸众生等，悉发菩提心。系心常思念，十方一切佛。复愿诸众生，永破诸烦恼。了了见佛性，犹如妙德等。"

32.【伊阙佛龛之碑】

褚遂良

图版注释 | 213

唐贞观十五年（641）

尺寸：高 500cm，宽 190cm

原石位于河南洛阳龙门石窟宾阳中洞与宾阳南洞之间，乃唐太宗四子魏王李泰为其母文德皇后长孙氏所建。共有32行，每行51字。文曰："伊阙佛龛之碑。若夫藏室延阁之旧典，蓬莱宛委之遗文。其教始于六经，其流承于百氏。莫不美天地为广大，嘉富贵为崇高。备物致用，则上圣□其发育。御气乘云，则列仙体其变化。兹乃尽域中之事业，殚方外之天府。逾系表而称笃论，眇帝先而谓穷神。岂非徇溔漫于陷井者，未从海若而泳天池也。矜峻极于块阜者，未托山祇而窥地轴也。为识夫无边慧日，垂鸿晖于四衢。无相法宝，蕴善价于三藏。泊乎出形器之外，寂焉超筌蹄之表。三界方于禹迹也，犹大林之匹豪端。四天视于侯服也，若龙宫之方蜗舍。升彼岸而舍六度，则周孔尚溺于沉沦。证常乐而捐一乘，则松乔莫追其轨辙。由是见真如之寂灭，悟俗谛之幻化。八儒三墨之所称，其人填丘垅矣。柱史园吏之所述，其言犹糠秕矣。若夫七觉开绪，八正分涂。离生灭而降灵，排色空而现相。惟妙也，掩室以标其实，惟神也，降魔以显其权。故登十号而御六天，绝智于无形之地。遗三明而冥五道，应物于有为之域。是以慈悲所及，跨恒沙而同跬步。业缘既启，积僧祇而比崇朝。故能使百亿日月，荡无明于大夜。三千世界，□法云于下土。然则功成道树，非练金之初。迹灭坚林，岂断筹之末。功既成俟奥典而垂范，迹既灭假灵仪而图妙。是以载雕金玉，阐其化于迦维。载饰丹青，发其善于震旦。绳绳乎方便之力至矣，巍巍乎饶益之义大矣。文德皇后，道高轩曜，德配坤仪。淑圣表于无疆，柔明极于光大。沙麓蕃祉，涂山发祥。来翼家邦，嗣徽而赞王业。聿修阴教，正位而叶帝图。求贤显重轮之明，逮下彰厚载之德。忠谋著于房闼，孝敬申于宗祀。至诚□感，清朏魄于上。至柔所被，荡震腾于下。心系忧勤，行归俭约。胎教克明，本枝冠于三代。阃政攸叙，宫掖光于二南。陋锦绘之华，身安大帛。贱珠玉之宝，志绝名珰。九族所以增睦，万邦所以至道。宏览图籍，雅好艺文。酌黄老之清静，穷诗书之溥博。立德之茂，合大两仪。立言之美，齐明五纬。加以宿殖远因，早成妙果。降神渭涘，明四谛以契无生。应绩昭阳，驰三车以济有结。故绵区表刹，布金犹须达之园。排空散花，踊现同多宝之塔。谅以高祖四禅，俯轻末利。深入八藏，顾蔑胜鬘。岂止釐降扬蕤。轶有妫之二女，载祀胜实，越高辛之四妃之已哉。左武侯大将军、相州都督、雍州牧魏王。体明德以居宗，膺茂亲而作屏。发挥才艺，兼苞礼乐。朝读百篇，总九流于学海。日摛三赋，备万物于词林。驱鲁卫以骖镳，驭梁楚使扶毂。长人称善，应乎千里之外。通神曰孝，横乎四海之滨。结巨痛于风枝，缠深哀于霜露。阳陵永翳，怀镜奁而不追。闭宫如在，望阶除而增慕。思欲弭节鹫岳，申陟屺之悲。鼓枻龙池，寄寒泉之思。方愿舍白亭而退举，莹明珠于兜率。度黄陵而抚运，荫宝树于赡养。博求报恩之津，历选集灵之域。以为百王建国，图大必揆于中州。千尊托生，成道不践于边地。惟此三川实总六合，王城设险。曲阜营定鼎之基，伊阙带坰。文命辟襄陵之穴，穹隆极天。峥嵘无景，幽林招隐。洞穴藏金，云生翠谷。横石室而成盖，霞舒丹巘。临松门而建标，崇基拒于嵩山。依希雪岭，清流注于德水。□佛连河，斯固真俗之名区，人祇之绝境也。王乃磬心而宏喜舍，开藏而散龟贝。楚般竭其思，宋墨骋其奇。疏绝壁于玉绳之表，而灵龛星列。雕□石于金波之外，而尊容月举。或仍旧而增严，或维新而极妙。白豪流照，掩莲花之质。绀发扬晖，分檀林之侣。是故近瞻宝相，俨若全身。远鉴神光，湛如留影。嗤镂玉之为劣，鄙刻檀之未工。杲杲焉逾日轮之丽长汉，峨峨焉迈金山之映巨壑。耆阇在目，那竭可想。宝花降祥，蔽五云之色。天乐振响，夺万籁之音。是以睹法身之妙，而八难自殄。闻大觉之风，而六天可陟。非正真者，其孰能与于此也。善建佛事，以报鞠养之慈。广修福田，以资菩提之业。非纯孝者，其孰能与于此也。昔简狄生商，既轮回于名相。公旦胙鲁，亦流遁于国城。犹且雅颂美其功，同和于天地。管弦咏其德，□□于鬼神。况乎慧灯普照，甘露遍洒。任姒尊名，具之以妙觉。闲平茂实，成之以种智。是用勒绀碣于不朽，譬彼法幢陈赞述于无穷。国□□偈，俾夫衣销劫石。与金刚而比坚，芥纳须弥，随铁围而齐固。敢阜□词，乃作颂曰：十号开绪，二谛分源。有为非贵，无相称尊。光宅沙界，辰居给园。仁舟戡溺，智炬排昏。缘发现迹，化终还净。色身□掩，灵照远镜。布金降真，攻玉图圣。五道有截，三乘无竞。帝唐御纪，太姒定祥。功济赤县，德穆紫房。十品散□，三慧腾光。广辟香地，载纽玄纲。卓尔英王，至哉茂则。丹青神甸，盐梅王国。掷地□文，横海迈德。孝思不匮，报恩冈忒。聿修净业，于兹胜境。梯危紫□，□□翠岭。勒石表相，因山墓乘。杯川□□，希圣虽遥。求心宁永，豪□□□。□疑祇树，楼似增成。飞泉洒汉，危石临星。岩垂日近，松□□□。纯孝克宣，胜业载圆。邪山灭地，顾□□□□□□，□□来游。皇祚于下。□□十五年岁次辛丑十一日。"

33.【敬善寺石像铭】

李孝伦撰写
唐代（618—907）
尺寸：高81cm，宽44cm

原石位于河南洛阳龙门石窟敬善寺。共有15行，每行28字。文曰："敬善寺铭并序。宣德郎守记参军事李孝伦撰。若夫银枝毓祉，缔灵影于金园。剑雨销氛，飞惠液于沙界。自鹤林秘彩，鸡山蕴迹。甄睿像于贞金，刊瑞容于芳琬。风猷不坠，系此赖焉。纪国太妃韦氏，京兆人也。苕姿含绮，霏华椒披。兰仪湛秀。缉美？腴。而思惕红沙。朗真辉于五剑，神栖缟雾。延妙业于三珠，爰择胜畿。聿修灵像，质融虹彩。影袭鸾骞。月逗仙河，分紫眉而汰色。星流天菀，翊绀瞳而飞照。恳诚已馨，茂绩其凝。化鸟旌越海之功，藏龟彰拔尘之果。昭昭峻业，难可名言者哉。加以凝石疏基，均霜表地。川洁桐园之翠，风送杏岩之香。虽净境开金，虑睽□于桑海。宏规籀石，谅终期于芥城。其铭曰：二灵已散，一体未融。动植滋伙，物象相蒙。情氛委岳，识浪随风。终渝□住，孰亮三空。大雄降迹，玄津斯演。瑞浦澄流，祥山关巘。雪童战胜，檀口翼善。了义西宣，妙轮东转。叶润攸在，震区有庇。望影咸图，寻光必萃。粤惟德范，夙探微秘。诣道难忘，瞻容乃喟。珠璎褫玩，银藏倾财。林中高塔，云外崇台。临豪月满，映脸莲开。香烟起雾，梵响惊埃。南控鸾川，北驰春路。万室回晒，四依辍步。抚因共植，披文同悟。比日长悬，随山永固。"

34.【雁塔圣教序（局部）】

褚遂良书，万文韶刻
永徽四年（653）
尺寸：均为高337cm，宽86cm

原石位于陕西西安慈恩寺大雁塔底层南墙。分两块，共有21行，每行42字。唐太宗撰文，褚遂良书丹，万文韶刻字。文曰："大唐太宗文皇帝制三藏圣教序。盖闻二仪象，显覆载以含生。四时无形，潜寒暑以化物。是以窥天鉴地，庸愚皆识其端。明阴洞阳，贤哲罕穷其数。然而天地苞乎阴阳而易识者，以其有象也。阴阳处乎天地而难穷者，以其无形也。故知象显可征，虽愚不惑，形潜莫睹，在智者迷。况乎佛道崇虚，乘幽控寂，弘济万品，典御十方。举威灵而无上，抑神力而无下。大之则弥于宇宙，细之则摄于毫厘。无灭无生，历千劫而不古。若隐若显，运百福而长今。妙道凝玄，遵之莫知其际。法流湛寂，挹之莫测其源。故知蠢蠢凡愚，区区庸鄙，投其旨趣，能无疑惑者哉？然则大教之兴，基乎西土。腾汉庭而皎梦，照东域而流慈。昔者分形分迹之时，言未驰而成化。当常现常之世，民仰德而知遵。及乎晦影归真，迁仪越世。金容掩色，不镜三千之光。丽象开图，空端四八之相。于是微言广被，拯含类于三途。遗训遐宣，导群生于十地。然而真教难仰，莫能一其指归，曲学易遵，邪正于焉纷纠。所以空有之论，或习俗而是非；大小之乘，乍沿时而隆替。有玄奘法师者，法门之领袖也。幼怀贞敏，早悟三空之心；长契神情，先苞四忍之行。松风水月，未足比其清华；仙露明珠，讵能方其朗润。故以智通无累，神测未形。超六尘而迥出，只千古而无对。凝心内境，悲正法之陵迟；栖虑玄门，慨深文之讹谬。思欲分条析理，广彼前闻；截伪续真，开兹后学。是以翘心净土，往游西域；乘危远迈，杖策孤征。积雪晨飞，涂间失地；惊砂夕起，空外迷天。万里山川，拨烟霞而进影；百重寒暑，蹑霜雨而前踪。诚重劳轻，求深愿达。周游西宇，十有七年。穷历道邦，询求正教。双林八水，味道餐风；鹿苑鹫峰，瞻奇仰异。承至言于先圣，受真教于上贤。探赜妙门，精穷奥业。一乘五律之道，驰骤于心田；八藏三箧之文，波涛于口海。爰自所历之国，总将三藏要文，凡六百五十七部，译布中夏，宣扬胜业。引慈云于西极，注法雨于东垂。圣教缺而复全，苍生罪而还福。湿火宅之干焰，共拔迷途；朗爱水之昏波，同臻彼岸。是知恶因业坠，善以缘升，升坠之端，惟人所托。譬夫桂生高岭，云露方得泫其华；莲出渌波，飞尘不能污其叶。非莲性自洁，而桂质本贞，良由所附者高，则微物不能累；所凭者净，则浊类不能沾。夫以卉木无知，犹资善而成善；况乎人伦有识，不缘庆而求庆。方冀兹经流施，将日月而无穷。斯福遐敷，与乾坤而永大。永徽四年，岁次癸丑十月己卯朔十五日癸巳建。中书令臣褚遂良书。

大唐皇帝述三藏圣教序记。夫显扬正教，非智无以广其文；崇阐微言，非贤莫能定其旨。盖真如圣教者，诸法之玄宗，众经之轨躅也。综括宏远，奥旨遐深。极空有之精微，体生灭之机要。词茂道旷，寻之者不究其源；文显义幽，理之者莫测其际。故知圣慈所被，业无善而不臻；妙化所敷，缘无恶而不翦。开法网之纲纪，弘六度之正教；拯群有之涂炭，启三藏之秘扃。是以名无翼而长飞，道无根而永固。道名流庆，历遂古而镇常；赴感应身，经尘劫而不朽。晨钟夕梵，交二音于鹫峰；慧日法流，转双轮于鹿苑。排空宝盖，接翔云而共飞；庄野春林，与天花而合彩。伏惟皇帝陛下。上玄资福，垂拱而治八荒。德被黔黎，敛衽而朝万国。恩加朽骨，石室归贝叶之文；泽其昆虫，金匮流梵说之偈。遂使阿耨达水，通神甸之八川；耆阇崛山，接嵩华之翠岭。窃以法性凝寂，靡归心而不通；智地玄奥，感恳诚而遂显。岂谓重昏之夜，烛慧炬之光；火宅之朝，降法雨之泽。于是百川异流，同会于海；万区分义，总成乎实。岂与汤武校其优劣，尧舜比其圣德者哉？玄奘法师者，夙怀聪令，立志夷简。神清龆龀之年，体拔浮华之世。凝情定室，匿迹幽岩。栖息三禅，巡游十地。超六尘之境，独步伽维；会一乘之旨，随机化物。以中华之无质，寻印度之真文。远涉恒河，终期满字；频登雪岭，更获半珠。问道往还，十有七载。备通释典，利物为心。以贞观十九年二月六日奉敕于弘福寺，翻译圣教要文凡六百五十七部。引大海之法流，洗尘劳而不竭；

传智灯之长焰,皎幽暗而恒明。自非久植胜缘,何以显扬斯旨。所谓法相常住,齐三光之明;我皇福臻,同二仪之固。伏见御制众经论序,照古腾今。理含金石之声,文抱风云之润。治辄以轻尘足岳,坠露添流。略举大纲,以为斯记。皇帝在春宫日制此文。永徽四年,岁次癸丑十二月戊寅朔十日丁亥建。尚书仆射上柱国河南郡开国公臣褚遂良书。万文韶刻字。"

35.【擂鼓台《付法藏因缘传》(局部)】

武周时期(690—705)
尺寸:不详

原石位于河南洛阳龙门石窟东山擂鼓台中洞(又名大万五佛洞),壁基刻 25 尊罗汉像,依次刊刻《付法藏因缘传》摘录经文。本文选第 19 尊鸠摩罗驮,文曰:"次付鸠摩罗驮比丘第十九。僧伽耶舍未灭度时。以法付属(嘱)鸠摩罗(驮。而告之曰。佛以)正法付大迦叶。如是展转乃至于我。(我欲涅槃持用相)付。汝宣至心勤加守护。鸠摩罗驮答(言受教。于是次)宣深法宝藏。彼之功德甚深(渊远。发大弘)誓行菩萨道。智慧辩才犹如(大海)。"

36.【大足石刻古文《孝经》(局部)】

范祖禹
南宋孝宗年间(1163—1194)
尺寸:高 280cm,宽 130~155cm

原石位于大足石刻北山石窟《赵懿简公神道碑》龛内龛外左右崖壁,分刻在六块石面,此为第一块。共有 11 行,每行 17 字。文曰:"(第一章:开宗明义仲尼居,曾)子侍。子曰:参先王有至德要道,以顺天(下,民用和睦,上下无怨。汝知之乎?)曾子避席曰:参不敏,何足以知之?子曰:(夫孝,德之本也,教之所由生也。复坐),吾语汝。身体发肤,受之父母,不敢毁伤,孝(之始也。立身行道,扬名于后世),以显父母,孝之终也。夫孝,始于事亲,中于事君,终于立身。《大雅》云:无念尔)祖,聿修厥德。

(第二章天子)子曰:爱亲者,不敢恶于人;敬(亲者,不敢慢于人。爱敬尽于)事亲,而德教加于百姓,刑于四海。盖天子之(孝也。《甫刑》云:一人有庆,兆民赖)之。

(第三章诸侯)子曰:在上不骄,高而不危;制节谨度,满(而不溢。高而不危,所以长守)贵(也);满而不溢,所以长守富也。富贵不离其身,然(后能保其社稷,而和其民人。盖)诸侯之孝(也)。《诗》云:战战兢兢,如临深渊,如履(薄冰)。

(第四章:卿大夫)(非先王之法,服不敢)服;非先王之法,言不敢道;非先王之德,(行不敢行。是故非法不言,非道不行)。口无择言,身无择行。言满天下无(过错,行满天下无怨恶。三者备矣,然后能守其宗庙。盖卿大夫之孝也。《诗》云:夙夜匪懈,以事一人)。"

37.【比丘惠感造像记】

　　书刻者不详

　　景明三年（502）

　　尺寸：高 26cm，宽 14cm

　　原石位于河南洛阳龙门石窟古阳洞北壁。共有 14 行，每行 5 字。文曰："景明三年五月三十日，比丘惠感为亡父母敬造弥勒像一区。愿国祚永隆，三宝弥显，旷劫师僧、父母、眷属与三涂永乘，福钟竟集，三有群生，咸同此愿。"

38.【张元祖造像记】

　　书刻者不详

　　北魏太和二十年（496）

　　尺寸：高 36cm，宽 19cm

　　全称《步辇郎张元祖妻一弗为亡夫造像记》，又称《一弗造像记》。原石位于河南洛阳龙门石窟古阳洞北壁。共有 10 行，每行 3 字。文曰："太和廿年，步辇郎张元祖不幸丧亡，妻一弗为造像一区。愿令亡夫直生佛国。"

39.【北海王元详造像记】

　　书刻者不详

　　北魏太和十八年（494）

　　尺寸：高 90cm，宽 40cm

　　原石位于河南洛阳龙门石窟古阳洞北壁上方。共有 9 行，每行 18 字。文曰："维太和之十八年十二月十一日，皇帝亲御六旌，南伐萧逆。军国二容，别于洛汭。行留两音，分于阙外。太妃以圣善之规，戒途戒旅；弟子以资孝之心，戈言奉泪。其日太妃还家，伊川立愿，母子平安，造弥勒像一区以置于此。至廿二年九月廿三日，法容刻就，因即造斋，镌石表心，奉申前志：永愿母子长化年，眷属内外，终始荣期。一切群生，咸同其福！维大魏太和廿二年九月廿三日，侍中、护军将军、北海王元详造。"

40.【解伯达造像记（局部）】

　　书刻者不详

　　北魏太和年间（477—499）

　　尺寸：高 12cm，宽 34cm

全称《司马解伯达造像记》，原石位于河南洛阳龙门石窟古阳洞北壁。共有14行，每行3至5字。文曰："都绾阙口游激校尉，司马解伯达，造弥勒像一区，愿皇道赫宁，九荒沾泯，父母康延，智登十地，仕达日迁，眷属道场，声求响和，斯福必就，六趣群生，咸同此愿。太和年造。"

41.【广川王祖母太妃侯为幼孙造像记（局部）】

书刻者不详

北魏景明四年（503）

尺寸：高24cm，宽62cm

原石位于河南洛阳龙门石窟古阳洞北壁上方。共有29行，每行4至7字。文曰："景明四年十月七日，广川王祖母太妃侯，自以流历弥劫，于法喻远，嘱遇像教，身乘达士，虽奉联紫晖，早顷片体，孤育幼孙，以绍蕃国，冰薄之心，唯归真寂。今造弥勒像一区，愿此微音，资润神识，现身永康，朗悟真觉。远除旷世无明惚业，又延未来空宗妙果。又愿孙息延年，神志速就，胤嗣繁昌，庆光万世，帝祚永隆，弘宣妙法，昏愚未悟，咸发菩提。"

42.【杨大眼为孝文皇帝造像记】

书刻者不详

北魏熙平二年（517）

尺寸：高253cm，宽142cm

全称《辅国将军杨大眼为孝文皇帝造像记》，原石位于龙门石窟古阳洞北壁。共有11行，每行23字。文曰："夫灵光弗曜，大千怀永夜之悲；玄踪不遘，叶生含靡导之忏。是以如来应群缘以显迹，爰暨口口，口像遂著，降及后王，兹功厥作。辅国将军、直阁将军、口口口口、梁州大中正、安戎县开国子仇池杨大眼诞承龙曜之资，远踵应符之胤，禀英奇于弱年，挺超群于始冠。其口也，垂仁声于未闻，挥光也，摧百万于一掌。震英勇则九宇咸骇，存侍纳则朝野必附。静王衢于三纷，扫云鲸于天路。南秽既澄，震旅归阙，军次口行，路径石窟，览先皇之明踪，睹盛圣之丽迹。瞩目口霄，泫然流感。遂为孝文皇帝造石像一区，凡及众形，罔不备列。刊石记功，示之云尔。武。"

43.【元燮为亡考亡妣造像记】

书刻者不详

北魏正始四年（507）

尺寸：高31cm，宽68cm

全称《安定王元燮为亡祖亡考亡妣造像记》，共有13行，每行9字。文曰："魏圣朝太中大夫安定□□□□王元爕造亡祖亲太妃、亡考太傅静王、亡妣蒋非及见存眷属，敬就静窟造释迦之容（容者像也）并其立侍（弟子是也），众彩圆饰云□□□□然。愿亡存居眷永离秽趣升超遐迹，常值诸佛龙华为会。又愿一切群生咸同斯福。正始四年二月中记。"

44.【比丘尼慈香、慧政造像记】

书刻者不详

北魏神龟三年（520）

尺寸：高49cm，宽45cm

原石位于河南洛阳龙门石窟老龙窝慈香窑。共有10行，每行10至11字。文曰："大魏神龟三年三月廿□日，比丘尼慈香慧政造窟一区，记□：夫零觉弘虚，非体真邃，其迹道建崇，日表常范。无乃标美幽宗，是以仰渴法律，应像营微，福形且遥，生托烦躬，愿腾无碍之境，建及□恩，含润法界，□众□泽，□石成真，刊功八万，延及三从，敢同斯福。"

45.【魏灵藏薛法绍造像记】

书刻者不详

北魏时期（386—534）

尺寸：高75cm，宽40cm

原石位于河南洛阳龙门石窟古阳洞北壁。清代乾隆年间黄易访得此碑，因此始传于世。共有10行，每行23字。文曰："夫灵迹诞遘，必表光大之迹。玄功既敷，亦标希世之作。自双林改造，大千怀缀映之悲。慧日潜晖，含生衔道慕之思。是以应真，悼三乘之靡凭。遂腾空以刊像，爰暨下代。兹容厥作，钜鹿魏灵藏、河东薛法绍二人等，求豪光东照之资。阙兜率翅头之益，敢辄罄家财，造石像一区。凡及众形，罔不备列。愿乾祚兴延，万万朝贯。愿藏等挺三槐于孤峰。秀九棘于华苑。芳实再繁，荆条独茂。合门荣葩，福流奕叶。命终之后，飞逢千圣。神赐六通，智周三达。旷世所生，元身眷属。舍百郸则鹏击龙花，悟无生则凤升道树。五道群生，咸同斯庆。陆浑县功曹魏灵藏。"

46.【宋景妃造像记】

书刻者不详

北魏孝昌三年（527）

尺寸：高19.5cm，宽51cm

原石位于河南洛阳龙门石窟。文曰："大魏孝（昌）三年，岁次癸未四月癸巳朔八日庚子。清信女宋景妃自恨先因果薄福缘漏，生于间浮，受女人形，赖亡父母慈育恩深，得长轻躯，是以仰寻。"

47.【郑文公上碑（局部）】

郑道照作
魏永平四年（511）
尺寸：高 330cm，宽 150cm

原石位于山东平度天柱山半腰。全称《魏故中书令秘书监郑文公之碑》，共有 20 行，每行 50 字。文曰："魏故中书令秘书监郑文公之碑。公讳羲，字幼麟，司州荥阳开封人也。肇洪源于有周，胙母弟以命氏。桓以亲贤司徒，武以善职并歌。《缁衣》之作，诵乎奕世。逮郑君当时，播节让以振高风；大夫司农，创解诂以开经义。扬州渊谋，以'十策'匡时；豫州司空，以勋德著称。高祖略，恢亮儒素，味道居真。赵石之兴，征给事黄门侍郎，迁侍中、尚书，赠扬州刺史。曾祖豁，以明哲佐世，后燕中山尹、太常卿、济南贞公。祖温，道协储端，燕太子詹事。父晔，仁结义徒，绩著宁边。拜建威将军、汝阴太守，绵荣修载，联光千世。公禀三灵之纯气，应五百之恒期。乘和载诞，文明冠世。笃信乐道，据德依仁。孝弟端雅，寡言愍行。六籍孔精，百氏备究。阴阳律历，尤所留心。常慕平仲、子产之为人也，蕴斯文于衡泌，延德声乎州间。举秀才，答策高第，擢补中书博士。任清务简，遂乘闲述作，注诸经论，撰《话林》及诸文赋诏策，辞清雅博。迁中书侍郎，假员外散骑常侍，南使宋国，宋主客郎孔道均就邸设会，酒行乐作，均谓公曰：'乐其何如？'公答曰：'哀楚有余而雅正不足，其细已甚，而能久乎？'均嘿然而罢，移年而萧氏灭宋。虽延陵之观昔诗，郑公之听宋乐，其若神明矣。朝廷以公使协皇华，原隰斯光，迁给事中、中书令。总司文史，敷奏惟允，国之律令，是所议定。公长子懿，邕容和令，器望兼资。早综铨衡，能声徽著。敦诗悦礼，尤精易理。季子道昭，博学经书，才冠秘颖。研注图史，文侍紫幄。每在朝堂，公行于前，吏部、秘书随其后，凡厥庶寮，莫不钦其人也。于时有识，比之三陈。后年不盈纪，懿：给事黄门侍郎、太常卿、使持节平东将军、齐州刺史；道昭：中书侍郎、国子祭酒、通直散骑常侍、秘书监、司州大中正、使持节平东将军、光州刺史。父官子宠，才德相承，海内敬其荣也。太和初，除公使持节安东将军、兖州刺史、南阳公。德政宽明，化先仁惠。不严之治，穆如清风。太和中，征秘书监。春秋年六十有七，寝疾薨乎位。凡百君子莫不悲国秀之永沉，哀道宗之长没。皇上震悼，痛百常往。遣使，策赠有加，谥曰'文'，祭以太牢。葬乎荥阳石门东南十三里三皇山之阳。于是故吏主簿、东郡程天赐等六十人，仰道坟之缅邈，悲鸿休之未刊，乃相与钦述景行，铭之玄石，以扬非世之美，而作颂曰：爰鉴往纪，稽览前徽，有贤有圣，靡弗应时。豨实契姒，旦亦协姬，于穆郑公，诞应期。伊昔桓武，并美司徒；恭维我君，世监秘书。三坟克阐，五典允敷，文为辞首，学实宗儒。德秀时哲，望高世族。灼灼独明，亭亭孤。式胄三雍，邹风再烛。作岳河兖，泽移草木。庆灵长发，继叶传光。君既挺发，胤亦含章。文义袭轨，朱绂相望。刊石铭德，与日永扬。魏永平四年，岁在辛卯刊。"

48.【郑文公下碑（局部）】

郑道昭作
魏永平四年（511）
尺寸：高 195cm，宽 337cm

原石位于山东掖县城东南文峰山。全称《魏故中书令秘书监使持节督兖州诸军事安东将军兖州刺史南阳文公郑君之碑》，共有51行，每行29字。内容与《郑文公上碑》基本类似，仅少数字句略有差异。文末有："永平四年，岁在辛卯刊，上碑在直南卅里天柱山之阳，此下碑也，以石好故于此刊之。"

49.【魏灵藏薛法绍造像记（局部）】

释文见前

50.【比丘明藏造像记】

书刻者不详

北齐天统二年（566）

尺寸：高66cm，宽49cm

原石位于河南巩义巩县石窟第4窟门道第324龛下部。共有8行，每行7字。文曰："天统二年七月十九日祈为皇帝、国内安宁，后及师僧、父母、己身、门徒，普为一切众生同升，常洛比丘明藏敬写供养。"

51.【沙弥道荣造像记】

书刻者不详

北齐天保二年（551）

尺寸：高45cm，宽68cm

原石位于河南巩义巩县石窟后坑崖第269龛。共有9行，前4行2字，后行10字。文曰："天保二年四月十五日，沙弥道荣造像一区。为亡父托生西方妙洛（乐）国土，愿舍此形秽，供养诸佛。因此之福，愿弟子聪明知惠（智慧），普及一切众生，共同此庆！"

52.【仁义等造像记】

书刻者不详

北齐乾明元年（560）

尺寸：高17cm，宽59cm

原石位于河南洛阳龙门石窟莲花洞。共有17行，每行5字。文曰："□□庚辰□□癸酉朔□□日丁亥，比丘僧仁义、玄敏戮，合门徒道俗洛州陈泰初、许州严玄猷、许行感、胡处贞等，并各舍珍玩，俱罄丹诚，奉为本师和尚，敬造优填王像一区。愿万劫千生，无亏供养。桑田碧海，永固归依。"

53.【擂鼓台前壁右侧《金刚经》（局部）】

书刻者不详
唐代（618—907）
尺寸：不详

文曰："（须菩提！若善男子善女）人，以三千大千世界微尘。复以尔许（微尘世界，碎为微尘阿僧祇。须菩提！于意云何？是微尘众，宁为多不？"须菩提言："彼微尘众）甚多！世尊！何以故？若是微尘众实有（者，佛则不说是微尘众。何以故？佛说微尘众，则非微尘众，是故佛说微尘众。世尊！如来所）说三千大千世界，则非世界，是故（佛说三千大千世界。何以故？若世界实有者，则是一合相。如来说一合相，则非一合相，是故）佛说一合相。"佛言："须菩提！一合相者，则（是不可说。但凡夫之人，贪着其事。何以故？须菩提！若人如是言'佛说我见、人见、众生见）、寿者见'。须菩提！于意云何？是人所说，为（正语不？"须菩提言："不也！世尊！何以故？世尊！如来说我见人见、众生见、寿者见，即非我见）人见、众生见、寿者见，是名我见、人见、众（生见、寿者见。""须菩提！菩萨发阿耨多罗三藐三菩提心者，于一切法，应如是知、如是见）、如是信、如是不住法相。何以故？须菩提（所言法相，法相者，如来说即非法相，是名法相。须菩提！若有菩萨摩诃萨，以满无量阿）僧祇世界七宝，持用布施。若有善男子（善女人，发菩萨心者，于此般若波罗蜜经，乃至四句偈等，受持读诵，为他人说，其福胜）彼无量阿僧祇。云何为人演说？而不名（说，是名为说。尔时，世尊而说偈言："一切有为法，如星、翳、灯、幻、露、泡、）梦、电、云，应作如是观。佛说是经已，（长老须菩提及诸比丘、比丘尼、优婆塞、优婆夷、一切世间天人阿修罗，闻佛所说，皆大欢喜，信受奉行。）"

54.【擂鼓台前壁右侧《金刚经》（局部）（拓本）】

释文见前

55.【龙门石窟《十字卷》】

陈抟（传）
唐至北宋（618—1126）
尺寸：高68cm，宽200cm

原石位于河南洛阳龙门石窟宾阳洞与潜溪寺之间。共有2行10个字。文曰："开张天岸马，奇逸人中龙。"据王家葵考订，此刻应为模仿《石门铭》之大字，并认为"绝无可能是宋初陈抟手笔"。

56.【文彦博与僧惠然同立《题龙门奉先寺》】

文彦博

宋元丰四年（1081）

尺寸：高143cm，宽24cm

原石位于河南洛阳龙门石窟。共分三段，各有题款。第一段正文1行6字，款1行14字。文曰："题龙门奉先寺。河东节度使守太尉潞国公文彦博"。第二段正文2行，每行8字，款1行9字。文曰："伊叟已先至，兴师犹未归。临高东北望，一片白云飞。门人云：师不久自魏归。"第三段正文5行，每行6字，款2行29字。文曰："元丰三年十月十三日，殿中丞陈安民、明素大师、陈宗应三崼主从并同至。元丰四年九月望日傅戒副主持赐紫法晏立。化主僧惠然同立、张士宁刊耳。"

57.【文彦博与僧惠然同立《题龙门奉先寺》（局部）】

释文见前

后 记

　　历时 5 年的研究有了一个小小的收尾。就像马拉松运动员经过了漫长的路程，终于到达了终点，至于成绩是好是坏，已经显得不那么重要。首先，我觉得能够慢下来喘口气，比成绩好坏显得更符合眼前的需要。

　　5 年来发生了太多事情，一直以来关注我做学术研究工作的二舅公贾熟村先生、外祖父孙之珍先生相继辞世。这让我在很长一段时间都没有精神和斗志，甚至对人生、对世间许多事情都产生了怀疑。但我始终坚定着对学术的信仰，并坚信这才是一个学者安身立命的根本所在。在那段时间我重读了《王观堂先生纪念碑铭》，并对"士之读书治学，盖将以脱心志于俗谛之桎梏，真理因得以发扬"的理念深有触动，热泪盈眶。我从来没有像当时一样深刻地认识到，学者的逝去是其学术生涯的暂时性结束，但学术的精神仍能时刻影响着当下。

　　在这 5 年里我迎来了生命中最珍贵的礼物。女儿的到来，是上天对我最好的回报。我时常在想，人生宛如驾着一叶扁舟，在茫茫的世间不断地行进。有时候是没有时空概念的，当然也就没有方向感，我们都是在不断地摸索着前进。当我们的人生与学术深度绑定的时候，就会产生许多困惑。以至我们是向前还是退后，是向左还是向右，都没有一个确定的定位，只能这么茫然地漂泊。可当一个人有了需要珍视和保护的对象时，他才燃起了前所未有的能量和动力，为其在茫茫人生中点亮了指路的明灯！

　　本书的出版离不开各位老师、长辈、领导、朋友们的鼓励和帮助，在本书出版过程中，李刚田老师和叶培贵老师给予了许多指导和鼓励，责任编辑王九玲、特邀编辑张莉女士和杜修琴女士做了大量的编校工作，《中国书法报》的赵旭等同人提供了许多帮助，在此一并表示感谢。

　　学术研究是没有终点的，所以需要在现有的基础上，不断地做出突破和推进，这是学术研究自身规律所决定的。当我们在 5 年或者 10 年后，回望自己曾经做过的学术研究，会发现有许多问题值得深究，许多论断值得商榷，许多观点值得推敲，这里有太多的"许多"，交付未来进行解决。

　　石窟铭文及其艺术是中国广袤土地上的一座富矿，等待后来学者的探索。权以此文为引，期望更多学界同人并肩偕行。

胡天正
2021 年 11 月 1 日于北京听雨楼灯下